〈아시아 지역 여행 경로〉
중국 (2008. 4. 1~29, 30일) 시안―주자이거우―청두―리장―다리―쿤밍―하이난 섬―잔장
베트남 (4. 29~5. 1, 2일) 하노이
태국 (5. 1~11, 10일) 방콕―치앙마이―방콕
인도 (5. 11~20, 10일) 캘커타―다르질링, (6. 9~13, 5일) 바라나시, (6. 27~8. 1, 34일) 암리차르―스리나가르―라다크―마날리―뉴델리
네팔 (5. 20~6. 9, 20일) 카트만두―포카라
파키스탄 (2008. 6. 14~27, 13일) 라호르―훈자

〈유럽 지역 여행 경로〉
덴마크 (2008. 8. 8~10, 2일) 코펜하겐
노르웨이 (8. 10~13, 3일) 오슬로
스웨덴 (8. 13~15, 2일) 스톡홀름 / 핀란드 (8. 15~20, 5일) 헬싱키
러시아 (8. 20~27, 7일) 모스크바―상트페테르부르크
우크라이나 (8. 27~9. 5, 9일) 키예프―리비브
폴란드 (9. 5~7, 2일) 크라커우
체코 (9. 7~11, 4일) 프라하 / 오스트리아 (9. 11~13, 2일) 빈―바트이슐
스위스 (9. 14~16, 2일) 인터라켄―베른 / 이탈리아 (9. 17~19, 2일) 로마
바티칸 (9. 19) / 이탈리아 (9. 20~25, 5일) 폼페이―안코나―베니스
그리스 (9. 25~30, 5일) 아테네―칼람바카
헝가리 (10. 7~8, 2일) 부다페스트
루마니아 (10. 9~21, 12일) 시기소아라―시나이아―부쿠레슈티

〈중동 지역 여행 경로〉
터키 (2008. 10. 21~11. 13, 23일) 이스탄불―트로이―쿠사다시
이란 (11. 13~12. 12, 30일) 이스파한―야즈드―페르세폴리스―
아랍에미리트 (12. 13~15, 2일) 두바이
오만 (12. 15~19, 4일) 무스캇―살랄라
예멘 (12. 19~2009. 1. 11, 24일) 하바르트―무칼라―사나―타이
이집트 (1.11~29, 18일) 카이로―바하리아 사막―아스완―룩소르
이스라엘 (1. 29~3. 4일) 예루살렘―에일랏
요르단 (2. 3~5, 2일) 페트라
시리아 (2009. 2. 4~9, 5일) 암만

〈아프리카 지역
에티오피아 (2009.
케냐 (2. 26~3.1, 3
탄자니아 (3.1~4, 3
잠비아 (3.4~14, 10
나미비아 (3. 15~20
남아프리카 (3.28~

〈아메리카 지역 여행 경로〉
스페인 (2009. 4.3~7, 4일) 마드리드
페루 (4.7~20, 13일) 리마—나스카—쿠스코—푸노
볼리비아 (4.20~5.7, 8일) 라파스—우유니 사막
칠레 (5. 15~21, 6일) 산티아고
아르헨티나 (5. 21~6. 3, 13일) 바릴로체—갈라파테—부에노스아이레스
우르과이 (6. 3~7, 3일) 몬테비데오
파라과이 (6. 7~11, 4일) 아순시온
브라질 (6. 11~7. 16, 35일) 이과수 폭포—플로리아노폴리스—우로프레토—보니토—코룸바
볼리비아 (7. 16~25, 9일) 산타크루즈—수크레
페루 (7. 25~8. 4, 9일) 아레키파—피스코
에콰도르 (8. 4~25, 20일) 쿠엥카—과야킬—갈라파고스—키토
콜롬비아 (8.25~9. 8, 13일) 포파얀—칼리—메데진—보고타
멕시코(9. 11~22, 11일) 칸쿤—멕시코시티
캐나다(9. 22~24, 2일) 나이아가라
미국(9. 8~11, 9. 24~10. 16, 25일) 올랜도—시카고—솔트레이크시티—샌프란시스코—로스앤젤레스

평생 꿈만 꿀까, 지금 떠날까
보통 아줌마의 세계 일주 여행

평생 꿈만 꿀까, 지금 떠날까

오현숙 글·사진

문학세계사

* 차 례

1
세계 여행 준비 이야기

프롤로그 ———— 13
짧은 여행의 추억 ———— 16
나도 혼자 떠나기 두려웠다 ———— 18
내가 세계 여행을 하는 동안 딸과 아들은 어떻게 하지? ———— 21
여행 계획 세우기 ———— 24
여자 혼자 여행 다니는 것이 무서워서… ———— 28
비자! 비자! 비자! ———— 33
여행 준비 끝! ———— 48
내 사랑 노트북 ———— 60
조심하자, 사기꾼! 다시 보자, 내 여권! ———— 62
난 영어를 거의 못했다 ———— 66
여행 중 다음 여행지를 고르는 노하우 ———— 69

2
아시아 · 유럽 여행

중국 가는 곳마다 문화유산 ───── 75
태국 배낭여행자들의 허브 ───── 95
인도 분리 독립으로 인한 내전의 나라 ───── 98
네팔 히말라야 트레킹 이후 노천탕에 몸을 녹이다 ───── 116
파키스탄 과일나무와 친절한 복만씨 ───── 128
유럽 프랑스 · 덴마크 · 노르웨이 · 핀란드 ───── 134
러시아 세계 최고의 미라 기술을 만나다 ───── 146
우크라이나 기차에서도 뇌물을 바쳐야 한다 ───── 152
헝가리 출입국의 어리버리 직원 ───── 156
루마니아 유스호스텔은 루마니아가 제일 좋다! ───── 158
체코 '프라하의 연인' 역시 멋지다 ───── 162
오스트리아 유럽에서 샤워하는 법 ───── 164
스위스 산 정상에서 먹는 컵라면의 맛 ───── 166
이탈리아 유레일패스로 배 타기 ───── 169
그리스 짧은 영어 탓에 소설가가 되다 ───── 172

3
중동 · 아프리카 · 아메리카 여행

이란 나보다 젊은 할아버지와 히잡의 나라 ———— 177
아랍에미리트 한국은 무비자예요! ———— 185
오만 모래바람을 실컷 맞다 ———— 186
예멘 9명 아이의 아빠, 그의 어깨가 무거운 나라 ———— 187
이집트 공짜라는 거짓말과 고마운 낙타 사이에서 ———— 199
이스라엘 슬픈 풍경을 지닌 '세계의 화약고' ———— 212
에티오피아 시미엔 산의 총잡이 총각 ———— 217
케냐 소와 사람이 함께 타고 달리는 뇌물 트럭 ———— 224
나미비아 낯선 사람과 동물과 열흘 간의 캠핑 생활 ———— 228
페루 새들의 세상, 바예스타스 ———— 231
볼리비아 어느 것이 하늘이고 어느 것이 호수인가 ———— 239
칠레 토레스 델 파이네에서 길을 잃다 ———— 245
아르헨티나 빙하가 갈라지는 소리, 파랗고 투명한 물 ———— 249
브라질 다양한 인종이 함께 사는 황금의 나라 ———— 256
멕시코 멕시코 독립기념일은 축제다! ———— 258
에콰도르 진짜 적도와 가짜 적도의 차이 ———— 260
갈라파고스 간이 배 밖으로 나온 생물들을 만나다 ———— 264
콜롬비아 길을 물어보면 목적지까지 데려다주는 친절한 사람들 ———— 272
미국 조건 없이 베푸는 삶, 자원봉사 ———— 274

4
세계 여행 후의 이야기

내가 제일 살고 싶은 곳 ———— 281
그곳을 갔어야 했는데 놓쳤네! ———— 284
잊히지 않는 사람들 이야기 ———— 288
얘들아, 여기 한번 꼭 가봐! ———— 296
세상의 아이들 ———— 310
내게 다시 세계 여행을 할 기회가 온다면 ———— 315
세계 일주 소요 경비 내역 ———— 318

앞면 사진 : 요르단의 페트라

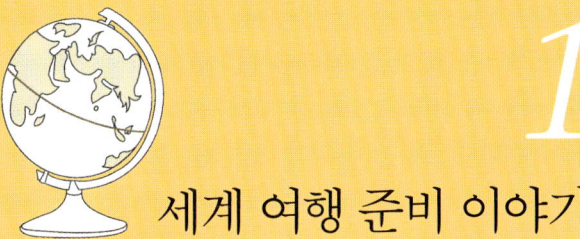

1
세계 여행 준비 이야기

앞면 사진 : 중국 윈난의 민속촌

프롤로그

한 지역의 여행을 끝낼 때마다 나는 무언가 기념이 될 만한 것을 남기고 싶었다. 그런데 2년으로 잡은 여행 일정 동안 쌓일 물건들을 생각하니 무게가 나가는 것은 선택할 수가 없었다. 그리하여 지금 기념품으로 남아 있는 건 들렀던 도시마다 아들에게 보냈던 엽서들뿐이다. 엽서를 쓸 때는 평상적인 공간보다는 의미가 담긴 장소를 선택했다. 개선문 아래 혹은 바다를 바라보며, 노을과 함께 산악 트레킹을 하면서……. 이렇게 모인 엽서는 아들과 함께 공유할 수 있는 보물이 되었다. 그것들은 내 여행지를 되돌아볼 수 있는 소중한 자산이 됐다. 그런데 에티오피아에서 보낸 세 장의 엽서와 탄자니아 등 아프리카에서 보낸 엽서는 대부분 오지 않았다. 내 기억에만 살아 있는 추억이 되었다.

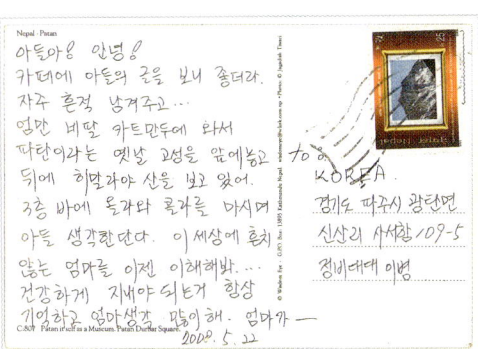

1. 세계 여행 준비 이야기

여행을 마치고 2009년 10월 16일 금요일 밤, 우리나라에 돌아왔다. 가장 먼저 군에 있는 아들을 보기 위해 발걸음을 옮겼다. 파주 가까이에 살고 있는 친구 집에서 하룻밤을 묵고 아침이 오기 무섭게 아들의 군부대부터 방문했다. 나의 어여쁜 아들은 예상치 못한 엄마의 방문에 놀라 말을 잇지 못했다. 중대장에게 외출 전화보고를 하던 아들이 전화를 바꾸어줘 중대장과 통화를 했는데, 그동안 내가 보냈던 엽서를 다 읽었다고 했다. 자신도 결혼해서 아들을 군대에 보내고 나면 세계여행을 가리라 마음을 먹었다는 것이다. 이런 이야기를 들으니 그간의 여행이 더욱 가치 있게 느껴지고 다른 사람들도 나와 같은 여행을 원한다는 것을 알게 되었다. 그래서 내가 했던 경험을 알려주면 좋겠다는 생각이 들었다.

나는 여행 경비를 대기 위해 살던 집을 월세로 내놓았다. 하지만 월세를 사는 사람들 중 생활이 넉넉한 경우가 얼마나 되겠는가. 세입자는 내가 여행하는 내내 임대료를 주지 않더니 급기야 임대료 부담이 커서 이사를 가야겠다고 연락을 해왔다. 아무리 계약 기간이 남았다 해도 세를 줄 돈이 없어서 이사를 가야 한다는데 어쩔 수 없는 노릇이었다. 그래서 여행 도중에 세입자를 바꾸기도 했다. 서브프라임 모기지 부실사태가 터지기도 했는데, 하필 가장 물가가 비싼 유럽에 머무를 때였다. 후진국에서라면 환율 부담이 조금 덜했겠지만 유럽에서는 상황이 달랐다. 나는 개미처럼 허리를 졸라매며 동구권을 포함한 유럽 전체를 숨쉴 겨를도 없이 70일 만에 바쁘게 돌아야 했다.

중간에 세입자를 바꾸는 바람에 임대 기간이 늘어나, 한국에 돌아오니 살 집이 없었다. 그래서 친정집에서 잠시 같이 살기로 했다. 올해 여든여섯이 되신 친정어머니와 환갑을 맞은 오빠가 살림을 하며 살고 있는 집이었다. 그러다 보니 살림 자체가 엉망이었다. 나는 넉넉지 못한 형편에 살림살이들을 돈 들이지 않고 마련하는 방법이 없을까 생각하다 MBC 라디오 〈여성시대〉에 사연을 보냈다. 50대 아줌마의 무작정 세계 여행이 신기했는지 〈여성시대〉에서는 내 사연을 채택해 주었다. 사연을 듣고 청취자들이 궁금한 게 많다고 답글을 달아주어 방송에도 출연하게 되었다.

그리고 바로 다음날 방송을 접한 출판사에서 '여행을 하고 싶지만 여러 이유들로 인해 꿈만 키우고 있는 사람들에게 좀더 쉽게 계획을 세우고 실천할 수 있도록 경험담을 알려주면 좋을 것 같다'고 제의가 왔다. 그렇게 해서 기쁜 마음으로 책을 쓰게 되었다. 2년 가까운 시간 동안 50개국을 다닌 기록과 사진들을 한 권의 책으로 다 정리할 수도 없는 일이지만, 누구나 다 아는 유명한 관광지에 관한 이야기는 되도록 하지 않기로 했다. 이 책에 쓰인 내용은 전부 몸으로 겪고 생각했던 내용들이다. 언어소통의 어려움으로 인해 각국의 문화에 대한 더 깊이 있는 전달을 못한 것이 아쉽지만, 그래도 책을 읽는 사람들에게 생생한 여행의 지침서가 될 수 있으리라 믿는다.

짧은 여행의 추억

다들 잘 알고 있지만 사업이란 잘될 수도 있고 망할 수도 있는 것이다. 설령 실패하더라도 무언가 하나는 이루고 싶었다. 1998년도에 가지고 있는 전 재산을 투자해서 작은 공장을 차렸다. 공장을 운영하면서 1년에 한 번은 해외여행을 하겠다는 각오를 다졌다.

아름다운 자연을 담을 수 있는 비디오카메라와 디지털 카메라를 무턱대고 장만했다. 그걸 들고 가까운 일본부터 단기여행을 시작했다. 마침 소꿉친구가 일본에 살고 있었다. 막상 일본에 가보니 일본어를 하나도 못하는 나였지만 한문세대라 그런지 지하철을 이용하거나 간판을 읽는 것은 웬만큼 할 수 있었다.

그 다음은 중국으로 갔다. 사업상 미팅도 있었던 터라 미리 섭외한 조선족 아가씨가 가이드를 해주어 일본에 사는 친구와 함께 청두(成都)로 들어가 베이징을 돌아봤다. 서울에 산다고 서울 사람 모두가 남산타워를 가본 것은 아닌 것처럼 조선족 아가씨도 베이징 방문이 처음이어서인지 나보다 더 신나했다.

그 다음 여행지는 필리핀이었다. 필리핀 마닐라에 사는 친척집에 머물면서 보라카이를 다녀왔다. 마닐라에서 바가지 씌우는 택시기사와 실랑이도 하고 요금도 깎았다. 점점 여행에 빠져들었다. 그만큼 세계 일주 여행에 대한 두려움도 점차 사라졌다.

네 번째 해외여행은 뉴질랜드였다. 역시 일본에 사는 친구와 동행했다. 차를 렌트해서 뉴질랜드 남섬부터 북섬 오클랜드까지 일주를 했는데 그곳에서 머무는 열흘 동안 처음으로 유스호스텔에서 자며 여행을 했다.

네 번의 해외여행은 명소관광 위주의 단기여행이었다. 일주일에서 열흘 정도의 짧은 기간 동안 하는 여행인데도 비용이 제법 들었다. 뉴질랜드를 제외하고는 호텔에서 머물며 택시를 타고 다녔는데 그 비용만 줄이면 전체 여행 경비를 아낄 수 있으리라 생각했다. 아무튼 그 단기여행들은 세계 일주를 계획하고 실천하는 데 자신감을 주었다.

나도 혼자 떠나기 두려웠다

　장기 배낭여행을 준비하면서 나 역시 다른 여행자들처럼 혼자 떠나는 것에 대한 두려움이 앞섰다. 그래서 여행카페에 가입해서 동행을 구하노라 백방으로 수소문을 했다. 만약에 여행을 하다가 재수없이 무슨 일을 당해서 죽기라도 하면 (그때 방송 여기저기서 배낭여행객이 여행지에서 사라졌다는 내용의 뉴스가 많았다) 한국 가족들이 내 시신이라도 수습하도록 누군가 꼭 함께 있어야 할 것 같았다. 2년 정도의 세계 여행을 계획했는데 그 때문에 쉽게 동행을 구할 수 없었다. 긴 여행 기간뿐만 아니라 여행 루트도 그렇고, 나이와 성격을 맞추는 것도 어려웠다.

　한번은 '동행을 구한다'는 글을 보고 카페에 메모를 보냈더니, 글을 쓴 사람에게서 만나자는 메일이 왔다. 키도 좀 크고 빼빼 마른 체형의 서른 살 정도 되어 보이는 남자였는데 주섬주섬 신문지를 꺼내며 내게 들이밀었다. 신문에 게재된 성격 테스트란을 가리켰다. 같이 여행하려면 상대방 성격이 중요하다며 그것을 풀어보라고 했다. 세상에 별별 사람이 많다고 이야기를 들었지만 이 정도일 줄이야. 이후로 더 이상 동행자 구하기를 포기했다.

　어차피 여행 중에 노선이 같은 동행을 만나는 것은 자주 있는 일이었다. 그러나 대부분의 배낭여행자들은 동행을 원치 않는다. 여행 중에 코스가 같으면 같이 움직이고, 가고자 하는 코스가 다르면 헤어지곤 한다. 그런 것들이 무척 자연스럽게 이뤄지니까 걱정할 필요 없다. 앞으로 여행을 하고자 계획하는 이들은 동행에 대한 강박감을 벗어던지기를 권한다.

사실 고백하자면, 일본에 사는 친구와 열흘 동안의 뉴질랜드 여행을 하면서 사이가 나빠졌다. 결국 입국할 때는 따로따로 들어왔고 이후 여태껏 서로들 연락을 하지 않는다. 35년 동안 사귀어온 친구였는데도 그렇게 됐다. 그만큼 여행을 같이 나눌 동행자를 만나는 것은 어려운 일이다. 이런 이유들로 인해서 나 혼자 여행을 하게 됐다.

공장 폐업 정리를 마치고 집에서 쉬는 동안 여행에 대한 갈증이 심했다. 여행지를 소개하는 텔레비전 프로그램에서 여러 나라의 빼어

볼리비아의 우유니 소금 사막

난 절경이나 문화유산이 소개되면 죽기 전에 내 눈으로 봐야겠다는 생각이 밀려왔다.

거대하게 떨어지는 물줄기에 걸려 있는 무지개를 품고 있는 이과수 폭포의 장엄함에 미칠 듯이 온 정신이 빨려들어갔고 굽이치는 그랜드캐니언을 보면 끊임없이 심장이 요동쳤다. 머리라도 식힐 겸 읽었던 이집트를 배경으로 한 소설들은 이집트에 대한 환상으로 나를 사로잡았다. 우유니 사막의 석양은 사진 속에서 튀어나와 나를 주홍색으로 물들였다. 꼭 가야만 했다. 어떻게든 가야 했다.

누구나 여행에 대한 로망을 가지고 있다. 특히 세계 일주 여행에 대한 꿈을 갖고 있지만 그 꿈을 이루기란 쉽지 않다. 뒤돌아보면 가족이 있고 생활이 있기 때문이다. 나 또한 그들을 무책임하게 내팽개치고 갈 수는 없었다. 누구나 그러하듯이, 고민하고 또 하고, 기다리고 기다리기를 반복하다 준비를 했다.

내가 세계 여행을 하는 동안
딸과 아들은 어떻게 하지?

장기 배낭여행을 시작할 시기와 경비에 관한 계획을 세우기 시작했다. 첫째로 시기가 중요한데, 생각해보니 배낭여행을 감당하려면 건강 때문에 쉰 살 전에는 가야 할 듯싶었다. 그래서 아들이 군대에 가 있는 2년을 세계일주의 시기로 정하고 주변 정리를 시작했다. 사랑스런 아들을 어떻게 군대에 보낼 수 있을까 고민도 했지만, 이 거칠고 험한 세상을 살아가려면 강해야 할 것 같고 한번은 자신의 한계도 느껴봐야 할 듯싶었다. 한계를 느껴보려면 현실적으로 군대보다 더 좋은 곳이 없을 것 같았다. 그래서 기꺼이 군대에 보내기로 생각을 바꿨다. 처음엔 대학만 들어가면 바로 군대에 보내려고 했는데, 힘들게 고등학교 생활을 마치자마자 군대로 모는 건 조금 미안한 듯싶어 1학년을 마칠 때까지 기다렸다.

입영 신청을 하라고 누누이 일렀건만 아들은 1학년 시월이 되도록 미루더니 입대 시기를 놓치고 말았다. 겨울방학 동안에는 인원이 꽉 차 다음해 유월이나 팔월이 되어야 가능하다는 것이었다. 아들은 군대를 가고 싶지 않았던 것 같다. 더 이상 미룰 수가 없어 내가 직접 인터넷을 찾았다. 특기병 모집 광고가 눈에 띄었다. 마침 아들이 자동차학과에 다니고 있어 특기병 신청에 유리했다. 그럼에도 아들은 군대를 미루면 좋겠다고 했다. 미안하지만 난 여행을 갈 거고 방은 뺄 것이니 알아서 하라고 협박을 했다. 울며 겨자 먹기로 아들은 군대에 갔다. 만화 공부를 했던 딸에게는 일본으로의 유학을 권했고, 반 년 학비와 생활비만 주면 나머지는 스스로 벌어서 공부하기로 약속을 했다.

여행을 먼저 다녀 온 사람들의 경비결산 내용을 파악하며 경비도 맞추어보았다. 평소 사용하는 생활비와 집 임대료를 받아 보태면 넉넉하지는 않지만 여행경비가 마련될 듯싶었다. 만일 여행하다 경비가 모자라면 대출을 받아 사용하고 돌아와서 일을 해서 갚을 자신으로 인터넷뱅킹을 신청했다. 이동식 메모리카드에 필요한 정보도 저장해두었다.

짐은 시골에 있는 창고에 보관을 했다. 또한 아들이 휴가 나왔을 때를 대비해 친정집의 남는 방 하나를 아들 방으로 꾸며 놓았다. 아들이 훈련을 받는 육군훈련소 홈페이지에 글을 남기면 출력을 해서 본인에게 전해준다고 하기에 매일 글을 썼다. 그러다 특기병교육을 하는 곳으로 이동을 했는데 그곳은 면회가 가능하다고 했다. 그러나 불행히도 면회 날짜가 내가 여행을 출발한 다음에나 가능했다. 그렇다고 어찌 면회를 안 하고 여행을 갈 수 있나! 한번은 보고 가야지. 아들에게 일단 높은 분을 찾아가서 사정을 설명하고 면회 순서를 일주일만 당겨보라고 말을 했다.

아들이 면회 담당관을 찾아가서 사정을 설명하니 담당관이 물어보더란다.

"너희 집 부자니?"

"아니요, 가난한데요."

"그런데 어떻게 너의 엄마는 세계 일주 여행을 가니?"

"제 등록금 가지고 가시는데요."

옆에서 듣고 있던 계급 높은 분께서 면회를 할 수 있게 해주라고 말씀을 해주셨단다. 그래서 여행 출발 이틀 전에 아들 면회를 갈 수 있었다. 3월 말이라 개나리와 목련이 흐드러지게 피어 있는 학교 주변을 돌면서 같이 밥도 먹고 사진도 찍었다.

그리고 이틀 후 인천공항에서 일본으로 떠나는 딸과도 이별을 하고 중국으로 향했다.

여행 계획 세우기

앞서도 말했지만 나는 따로 여행계획은 세우지 않았다. 육로로 이동할 수 있다면, 그리고 그 나라가 위험하지 않다면 그곳이 내 다음 여행지였다. 그렇게 바티칸시티를 포함해서 50개국을 1년 7개월 동안 여행했다.

여행 관련 정보는 인터넷을 가장 많이 활용했고, 책과 주변 사람들의 조언을 참고했다.

□ 세계 여행 경로

서울 출발—2008. 4. 1. 비행기

중국 (2008. 4. 1~29, 30일) 시안—주자이거우—청두—리장—다리—쿤밍—하이난 섬—잔장, 버스, 열차, 배

베트남 (4. 29~5. 1, 2일) 하노이, 비행기

태국 (5. 1~11, 10일) 방콕—치앙마이—방콕, 비행기

인도 (5. 11~20, 10일) 캘커타—다르질링, 버스

네팔 (5. 20~6. 9, 20일) 카트만두—포카라, 버스

인도 (6. 9~13, 5일) 바라나시, 기차

파키스탄 (2008. 6. 14~27, 13일) 라호르—훈자, 버스

인도 (6. 27~8. 1, 34일) 암리차르—스리나가르—라다크—마날리—뉴델리, 비행기

프랑스 (2008. 8. 3~8, 5일) 파리, 기차

덴마크 (8. 8~10, 2일) 코펜하겐, 기차

노르웨이 (8. 10~13, 3일) 오슬로, 기차

스웨덴 (8. 13~15, 2일) 스톡홀름, 배

핀란드 (8. 15 ~20, 5일) 헬싱키, 기차

러시아 (8. 20~27, 7일) 모스크바—상트페테르부르크, 기차

우크라이나 (8. 27~9. 5, 9일) 키예프—리비브, 기차

폴란드 (9. 5~7, 2일) 크라커우, 기차

체코 (9. 7~11, 4일) 프라하, 기차

오스트리아 (9. 11~13, 2일) 빈—바트이슐, 기차

스위스 (9. 14~16, 2일) 인터라켄—베른, 기차

이탈리아 (9. 17~19, 2일) 로마, 기차

바티칸 (9. 19)

이탈리아 (9. 20~25, 5일) 폼페이—안코나, 배

그리스 (9. 25~30, 5일) 아테네—칼람바카, 배

이탈리아 (9. 30~10. 7, 7일) 베니스, 기차

헝가리 (10. 7~8, 2일) 부다페스트, 기차

루마니아 (10. 9~21, 12일) 시기소아라—시나이아—부쿠레슈티, 버스

터키 (10. 21~11.13, 23일) 이스탄불—트로이—쿠사다시—에페소—파묵칼레—카파도키아, 버스

이란 (11. 13~12. 12, 30일) 이스파한—야즈드—페르세폴리스—무세르—반다라바스, 배

아랍에미리트 (12. 13~15, 2일) 두바이, 버스

오만 (12. 15~19, 4일) 무스캇―살랄라, 버스

예멘 (12. 19~2009. 1. 11, 24일) 하바르트―무칼라―사나―타이즈―모카, 비행기

이집트 (1.11~29, 18일) 카이로―바하리아 사막―아스완―룩소르―다합, 버스

이스라엘 (1.29~3, 4일) 예루살렘―에일랏, 버스

요르단 (2. 3~5, 2일) 페트라, 버스

시리아 (2.4 ~9, 5일) 암만, 비행기

에티오피아 (2.9~26, 16일) 아디스아바바―곤다르―랄리밸라―모얄레, 덤프트럭

케냐 (2. 26~3.1, 3일) 나이로비, 버스

탄자니아 (3.1~4, 3일) 다르에살렘, 기차

잠비아 (3.4~14, 10일) 루사카―리빙스턴, 버스

나미비아 (3. 15~28, 13일) 윈드호크―에토스 스와콥문트 소우스플레이, 버스

남아프리카 (3.28~4.2, 5일) 케이프타운, 비행기

스페인 (4.3~7, 4일) 마드리드, 비행기

페루 (4.7~20, 13일) 리마―나스카―쿠스코―푸노, 버스

볼리비아 (4.20~5.7, 8일) 라파스―우유니 사막, 버스

칠레 (5. 15~21, 6일) 산티아고, 버스

아르헨티나 (5. 21~6. 3, 13일) 바릴로체―갈라파테―부에노스아이레스, 배

우루과이 (6. 3~7, 3일) 몬테비데오, 버스

파라과이 (6. 7~11, 4일) 아순시온, 버스

브라질 (6. 11~7. 16, 35일) 이과수 폭포―플로리아노폴리스―우로 프레토―보니토―코룸바, 버스

볼리비아 (7. 16~25, 9일) 산타크루즈—수크레, 버스

페루 (7. 25~8. 4, 9일) 아레키파—피스코, 버스

에콰도르 (8. 4~25, 20일) 쿠엥카—과야킬—갈라파고스—키토, 버스, 비행기

콜롬비아 (8.25~9. 8, 13일) 포파얀—칼리—메데진—보고타, 비행기

미국 (9. 8~11, 3일) 올랜도, 비행기

멕시코 (9. 11~22, 11일) 칸쿤—멕시코시티, 비행기

캐나다 (9. 22~9. 24, 2일) 나이아가라, 비행기

미국 (9. 24~10. 16, 22일) 시카고—솔트레이크시티—샌프란시스코—로스앤젤레스, 비행기

서울

여자 혼자 여행 다니는 것이 무서워서…

아줌마 혼자 여행 다니는 것이 무섭지 않았느냐고 묻는 사람들이 있다. 물론 혼자 낯선 곳을 여행하는데 무섭지 않을 리가 있을까.

여행을 다닐 때마다 제일 무서운 것은 길을 묻는 것이었다. 짧은 영어 실력 탓도 있지만 이방인에 대한 현지인의 과도한 애정 탓도 있다. 예를 들면 콜롬비아가 그렇다. 여행 중에 만난 한국 아가씨는 쇼핑을 하러 시내 중심가를 나갔다가 콜롬비아 사람들의 과잉친절 때문에 그냥 숙소로 돌아와야 했다. 이야기를 들어보니 쇼핑을 하러 시내에 나가 길을 물었는데 동양인을 구경하려는 30여 명의 현지인들에게 둘러싸였다고 한다. 그들이 그녀에게 이것저것을 묻더니 여자 혼자 다니면 위험하다면서 경찰을 불렀고, 그 경찰이 에스코트를 해줘 쇼핑도 못 하고 다시 숙소로 되돌아올 수밖에 없었다고 했다. 그 정도로 콜롬비아 사람들은 무척 친절하다. 길을 묻기가 무서울 정도로 친절한 그들을 사랑할 수밖에 없다. 더구나 우리나라를 지켜준 고마운 나라의 국민들 아닌가! (콜롬비아는 한국전쟁 당시 참전국 중 하나다.)

콜롬비아 사람들은 예멘 사람만큼이나 친절하지만 총을 든 강도가 많은 것으로도 유명하다. 더군다나 콜롬비아는 마약의 나라로도 알려져 있다. 그래서 살사클럽으로 유명한 도시임에도 밤에는 웬만하면 나가지 않는 것이 좋다. 총을 든 강도만 없으면 맘껏 돌아다니고 싶었는데 어쩔 수 없었다.

에티오피아의 라리베라에 있는 '아프리카의 예루살렘'으로 불리는 Beta Ciyorgis 교회. 바위를 땅 아래로 깎아 성전을 만들었다.

그 다음으로 무서운 것은 호객꾼이었다. 에티오피아 데발크에서 옛 왕궁에 갔다. 왕궁 내부는 모두 유실되고 건물의 테두리만 흔적으로 남아 있었다. 그곳에서 자칭 가이드라는 12살 꼬마가 하나 따라 붙었는데 좋은 호텔을 안다며 자신이 안내하겠다고 했다. 마침 바퀴벌레 탓에 숙소를 옮겨야 했기에 얼마간의 돈을 지불하고 안내를 받기로 했다. 숙소에서 짐을 찾아 나서는데 이 꼬마가 내 배낭을 메겠다고 했다. 내가 거절하자 자기가 배낭을 메고 도망을 칠까봐 걱정이 되냐며 되물었다. 시미엔 산에 갈 때도 자신이 가이드를 해주겠다고 했다. 가이드 면허는 있냐고 물었더니 있다고 하는데 녀석의 언행이 맹랑했다. 꼬마를 따라 검은머리 천사를 천장에 그려놓은 교회를 갔다가 숙소로 돌아왔다. 그런데 가이드 꼬마가 자꾸 반일 투어를 권하길래 그러면 나와 함께 반일 투어를 하겠다는 동행을 구해오라고 했다. 그랬더니 저녁에 어수룩해보이는 사람과 함께 숙소로 와서 동행을 구했으니 시미엔 산 반일 투어를 가자고 했다. 같이 갈 사람은 벨기에인이며 그는 400비르, 나는 300비르를 내면 된다고 했다. 종일 내게 투어차량 대여료가 400비르라고 떠들던 것을 기억해 따져 물었더니 100비르를 깎아 200비르에 해주겠단다. 그러면서 일정을 불러주는데 오가는 데 3시간, 산행 2시간이라고 해서 거절했다.

그 다음으로 무서웠던 것은 건강이었다. 아프면 어쩌나? 갑자기 사고라도 당하면 어쩌나? 그래서 여행 시작 전에 병원도 다니고, 필요한 주사도 다 맞았다.

말라리야 약도 4개월분을 처방받았다. 부족할까 싶어 이집트에서 추가로 더 샀다. 말라리아 약의 부작용이 심하다는 이야기를 들은 많은 여행객들이 먹어야 할지 많이 고민한다.

나도 시리아에서 아프리카 에티오피아로 들어가기 전에 고민을 했다. 그래도 의사 처방전이니 믿고 말라리야 약 한 알을 먹었다. 일주일에 한 번 복용을 하면 되기 때문에 저녁식사 후 잠자기 직전에 먹고 자면 아무렇지도 않았다. 미열조차도 없었고 몸도 평소 때와 같았다. 부작용 때문에 걱정을 많이 했는데 다행이었다.

잠비아 루사카에서는 맨 처음 코감기에 걸렸다. 코가 막혀 밤에도 엎드려 자다가 깨기를 반복하고, 기침을 할 때마다 가슴이 찢어질 듯 고통스러웠다. 아프리카 감기는 우리나라보다 많이 독한 듯했다. 그런데 아침에 일어나니 가슴이 말짱했다. 여하간 다행이라 생각하고 리빙스턴으로 이동 후 폭포도 잘 다녀왔다. 그래도 밤만 되면 심한 가래 기침을 했다. 증상은 오로지 코가 막히고 목을 타고 넘어간 가래 탓에 간혹 기침을 하는 정도였다. 내가 기침을 하고 있으니 같은 방을 쓰는 사람, 종업원들도 모두 내게 아프냐고 물은 후 말라리아냐고 물었다. 말라리아가 초기엔 감기 증상과 비슷하단다. 한 룸메이트는 나보고 빨리 가서 말라리아 테스트를 받으라고 계속 권유했다. 만약 말라리아라 해도 그때 같은 증상이면 충분히 견딜 수 있을 것 같았다. 매주 금요일 잠자기 전에 말라리아 약을 먹어왔는데 그 주 금요일 밤 다시 말라리아 약을 먹었다. 약을 먹고 자는 중간에 땀과 열이 나는 증상을 몇 번 느꼈다. 아침을 먹는데 입맛이 없어 먹을 수가 없었다. 과일만 먹고 다 버렸다.

주스라도 마셔야겠다 싶어 슈퍼에 갔는데 그때부터 증상이 심해졌다. 서 있기가 너무 힘들어서 잠시 주저앉았다. 먹은 것이 없어서 그런가 보다 했는데 온몸에 식은땀이 비오듯 났다. 전혀 서 있을 수가 없음은 물론 몸이 감전된 듯이 부들부들 떨리기 시작했다. '말라리아에 걸린 것이 틀림없구나' 싶었다. 머리가 복잡해졌다. '일주일에 두 번만 운행하는 나미비아행 버스표를 사놓았는데 가야 하나 몸이 나을 때까지 기다려야 하나? 표를 다음 날로 바꿀까. 아파도 나미비아에 가서 아프자.' 허우적대며 숙소로 돌아와 곧장 쓰러지다시피 침대에 누워 푹 잤다. 왜 갑자기 그렇게 아팠을까를 생각하니 그 전날 복용한 말라리아 약이 떠올랐다. 내 몸이 건강할 때는 말라리아 예방약을 먹어도 별 탈이 없지만, 몸이 좋지 않을 때는 예방약조차도 나를 초주검으로 만드는 것 같다. 그때는 정말 죽는 줄 알았다.

그 다음으로 무서운 것은 현지 음식이었다. 인도에서 배낭여행자들의 설사는 인도 여행의 통과의례다. 그래서 짜이도 복통이 염려되어 절대 안 마시고, 맛있어 보이는 길거리 음식도 절대 안 먹었다. 오로지 내가 갖고 있는 포트로 요리를 만들어서 먹었다.

그렇게 조심했는데도 라다크에 있는 한국 절에서 맛나게 먹었던 콩국수가 탈이 났다. 설사기가 있어서 금식을 하려고 했다. 그 소식을 들은 스님이 승용차를 끌고 찾아왔다. 스님이 "설사를 다스리려면 찐 감자를 된장에 찍어 먹어야 한다"며 절로 데려갔다. 죽을 먹은 후 감자도 먹었다. 식사를 마친 후 스님이 낮잠을 권했다. 새로 산 양탄자 위에 누웠는데 스님이 오리털 이불을 덮어주었다. 그 오리털 이불은 아주 두껍고 따뜻했다. 한숨 자고 일어나 그만 숙소로 가겠다고 했더니 스님이 삶은 감자와 된장, 김치를 싸주셨다.

숙소로 밥만 한 그릇 사들고 와서 상추쌈을 싸서 먹었다. 그런데 너무 많이 맛있게 먹은 탓인지 본격적인 설사가 시작되었다. 밤이 늦도록 화장실을 들락날락해야 했다. 인도 여행의 통과의례를 피해보려 했던 내 계획은 실패했다.

비자! 비자! 비자!

출발하기 전에 미리 중국, 인도, 러시아 비자를 준비했다. 중국은 1개월 동안 머물 수 있는 관광비자를 받을 수 있었고 인도는 비자를 받는 날부터 6개월간 유효한 비자를 받을 수 있었다. 러시아는 날짜를 정해서 신청하면 그 날짜부터 한 달 동안 유효한 비자를 받을 수 있었다. 몇 나라를 제외하고는 한국의 위상이 높아져서 무비자로 출입국할 수 있는 나라가 많았다.

매해 비자 발급비용이 환율이나 기타 환경제약에 의해 변할 수 있으니 따로 언급을 하지 않겠다. 사실 여행 중에 노트북이 바이러스에 노출돼서 써놓은 비자발급 금액을 정리해놓은 문서파일이 어디론가 사라진 것도 한몫했다는 사실을 밝힌다. 대신에 50개국 중에 비자받기가 힘들었던 몇 나라를 소개한다.

아프리카 대부분의 나라는 비자가 필요했고, 때에 따라서 국경비자로 머물 수 있는 곳이 많았다. 비자 비용은 대부분 50달러 정도 들었다. 아메리카는 비자가 필요한 볼리비아와 벨리즈를 제외하고는 무비자 여행이 가능했다.

비자를 준비하다가 재밌는 에피소드를 읽었다. 2001년에 아프리카를 여행한 사람의 일기였다. 그 사람이 아프리카 세네갈을 여행하려고 출입국사무소에 갔단다. 당시 세네갈은 무비자국이었다. 그가 출입국사무소 직원에게 우리나라 여권을 내밀었더니 그 직원이 거절을 했단다. 이유인즉슨, 'South Korea'만 무비자고 'Republic of Korea'는 비자를 받아야 하며 여권에 적힌 영어철자가 다르므로 절대 안 된다는 것이다. '서울이 있는 Korea'라고 말을 해도 출입국사무소 직원이 '여권 어디에 서울이라고 적혀 있느냐'라며 거듭 거절의사를 밝혔단다. 그의 집주소가 부산인지라 여권 어디에도 서울은 적혀 있지 않아 결국에는 그 출입국사무소 직원에게 뇌물 30달러를 주고서야 입국을 할 수 있었다고. 어쩌랴, 결국은 뇌물을 달라는 이야기였던 것이다.

예멘 비자 이야기

나도 예멘 비자비용으로 출입국 직원에게 100달러를 건넸던 일을 생각하면 지금도 분한 마음에 잠이 오지 않는다. 오만에서 예멘으로 가는 버스가 일주일에 딱 두 번 있었다. 일주일치 버스 예약이 가득 차서 그 다음 주에나 버스 예약을 할 수 있었다. 오만 살랄라에서 만난 영국인과 택시를 타고 2시간 30분을 달려 남쪽 하바루트 예멘 접경지역으로 갔다. 아주 작고 허름한 국경이었는데 국경비자 비용이 100달러라고 했다. 오만 무스캇에서 미리 비자를 받지 않은 것이 후회가 막심했다. 무스캇에서는 25달러에 비자를 만들 수 있었는데······. 같이 택시를 타고 온 영국인을 사무소 밖으로 내보내고 조금만 깎아달라고 직원을 살살 꼬셔봤다. 안된다고 일언지하에 거절을 하면서 말하기를 "한국 사람들은 부자니까 그 돈을 다 내라!"고 했다. 내가 왜 그리 비자 비용이 비싸냐고 물으니까 "그럼, 오만의 수도로 돌아가서 30달러 주고 비자를 받아서 다시 오라"며 배짱을 튕겼다. 한 번 더 없는 애교도 부려보고 사정을 해봤는데 고집을 꺾지 않았다.

사우디아라비아와 오만 옆에 있는 나라, 예멘의 수도 사나

출입국사무소 직원이 나처럼 준비 없이 온 여행자를 상대로 부수입을 챙기는 것이라 여기고 돈을 주었다. 내가 여행한 곳 중에서 가장 비싼 값을 치르고 입국한 나라였다.

무비자국이 많은 우리나라 만세!

한번은 이란에서 두바이로 가는 배에서 만난 대만 커플이 있었다. 2인용 자전거에 텐트와 배낭을 싣고 여행 중이었다. 비행기는 2인용 자전거를 실어주지 않아 배를 탔던 것이다. 그 커플은 두바이가 11번째 여행지인데 그동안 싱가포르만 제외하고 모두 비자를 받아야 했다고 투덜거렸다. 심지어 두바이 비자는 120달러나 지불했단다. 이란 비자를 받으려고 터키 앙카라에서 14일을 기다렸단다. 그들은 준비해온 여행 비용이 떨어질 때까지 여행을 할 거라며, 둘이서 하루 15달러만 쓰기로 하고 여행을 시작했다고 한다. 숙박비도 교통비도 안 쓰면 둘이서 15달러로 하루 생활이 가능한가?" "아마도 두바이-오만-예멘-아프리카로 들어가면 준비한 여행비용은 바닥이 날 것 같다"는 그들에게 두바이로 들어가는 비자 비용 120달러는 너무 컸다. 더구나 두바이 도미토리 방값은 하루 30달러로 비싼 편이라 그들은 텐트로 야영을 했다. 그것도 2인용 자전거를 타고 땀을 흘리며 힘들게 달려온 후에.

나는 이란 비자를 받을 때 2시간밖에 걸리지 않았다. 우리나라는 무비자로 들어갈 수 있는 나라가 많았다. 한국의 국력을 실감했다. 대만 커플은 나를 몹시 부러워했다.

이집트 비자 받기는 너무 힘들어

예멘에서 아프리카 지부티행 화물선을 타려면 모카로 가야 했다. 모카는 아주 작은 마을이기 때문에 타이즈에서 정보를 수집하고 먹을거리도 장만해야 했다. 예멘의 수도 사나에서 타이즈행 버스를 알아보려고 버스 정거장으로 갔다. 친절한 예멘 기사가 "표를 파는 사무실은 10분 정도 걸어가야 한다"고 알려줬다. 그가 알려준 대로 사무실로 찾아가니 외국인에게는 표를 안 판다고 했다. "그런 법이 어디 있냐?"라고 따졌더니 "경찰이 그렇게 하라고 해서 어쩔 수가 없다."고 했다.

버스를 타지 못하면 합승택시를 타고 가야만 했다. 기운이 빠져 터덜터덜 버스 정거장으로 돌아왔다. 그랬더니 아까의 그 친절한 기사가 "표를 샀느냐"라고 물었다. 나는 힘없이 "표를 구입하지 못했다"고 사실대로 말했다. 이런 상황을 지켜보던 매니저가 자신의 이름을 알려주며 자기 이름을 대고 표를 사라고 했다. 잊어버릴까봐 수첩에 매니저의 이름과 전화번호를 적어서 다시 사무실로 갔다. 매니저 이름이 적힌 수첩을 창구에 내밀었더니 잠시 사무실에 있는 다른 직원과 상의를 하더니 표를 내줬다. 그렇게 어렵게 구한 버스표를 놓칠 수는 없었다.

이 버스를 타기 전에 이집트 비자 발급을 받아야 하는데 엄청나게 고생을 했다. 다섯 번이나 찾아가서 간신히 비자를 받았다.

첫번째 날은 아침 일찍부터 예멘의 이집트 대사관을 찾아갔는데 한국 대사의 레터를 가져오라고 했다. 한국 대사관을 힘겹게 찾아가니 담당자가 새로 온 직원에게 인수인계를 하느라 바빴다. 잠시 기다리라기에 소파에 앉았는데 다른 여성 직원이 나를 보며 '귀엽다'고 말했다. 그걸 보던 남자직원이 웃었다. 내 나이 50살이 다 되었는데 외국 여성의 눈에 귀엽게 보인다니 기분이 좋았다.

한국 대사의 레터를 받아 다시 이집트 대사관에 갔더니 어떤 사람이 오늘은 이집트 대사관이 쉬니까 다음날 오라며 엉성한 영어로 거짓말을 했다. 이런 저런 이유로 이집트 대사관을 방문한 것이 다섯 번이나 됐다. 네 번째 방문한 날은 아예 작정을 하고 아침 8시 50분부터 기다렸다. 그런데 8시 30분에 업무를 시작한다는 이집트 대사관은 9시가 넘어도 인기척이 없었다. 기다리다 지쳐 대사관 정문으로 가서 초인종을 누르니 인터폰으로 30분을 더 기다리라고 했다. 대사관 옆에 군인 숙소가 있기에 군인식당으로 들어가 군인들과 어울려 놀면서 빵과 차를 얻어먹었다.

그 틈에 대사관 앞에 부인이 4명, 자식이 14명, 자동차 6대를 갖고 있다는 배 나온 현지인이 서류를 들고 기다리고 있었다. 자신의 네 번째 부인이 이집트 여자라서 비자를 받아야 한다기에 내가 "아저씨는 곧 자식이 15명이 될 거예요"라고 그의 배를 가리키며 놀렸더니 막

웃었다. 기다린 지 40분이 넘었는데도 대사관이 문을 열지 않아 다시 초인종을 눌렀다. 그랬더니 인터폰으로 비자 창구로 오라고 했다. 그 앞에서도 10분을 더 기다렸다. 마침내 비자 창구 문이 열렸다. 1시간 만이었다. 창구 직원에게 준비한 서류를 주니 12시에 오라는데 그 말을 믿을 수가 없었다. 대사관 개관시간도 1시간 가량 늦었는데 그들의 말을 어떻게 믿을 수 있다는 말인가. 타이즈행 2시 버스를 예약했지만 1시에 타이즈행 버스를 타러 가야 한다며 다급하게 말했다. 그랬더니 그 창구직원이 12시에는 확실하게 비자를 내주겠다고 했다. 단단히 다짐을 받고 12시에 다시 오겠다며 그곳을 나왔다.

아프리카에 들어가려면 미국 달러를 준비해야 했다. 기다리는 동안 근처 은행에 가기 위해 걷는데 버스 정거장에서 머리띠를 두른 여학생들이 깃발을 흔들며 데모를 했다. 처음에는 데모하는 이유를 모르고 차도르를 뒤집어쓴 여학생들을 동원시켜 궐기대회를 하는 것 같아 못마땅했다. 알고 보니 미국에서 경제 원조를 받는 이집트가 이스라엘의 가자 지구 침공에 대해 침묵으로 일관하는 것 때문에 집회를 하는 것이었다. 그 덕에 버스들은 다른 노선으로 달렸다. 예멘이 자국 여성들에게 자신의 의사와는 관계없이 차도르를 씌우는 것에는 화내지 않으면서, 타국 이스라엘이 가자를 공격한 것에 대해 분노하는 것이 이해가 되지 않았다.

앗살라 모스크 주변에 달러 인출이 가능한 현금 인출기를 찾아갔는데 가는 날이 장날이라고 기계가 수리 중이었다.

그 주변을 다 돌아다녔는데도 내가 가진 카드로는 달러가 인출되지 않았다. 분명 카드는 읽히는데 돈이 나오지 않았다. 다시 고장난 현금인출기 앞으로 갔다. 기계를 수리하고 있는 남자에게 물었더니 내 카드로 인출이 가능하다기에 계속 기다렸다. 결국에는 현금인출기 수리가 오래 걸린다기에 포기했다. 12시가 넘으면 대사관 직원이 점심 먹으러 간다며 창구를 닫을까 걱정이 됐다. 불쌍한 신데렐라가 따로 없었다.

앗살라 모스크에서 버스를 타고 광장에 내렸더니, 데모하던 여학생들이 내가 가는 대사관 방향으로 향하고 있었다. 어쩔 수 없이 나도 그 틈에 끼어 걸어가니 여학생들이 환호를 하며 재밌어했다.

일렬로 선 경찰들이 이집트 대사관으로 들어가는 입구를 막고 있었다. 난 "이집트 대사관!"을 외치며 그 사이를 지나갔다. 그렇게 50미터 정도를 가니 스크럼을 짠 경찰들이 또 서 있었다. 빨리 이집트 대사관을 가야 했던 나는 창피함을 무릅쓰고 스크럼 아래로 몸을 구부리며 지나쳤다. 그랬더니 삼엄한 경찰도 새어나오는 웃음을 참지 못하고, 내 행동을 본 길 가던 사람들은 내 속도 모르면서 엄지손가락을 치켜들었다. "난 급해! 빨리 가야 해! 여권이 필요해!"

그들을 지나치니 산 넘어 산이라고 이번에는 총으로 무장한 군인이 떼로 모여 있었다. 지위가 높아 보이는 사람이 지프를 타며 그들에게 지시를 내렸다. 그 사이를 겨우 통과해서 그렇게 내가 바라던 비자를 준다던 이집트 대사관 앞에 도착했다. 그런데 그 앞에 서 있던 총을 든 군인이 "오늘 대사관은 문을 닫았다"라는 청천벽력 같은 말을 했다. 믿을 수가 없어서 "뭔 소릴 하는 거야? 아니야, 나보고 저 안에 있는 직원이 12시에 오라고 했단 말이야."라며 그 앞에서 버텼다.

"난 타이즈로 가야 한단 말이야. 외국인에게는 팔지 않는 표를 겨우 샀는데…… 바꾸어 달라고 할 수도 없는데……."

이집트 대사관 정문으로 가서 초인종을 눌렀다. 그랬더니 미숙한 영어를 하는 경비원이 내 속이 무너지는 말을 했다.

"시위대 때문에 오늘 문을 닫았으니 내일 오세요."

뭔 소리야!! 인터폰에 대고 난 타이즈로 가야 한다, 비자는 필요없으니 내 여권을 달라고 했다. 영어를 못하는 경비원은 계속 내일 오라고만 말했다. 너무 서럽고 마음이 조급해져서 초인종을 계속 눌렀다. 그리고 대사관 문을 발로 차며 소리쳤다.

"내 여권 돌~리~도!!!"

참다못한 경비원이 나왔다. 난 그를 보자마자 소리를 질렀다.

"비자 필요 없으니 내 여권이나 돌려줘요. 난 타이즈로 가야 한단 말이야."

내 표정이 절박했는지 경비원이 군인들을 향해 영어 할 줄 아는 사람을 찾았다. 계급이 조금 높아 보이는 사람이 와서 통역을 하더니 걱정 말라며 나를 진정시켰다. 그리고 경비원에게 뭐라고 하자 경비원이 대사관 안으로 들어갔다.

'왜 하필 이스라엘은 하마단을 공격해서 내가 비자 받는 걸 방해하느냐고!'

이런 저런 생각을 하며 기다렸더니 대사관 밖으로 나온 경비원이 비자 창구로 가라며 일러주었다. 숨을 헐떡이며(예멘은 고지대라 조금만 움직여도 숨이 차다) 비자 창구로 온 직원은 내게 수수료를 달라고 했다. 비자를 줄 모양이었다. 비자 비용으로 달러를 주었더니 달러는 받지 않는다며 오직 예멘 돈 5,500리알을 내라고 했다. 대부분의 대사관은 달러를 받는데 참 여러 가지로 신경 쓰이게 했다. 먼지까지 탈탈 털어 갖고 있던 돈을 모두 합쳐보니 5,150리알뿐이었다. 이게 전부라고 보여줬는데 안 된다면서 나보고 '달러'를 '리알'로 바꿔오라고 했다. 여기까지도 겨우 왔는데 언제 환전소에 가서 달러를 바꾸어 오느냐고요? 경찰이 못 가게 한다고 했더니 그 직원이 자기 돈으로 채워놓겠다며 5,150리알만 받았다. 본의 아니게 비자 비용을 깎은 셈이 됐다. 10여 분을 창구 앞에서 기다리니 그 직원이 이집트 비자를 보여주며 확인을 시켜줬다. 그렇게 해서 아주 어렵게 이집트 비자를 받을 수 있었다. 사실 비자를 못 받는 줄 알았다.

페루 푸노에서 볼리비아 비자 받기

볼리비아는 비자를 필요로 했다. 국경비자 30달러를 아끼기 위해서 미리 비자 준비를 했다. 볼리비아 비자를 받으려면 많은 서류를 준비해야 한다. 여권 복사본과 황열병 예방접종 카드, 풍진과 홍역 접종 카드도 있어야 하고 숙소 예약증과 돌아갈 항공권도 필요하다.

여권 복사본은 여권 분실을 대비해서 항상 두 장 이상 지니고 다녔으니까 통과, 황열병 카드도 한국에서 만들어 갔으니 통과.

풍진과 홍역은 병원에 가서 3솔을 내면 확인 카드를 만들어주기는 하지만 나는 한국에서 주사를 맞았으니까 굳이 또 맞을 필요는 없었다. 누군가 황열병 카드 아래칸에 직접 약이름을 적고 의사 서명을 적당히 꾸몄는데 별 문제가 없었다고 해서 나도 시키는 대로 했다. 그럴듯하게 'KIM'이라고 적었다. 인터넷으로 예약한 숙소에서 '숙소 예약증'을 찾아 프린트했다. 돌아가는 항공권은 당연히 없으므로 항공권 대신 여행 스케줄표를 작성했다. 그동안 거쳐 온 나라들과 앞으로 갈 나라들을 적어서 프린트를 했다.

오전에 서류를 제출하면 오후 1시에 준다기에 월요일 아침 일찍부터 부지런히 길을 나섰다. 전날 숙소 종업원이 지도 위에 터미널을 표시해줘서 터미널을 찾아 한참 걸었다. 그런데 터미널 근처에서 볼리비아 영사관을 물었는데 다들 알아듣지 못할 말만 했다. 곰곰이 되짚어 생각하니 숙소 종업원이 '볼리비아 대사관'을 '볼리비아행 버스표'로 들었던 것 같았다. 터미널에 있는 경찰에게 여권을 보여주며 "비자"를 외치니 지도에 표시를 해줬다. 그가 표시해준 대로 찾아 걷다가 서류를 든 군인제복 차림의 아저씨에게 다시 길을 물었다. 아저씨는 몹시 바빠 보였는데도 자신이 왔던 길을 되돌아가며 나를 인도 했다. 그를 따라 20여 분을 걸었다. 그가 안내해준 영사관에 도착해서 보니 영사관이라는 명칭이 무색하게 너무도 작은 사무실이었다. 경비원도 없는 건물에 자그마한 볼리비아 푯말이 부착된 2층으로 올라갔더니 마침 한국 젊은이 3명이 먼저 와 있었다.

아뿔싸! 컴퓨터로 서류를 뽑아서 신청해야 했다. 나를 안내해준 군인 아저씨는 의자에 앉아서 자신의 서류를 들여다보고 있었다. '그만 가셔도 되는데…… 내 일이 끝날 때까지 기다릴 건가?'

그에게 인터넷을 하러 가야 한다고 했더니 서류뭉치를 들고 따라나섰다. 나보다 더 열심히 PC방을 찾아준 군인 아저씨와 작별 인사를 나누며 포옹을 했다.

다시 영사관으로 돌아와 PC방에서 준비한 서류를 직원에게 건네주었다. 서류를 보던 직원은 홍역 접종 서류가 없다고 했다. 난 얼른 위조한 황열병 카드의 두 번째 칸을 가리켰다. 그랬더니 "오케이"를 외치며 오후 1시에 다시 오라고 했다.

여행을 오래 하다 보니 정말 별짓 다 했다. 문서까지 위조하다니. 하지만 서류가 없을 뿐, 어렸을 때 홍역접종은 했고 출국 전에 풍진주사도 맞았다. 의사 대신 내가 적어 넣은 것뿐인데……. 누가 여행 중에 홍역이랑 풍진주사를 맞았다는 의사확인서가 필요할 줄 알았나? 아직까지 죄책감이 든다.

볼리비아 비자 받기는 힘들어

비싼 버스비 탓에 물가가 싼 볼리비아와 페루를 거쳐서 에콰도르로 입국하는 것으로 여행계획을 세웠다. 볼리비아 비자 업무를 하는 사무실에 서류 접수를 하니 3일이 소요된다고 했다. 기다리는 동안 판타날 습지 투어를 갔다가 코룸바로 돌아온 시간이 늦어 약속한 다음 날이 되서야 여권을 찾으러 갔다. 서류를 접수한 직원은 보이지 않았다. 대신 다른 직원이 아직 확답이 안 왔다고 말했다. 서류를 제출할 때 라파스에서 허락을 해줘야만 비자를 줄 수 있다는 말 때문에 투덜댔던 것이 생각났다. 내 서류를 접수한 직원이 오후에 온다기에 12시 30분에 다시 찾아갔다.

"볼리비아가 이틀 동안 휴일이었던 데다 내일이 금요일이라 확답이 온다는 보장이 없어요. 그렇다고 토요일, 일요일을 기다리려면 시간이 너무 오래 걸리잖아요? 오후에 우리 사무실에 오는 사람과 같이 국경에 가면 바로 비자를 받을 수 있어요. 그게 아니면 깜보그란데로 돌아가서 비자를 받아야 해요."

오후에 오는 남자가 누구냐고 물으니 옆에 있던 프랑스인이 통역을 해줬다. "사무실 남자직원보단 높은 지위를 가진 사람이래요. 그 사람이 오면 비자를 받는 것에 문제가 없대요. 저 직원이 미세스 오에 대한 배려를 하는 듯해요." 프랑스 남자의 말을 철석같이 믿었다.

다시 2시 30분에 가보니 2명의 볼리비아 남자가 나를 기다렸다. 나보고 "먼저 브라질 입출국 사무소를 들러 출국 도장을 받아야 해요."라고 했다. 브라질 출입국 사무실은 내가 있는 곳에서 약간 떨어진 버스 터미널 안에 있었다. 난 내일 볼리비아를 가는데 그럼 하루 동안은 브라질 비자가 없는 불법체류가 된다.

그럴 순 없었다. 여행이 마무리 단계로 들어선 마당에 남의 나라 감옥에 들어가고 싶진 않았다. 물론 별일이야 없겠지만, 만에 하나라도 하루 동안 무슨 일이 발생하면 누가 나를 책임져준단 말인가?

나는 브라질 출입국 직원에게 그런 내 상황을 설명했다. 잘생긴 남자직원이 잠시 기다리라고 하더니 볼리비아 사무실에 전화를 걸어 확인을 했다. 그러고는 오늘 미리 도장을 받고 떠나라고 했다. 만약 무슨 일이 생기면 알아서 처리해주겠다는 의미인 것 같아 마음이 놓였다. 비상시에는 출입국 직원에게 미루면 되니까.

볼리비아 남자 2명과 사무실 직원과 나는 택시를 타고 볼리비아 국경으로 향했다. 브라질에서는 출입국 직원은 따로 검문을 하지 않는지, 우리가 탄 택시는 물 흐르듯 바로 볼리비아 출입국 사무실로 갔다. 그랬더니 볼리비아 비자 비용 53달러를 내라고 했다. 비자 제출 서류인 여권 복사본, 신청서, 예방접종 증명서, 비행기 리턴 티켓, 호텔 예약 증명서가 모두 필요 없었다. 돈을 내니 바로 그 자리에서 비자를 줬다. 다시 차를 타고 코룸바로 돌아오는데 뭔가 찝찝했다.

볼리비아 사무실 앞에 도착한 후 볼리비아 출입국 직원이라는 남자가 내게 택시비 30달러를 내라고 했다. 내가 정식으로 제출한 서류는 3일을 묵히고, 답이 없다는 한마디만 해서 애타게 하더니……. 나는 순식간에 83불을 썼다. 찝찝했던 것이 무엇이었는지 그제야 깨달았다. 국경비자를 만들었던 것이다. 미리 서류를 준비하지 않고 곧장 국경에 가면 받을 수 있는 비자! 내가 국경비자를 받을 줄 알았다면 굳이 택시를 타고 볼리비아 국경까지 가지 않았을 것이다. 만약 가더라도 1달러만 내면 되는 버스를 탔을 것이다. 프랑스인의 통역을 순진하게 믿은 내가 바보였다. 볼리비아 대사관도, 출입국사무소 직원이라는 볼리비아인도, 제대로 통역도 못하면서 자기 입맛대로 통역해준 프랑스인도 모두모두 미웠다!!

인도에서 파키스탄 비자 받기

인도 다르질링에서 네팔의 카트만두까지 16시간이 걸렸다. 카트만두 시내로 들어오는 입구부터 완전 정체였다. 터미널에 도착해서 여

네팔의 카트만두

행자 거리이자 가장 번화가인 타멜로 가는 미니버스를 타려고 했는데, 그 미니버스 회사가 파업에 들어갔다. 그래서 택시 기사들이 1천 루피를 부르며 난리법석을 피웠다. 터미널에서 타멜까지 1시간 정도 걸린다고 해서 그냥 걷기로 했다. 도대체 왜 가는 곳마다 파업들을 하는지 모르겠다. 걷다 보니 택시 한 대가 다가와 250루피만 내라고 했다. 200루피를 주고 한인 숙소로 갔다.

 150루피에 싱글룸인 데다, 비록 공용화장실이었지만 넓고 깨끗해서 모처럼 맘에 들었다. 먼저 와 있던 아저씨와 청년이 파키스탄 비자를 받으러 간다기에 나도 준비하고 따라나섰다. 일단 한국 대사관 추천서를 받아서 다시 파키스탄 대사관으로 가야 했다.

 걷기로 했다. 어차피 버스는 파업이었고 택시는 부르는 게 값이었다. 두 사람은 자전거를 타고 가겠다고 했다. 난 자전거를 못 탄다. 청

1. 세계 여행 준비 이야기   45

년이 나보고 자전거 대여료를 같이 나눠 내고 함께 가자고 했다. 파업 때문에 도로에 차가 없어서 하이킹을 하기에 알맞았다. 오르막길이 나오니 청년이 많이 힘들어했다. 지난 밤에 늦도록 맥주를 마신 데다 늦잠 때문에 아침도 못 먹었다니 당연했다. 미안한 마음에 오르막길에서는 자전거에서 내려 뛰고, 평지나 내리막길에서는 다시 자전거 타는 것을 반복하며 한국 대사관을 찾아갔는데 비자 업무는 다른 곳에서 한다는 말을 했다. 다시 죽어라 자전거 페달을 밟아 그곳을 찾아가니 10시 40분이었다. 추천서는 11시 10분이 되어서야 줬다. 그걸 들고 파키스탄 대사관을 갔더니 도착한 시간이 11시 50분이었다. 한적한 파키스탄 대사관 문을 두드리니 영사업무는 다른 곳에서 한다고 했다.

이런!!! 다음날 신청하면 그 다음 주에 나올 확률이 높다고 들었는데, 그렇게 되면 며칠을 더 그곳에서 묵어야 했다. 어쩔 수 없이 다시 숙소로 갔다.

다음날 택시를 타고 파키스탄 대사관으로 향했다. 전날 멤버 그대로였다. 어제부터 줄곧 동행했던 아저씨가 길을 잘 아는 것처럼 우리를 안내했다. 그가 "파키스탄 대사관은 일본 대사관 근처에 있다"라고 해서 일본 대사관 근처에서 내렸다. 현지인에게 파키스탄 대사관을 물으니 20분을 걸어가든가 버스를 타고 가라고 했다. 속이 터졌다. '모르면 가만히 있을 것이지, 모른다고 했으면 가는 길을 숙소에서 정확히 알아 왔을 텐데. 그랬으면 헤매지도 않잖아?' 그 아저씨는 걸음도 느리고 답답해서 일행을 뒤로하고 혼자 빨리 걸었다. 아무리 생각해도 비자발급 마감시간이 다가와서 여유 부릴 틈이 없었다. 길을 물어물어 대사관을 찾아서 이층 사무실로 올라가니 나이든 남자와 여자 2명이 비자업무를 보고 있었다. 여직원이 나를 보더니 신청 서류 두 장을 내줬다. 아래층 대기실로 내려와서 휴대폰에 들어 있는 사전을 찾아가며 서류를 작성했다. 신청서를 작성하다 보니 숙소에서 같이 출발한 두 남자가 그냥 앉아 있었다. "왜 신청서 작성을 하지 않고 있어요?"라고 물으니 "용지를 안 주고 기다리라고 해서요."라고 답했다. 아저씨가 "미국 대사관도 아닌데 뭐 이리 까다롭냐?"라고 투덜댔다. 11시가 다가오니 두 사람 모두 접수를 못 하나 싶어 좌불안석이었다. 한참 후에 접수를 담당하는 여직원이 그들에게 신청서류를 나눠줬다. 나는 작성한 신청서 용지를 들고 2층에 올라가서 바로 인터뷰를 했다. 인터뷰를 마치니 월요일 11시 30분에 오라고 했다. 비자가 나오는데 3일이 걸리는 모양이었다. 휴일이 끼어 있으니 그럴 수밖에 없는 것이 당연했다. 1층으로 내려와서 두 남자에게 "월요일에 비자를 받으러 오라고 했다"라는 이야기를 전했다. 아저씨가 "더러워서 파키스탄에 안 가."라며 신청서류를 박박 찢었다. 접수창구로 올라간 청년이 직원을 향해 "내일, 금요일에는 비자를 받고 싶다"라고 말하니까 그 직원이 단호하게 "노!"라고 했단다. 그 청년도 아저씨를 따라 욕을 하면서 역시 신청서류를 박박 찢었다. 여태 들인 시간과 노력이 아까웠다. 로마에 가면 로마법을 따라야 하는 것이다.

여행 준비 끝!

카드 준비 필수!

여행할 때 모든 경비를 들고 다닐 수는 없다. 때문에 신용카드와 현금카드를 잘 이용해야 한다. 한국에서 사용하는 신용카드와 외국에서 사용하는 신용카드는 다르다. 외국에서 신용카드를 사용할 때는 수수료로 사용액의 일정액을 비자나 마스터카드사에 지불해야 한다.

이번 세계 일주를 준비하면서 2년 동안의 경비를 따져보니 생각보다 큰 금액이었다. 그 큰 금액을 모두 현금으로 지니면 위험했다. 신용카드로 계산을 하자니 그 또한 수수료가 만만치 않았다. 그래서 여기저기 알아보면서 미리 C은행의 카드를 준비했다.

C은행은 현금 인출수수료 절약에 도움이 됐다. 외국에서 현금 인출을 할 때 각 은행마다 수수료가 제각각이고 그 비용도 만만치 않다. C은행의 현금카드는 내가 여행을 시작한 2008년 4월 1일 전에는 수수료가 없는 외국계 은행으로 알려져 있었다. 그런데 불행히도 내가 여행을 시작할 무렵에 규정이 바뀌어서 1회 인출시 1달러의 수수료를 지불해야 했다. 그럼에도 불구하고 C은행의 수수료는 다른 은행들에 비해서는 아주 저렴했다. 또 하나 좋은 점은 나라에 따라서 달러를 쉽게 인출할 수 있었다. 모스크바에서도 달러를 인출할 수 있어서 C은행 카드 덕을 톡톡히 봤다.

건강

다음으로 중요한 것은 배낭여행을 할 수 있는 체력이다. 나는 여행을 할 수 있는 체력이 되는지 알고 싶었다. 그래서 체력측정도 해보고 운동도 할 겸 택배 일을 했다. 하루 종일 뛰어다녀야 하는 육체노동을 6개월 동안 했는데 거뜬했다. '이 정도의 체력이면 2년 동안 배낭 메고 다닐 수 있겠다.'

겉보기에 무리가 없어 보여도 속은 어떨지 몰라서 암, 치과 검사까지 했다. 최소한 2년 동안 가급적 병원을 가지 않아도 되는지 몸 구석구석을 체크했다. 다행히 별다른 이상은 없었다.

나라 중에 외국인이 입국하면 황열병 접종 카드를 요구하는 곳이 있다. 그래서 국립의료원에서 황열병과 파상풍 주사를 맞았다. 3~5년 동안 유효한 장티푸스 주사도 맞았다. 황열병은 접종 한 번으로 10년 동안 예방이 가능하다. 여행계획으로 아프리카가 있었기에 말라리아 약도 구입했다. 여행하면서 알게 된 것인데, 말라리아 약은 현지에서 구입해 복용하는 것이 더 낫다. 약효도 좋고 가격 면에서도 유리하다.

말라리야 약은 1주일에 한 번씩 먹어야 하는데 부작용이 빈번하게 나타나는 것으로 알려져 있다. 그래서 많은 여행자들이 약 복용을 안 하려고 한다. 나는 잠자기 직전에 약을 복용했다. 그래서 그런지 부작용을 느끼지 못했다. 이 약은 발병지를 벗어나더라도 한 달 이상은 더 먹어줘야 한다. 왜냐하면 말라리아균은 잠복할 수 있기 때문이다.

여권과 가방

여권 실물과 복사한 여권 사본을 여러 장 챙겼다. 그 다음에 중국과 인도, 러시아 비자를 신청했다. 여러 나라를 여행하기로 했기 때문에 미리 서둘러야 했다. 나라별로 각각 비자를 신청하기 때문에 바빴다. 만약을 대비해 국제 운전면허증을 만들었는데 유효기간이 1년밖에 되지 않았다. 유효기간이 만료되면 운전을 하고 싶어도 하지 못한다. 나 또한 마찬가지였다.

가방은 큰 배낭과 작은 배낭이 필요하다. 여행자들은 이동할 때 큰 배낭은 등 뒤로 메고 작은 배낭을 앞으로 멘다. 여행지에서 숙소를 정하면 큰 배낭은 그곳에 두고, 외출할 때 작은 배낭만 들면 된다. 여행자들 거의 중요물품은 작은 배낭에 넣어 다니는데 그것을 아는 도둑님들께서도 주로 작은 가방을 노린다. 그래서 복대를 꼭 챙겨야 한다. 그 속에 여권이나 카드, 돈 등 귀중품을 넣는다. 여권을 잃어버리면 그 순간 여행을 멈추고 돌아와야 한다. 전세계적으로 통용되는 주민등록증과 마찬가지인 것이다.

복대

여행의 출발은 복대를 차면서부터 시작이다. 여행이 시작되면 복대가 나와 한 몸이라는 생각을 가져야 한다. 여행이 끝나서 집에 돌아올 때까지 항상 복대가 내 몸에 붙어 있는지를 확인해야 한다.

일반적으로 살 수 있는 복대는 비행기 표가 들어갈 정도로 크다. 나도 그 복대를 샀다. 처음 여행을 시작할 때부터 통풍이 잘되는 면으로 된 복대를 구입해서 착용했는데도 무척 불편했다. 플라스틱이 맞물리는 곳이 튀어나와 걸리적거렸다. 더군다나 노상강도들 또한 여행객들이 복대를 하고 있다는 사실을 알고 있다. 그래서 중국 여행할 때 지갑을 파는 상점에서 여권과 약간의 돈을 넣으면 딱 좋을만한 사이즈의 지갑을 구입했다. 그것을 넓은 고무줄에 덧대어 바느질을 했다. 내가 만든 복대를 백팩처럼 등 뒤로 둘러 착용했다. 남들처럼 복대를 허리에 두르는 것이 아니라 복대를 등 쪽으로 맸다. 허리에 두르면 복대 두께로 인해서 스타일이 구겨지는 것은 물론이거니와 뽈록 나온 배가 더 나와 보여 싫었다. 나처럼 등 쪽으로 매면 돈도 구겨지지 않고 원형 그대로 보존할 수 있는 장점까지 있다. 허리도 받쳐 주니까 자세도 좋다.

옷

옷은 사계절을 다 준비했다. 옷은 무게도 무게지만 부피를 많이 차지하니까 가급적 몇 벌만 가져가면 된다.

우선 점퍼를 준비했다. 점퍼는 오리털로 된 내피와 점퍼로 분리되는 것으로 구입해서 여름을 제외하고는 항상 입을 수 있다. 추운 나라에 가면 내피를 부착해서 입으면 되고, 그렇지 않을 때는 내피를 접어서 천주머니에 넣어서 베개로 사용했다.

바지는 여름용 반바지와 가을, 겨울용으로 긴 바지를 준비했다. 그리고 레깅스와 스타킹을 챙겼다. 반팔 티셔츠와 긴팔 티셔츠를 각각 두 개씩 준비하고 속옷과 양말 두세 켤레도 준비했다. 수영복은 4개가 한 세트인 걸로 준비했는데 속옷이 부족할 땐 속옷 대신 입었고 수영복 겉반바지는 숙소에서 일상복으로 여행 내내 입었다. 부족한 옷들은 여행 중에 맘에 드는 독특한 디자인이 있으면 샀다. 그것들을 입고 버리는 것을 반복했다. 여행지에서 그 나라의 고유 의상을 사서 입으면 나도 즐겁고 현지인들도 참 좋아했다.

챙이 달린 모자

종일 햇볕이 쬐는 곳을 걷는 경우가 많아서 챙이 달린 야구모자를 늘 쓰고 다녔다. 스키모자는 추운 지방에 가서 목 보호대로 썼다. 옷은 비닐봉투에 담아 배낭 속에 넣으면 혹시 비가 와서 배낭이 젖어도 보호할 수 있고 깔끔하게 정리가 돼서 좋았다.

수건

수건은 대형과 소형 수건을 하나씩 갖고 다녔다. 대형 수건은 샤워할 때도 필요하지만 너무 더운 곳에선 이불로 사용하는 일석이조 효과를 노릴 수 있었다. 그리고 침대 가리개로도 사용했다. 주 숙소로 삼았던 도미토리는 여러 명의 여행자가 같이 잠을 자기 때문에 나만의 공간이 필요했다. 그럴 때 침대 기둥에 빨랫줄을 매고 가져간 대형 수건으로 가렸다. 재밌는 것은 외국여행자들은 샤워 후에 수건만 두르고 다닌다는 사실이다. 처음에는 깜짝 놀라서 당황했지만 그들에게는 생활인지 거리낌이 없다. 때로는 숙소에 따라서 수영장이 있는 곳도 많으니 꼭 챙겨야 할 품목이다.

소형 수건은 야간 이동할 때나 물을 사용하기 어려운 곳일 때 유용하다. 수건을 물에 적셔 비닐봉투에 넣어두었다가 손과 얼굴을 닦는 데 사용했다.

품목별로 비닐봉투에 물품을 나눠 배낭에 넣으면 공간이 최소화되고 정리가 쉽고 오염도 방지된다. 남이 볼 때도 정리정돈이 되어 있는 모습을 보여줄 수도 있다. 무슨 소리인지 의아해 하는 사람이 있을까봐 굳이 설명하자면, 국경에서 때로 가방 검사를 하는데 가방 속 내용물을 꺼내어 보여줘야 할 때가 있다. 그럴 때 깔끔하게 정리된 가방 속을 보여주면 대한민국의 인상이 되지 않을까.

멀티 콘센트

나라마다 전력을 사용하는 콘센트가 다르니까 멀티 콘센트를 꼭 준비해야 한다. 숙소에 개인 사물함이 있는 곳이 많으니까 자물쇠도 필요하다. 큰 배낭도 자물쇠를 채우면 좋고 작은 배낭은 특히나 자물쇠를 꼭 채우는 것이 좋다. 그것만으로도 도둑님들을 예방하는 효과가 크다. 특히나 인도에서 기차를 탈 때는 반드시 와이어 자물쇠를 준비해야 분실사고를 막을 수 있다.

초경량 오리털 침낭

침낭은 초경량 오리털 침낭을 구입했다. 한국에서 인터넷으로 제일 작은 사이즈의 가방을 샀는데 이 침낭이 가방 밑부분을 모두 차지했다. 그러다 인도에서 900g 침낭을 사용하던 아가씨가 한국으로 돌아간다기에 그것을 구입하게 됐다. 새로 구입한 침낭은 전에 쓰던 침낭의 반 정도 크기밖에 하지 않았다. 가방도 가벼워지고 해서 전에 쓰던 침낭을 버렸다. 이후 여행이 끝날 때까지 그 900g 침낭을 사용했는데 미국 LA 숙소에 빈대가 많아 세탁소에 보냈다가 결국 돌려받지 못했다.

초경량 카메라와 충전기

카메라와 충전기는 가벼운 것이 최고다. 난 10여 년 사용한 카메라를 가지고 다녔는데 여행 내내 바꾸고픈 유혹에 시달렸다. 작은 스크린을 볼 때마다 노안이라 화면이 선명히 보이지 않는 데다 충전기 무게가 꽤 나가서 불만스러웠다.

카메라는 아프리카 나미비아 사막을 여행할 때부터 말썽을 부리기 시작했다. 사막의 미세한 먼지에 영향을 받았는지 화면 작동이 되지 않았다. 그걸 들고 볼리비아에서 수리를 해보려고 했는데, 볼리비아 수리공이 그냥 새로 사라고 할 정도였다. 그래도 화질은 나쁘지 않아 새로 사야 하나 말아야 하나를 두고 계속 고민을 했다.

노트북

노트북은 작고 가벼운 것으로 구입하는 것이 좋다. 유럽에서 구입한 900g 노트북은 여행이 끝날 때까지 나의 동반자고 친구였고 게임기였다. 하드용량이 4기가밖에 안돼서 윈도우를 제외한 다른 프로그램을 설치할 수는 없었지만 기본 프로그램과 무선 인터넷, 음악 감상, 화상통화도 가능했다. 하지만 용량이 큰 사진과 음악파일은 이동식 디스크로 저장했다.

로밍폰

휴대폰은 135개국 로밍이 가능한 전화기로 바꿨다. 기본적으로 로밍전화는 국제전화이기에 전화요금이 비싸다. 더군다나 전화를 받는 사람도 수신자 요금을 내야 한다.

물론 로밍폰으로 해외에서의 문자 송신도 가능하지만 국내와 달리 발송 기본 금액의 최소 10배 이상을 각오하고 보내야 한다. 지금 20원이니까 10배 이상이면 200원 이상이다. 그런데 우리나라에서 해외로 문자를 보내는 사람은 국내와 같은 금액의 발송요금을 적용하지만 문자를 받는 사람은 무료다. 그래서 내 주변 가족과 친구들에게 문자를 자주 보내달라고 부탁을 했다. 사용은 자주 하지 않았지만 급한 경우에 내게 든든한 보디가드가 되어줄 수 있는 여행의 동반자 역할을 충분히 했다. 어느 나라를 가든 외교통상부에서 출국자 로밍폰으로 위험순간이나 사건사고 소식을 문자로 알려주기 때문이었다. 알람과 시계, 영어사전까지 톡톡히 제 몫을 해냈다.

포털 사이트에 카페 만들기

여행을 시작했건만 문자를 보내는 것이 귀찮거나 답장이 없는 문자를 기다리는 것이 귀찮았던 친구들은 전화를 했다. 반가워서 받고 싶은 마음이 굴뚝같았지만 핸드폰 요금을 생각하면 받을 수 없었던 처지였다.

그래서 인터넷 포털 사이트에 카페를 만들어 여행일기와 사진을 올리기 시작했다. 주변에 블로그를 만들어서 올리는 여행자들을 봐왔기 때문이다. 여러모로 인터넷에 만들어 놓은 카페는 좋았다. 군대에 있는 아들도 비싼 국제전화 통화를 할 수는 없었지만 부대 안에서 인터넷 사용은 할 수 있는 처지였다. 내가 만든 인터넷 카페에 들어와 내 근황을 알 수 있는 데다 답글도 써놓을 수 있으니 서로 안심을 했다. 일본으로 유학을 보낸 딸과도 마찬가지였다.

여행을 하는 중에 만난 한국 여행자들은 언제나 내게 메일 주소를 물어봤다. 그러면 내 카페 주소를 알려주고 그 카페로 소식을 주고받았다. 카페에 올려놓은 사진은 혹시 사진 디스크를 분실하거나 망가지는 것에 대한 불안감을 없애 주었다.

전기 커피포트

네팔 여행 때부터 사용한 양은 전기 커피포트는 여행 끝날 때까지 빼놓을 수 없는 귀중품이었다. 밥을 제외한 모든 요리를 할 수 있는 포트는 정말 유용했다. 커피 마실 때도 쓰고, 감자나 계란 삶을 때도 쓰고, 특히나 라면 끓여먹을 때도 썼다. 전기포트는 배낭여행객들의 필수 품목이라고 생각한다.

내 덕에 다른 여행객들 특히나 남자애들은 내가 전기포트를 사용하는 것을 보고 곧장 구입했을 정도였다. 여하간 세 번이나 구입했던 전기포트는 양은이라 무게도 가벼웠다. 그 안에 반찬통을 넣거나 쌀, 양념통 등을 넣을 수 있어서 공간을 차지하지도 않았다. 그러나 포트와 연결하는 코드가 자주 고장이 나서 드라이버를 가지고 다니면서 고쳐 사용했다. 임시방편으로 수리를 해서 쓰다가 새것을 사게 되면 전에 쓰던 것은 버렸다.

필름통

필름통을 구해서 설탕, 소금, 후추를 가지고 다녔다. 식당이나 숙소에서 필름통에 담을 만큼만 달라고 하면 모두들 흔쾌히 담아주었다. 500원짜리 스텐 쟁반을 2개 구입해서 개인 접시로 사용을 했고 손잡이가 짧고 톱니모양 날을 가진 나이프를 칼 대용으로 사용했다. 처음에는 맥가이버 칼을 가지고 다녔는데 무거워서 버렸다. 그리고 스텐 컵, 숟가락, 포크, 티스푼을 챙겼다.

비누

샴푸와 린스도 준비했는데 나중에 바닥이 났다. 외국에서 사려고 돌아다녀 보면 샴푸는 파는데 린스를 구하기가 어려웠다. 그 나라의 모국어 읽기가 어려웠고, 안 되는 영어로 설명하기도 어려워서 샴푸만 사용했다. 맨 처음에는 어색했는데 샴푸만 사용한 후부터 머리카락 빠지는 양이 눈에 띄게 줄었다. 사실 여행하기 수년 전부터 머리카락 숱이 절반으로 줄어서 고민이었는데 전화위복이었다. 한국으로 돌아온 지금도 린스는 사용하지 않는다. 대신 헤어로션을 살짝 발라준다.

빨래용 가루비누도 필요하다. 빨래비누보다 무게가 덜 나가는 가루비누를 사용하는 것이 훨씬 편하다. 대용량 빨래를 위한 가루비누를 파는 우리나라와는 달리 외국에서는 소량의 빨래세제를 많이 판다. 그것을 작은 플라스틱 음료수 병에 담아 갖고 다녔다. 물에 가루비누를 풀어 빨래를 담고 손으로 주물거리거나 발로 밟아 빨았다. 수

건으로 빨래의 물기를 뺀 후에 선풍기 앞에서 말리면 금방 마른다.

빨랫줄은 낚싯줄이 가볍고 좋다. 그것을 숙소 침대 기둥에 묶어 빨래를 널었다. 대부분 숙소에서는 빨래방을 이용하거나 동전을 넣는 세탁기를 권한다. 하지만 속옷이나 양말 정도의 적은 양의 빨랫감은 숙소에서 빨아도 괜찮다.

손톱깎이와 로션

배낭에 손톱깎이와 로션도 넣었다. 내가 갖고 다니던 큰 배낭의 무게는 10~12kg 정도 됐다. 거의 대부분의 여행자 가방 무게가 그렇다. 먹을거리가 들어 있는 작은 배낭도 들어야 하니까 배낭여행자들의 가방 무게는 보기보다 꽤 무겁다. 이 둘을 앞뒤로 메고 다니다 보면 언제나 어깨가 아팠다.

현지에서 물품을 구입할 때는 제일 먼저 배낭의 무게를 생각해야 한다. 물품을 사거나 얻으면 가방 속에 있는 다른 물품 하나를 버려야 한다. 나도 무거운 가방 때문에 기념품을 살 수 없었다. 특히 아프리카에 갔을 때 원주민이 손수 만들어서 파는 조각품들을 사고 싶었는데 눈으로만 만족해야 했다. 가방을 잘 싸는 것은 여행을 좌우할 만큼 중요하고 요령이 필요하다.

여행 가이드북

배낭여행자들은 거의 여행 가이드북을 갖고 다닌다. 특히 서양인들은 론리〔론리 플래닛(Lonely Planet)〕라는 가이드북을 끼고 산다. 거기에 적혀 있는 정보 내에서만 움직인다. 숙소도 책에 적혀 있는 곳으로 정한다. 그래서 그런지 대부분의 도시에서는 여행객들이 묵는 숙소가 정해져 있다. 만약 방값이 다르면 책을 보여주며 흥정을 하기도 한다. 가이드북이 없으면 여행을 어떻게 할까 싶었다. 난 가이드북 없이 다녔다. 처음에 중국과 인도 가이드북을 가지고 갔는데 너무 무거웠다.

중국과 인도 이후에는 가이드북이 없었다. 그래서 난 좀 다른 방법으로 여행을 했다. 숙소는 인터넷으로 유스호스텔을 검색해서 예약을 했다. 유스호스텔이 없거나 물가가 싼 나라는 미리 숙소만 하나 정해서 주소와 이름을 적었다. 현지에 도착하면 적어놓은 주소를 보여주고 물어물어 찾아갔다. (물론 가이드북에는 지도가 있어 편하게 찾아갈 수 있다.) 그렇게 숙소를 찾아가면 숙소나 현지 여행정보센터, 역에서 안내 팸플릿을 구했다. 유명한 여행지나 잘 사는 나라에는 홍보 팸플릿이 많다. 그도 저도 없는 곳은 엽서를 파는 곳으로 갔다. 엽서에는 여러 종류가 있지만 그 도시에서 가장 볼만한 것들만 엄선해서 찍은 사진이 담긴 것을 골랐다. 그 엽서 그림을 살펴보면서 개중 맘에 드는 곳을 골라 가면 됐다. 엽서에는 장소도 적혀 있으니 길을 가다 모르겠으면 엽서를 보여주면 됐다. 영어를 잘 하면 현지인에게나 다른 여행자에게 정보를 얻을 수 있지만 난 영어를 못 하니까 그런 것들이 어려웠다. 가이드북을 보고 찾는 것보다 이 방법이 내게는 훨씬 더 좋았다. 물론 여행은 아는 만큼 볼 수 있다는 말은 맞지만 나는 내가 보고 느낀 것만으로도, 그것만으로도 충분히 만족스러웠다.

내 사랑 노트북

독서를 좋아하지만 배낭에 책을 넣을 수 없었다. 배낭 무게 탓이었다. 중국과 인도 가이드북도 너무 무거워 힘들게 가지고 다녔다. 내가 영어를 잘 했더라면 문제가 없었을지도 모른다. 어느 숙소나 영문으로 된 책은 많이 있었고, 다 읽은 책은 다른 책과 바꾸어서 읽기도 하니까 영어만 가능하다면 읽을 수 있는 책은 많다. 나는 영어가 안 되니 영문으로 된 책을 보면 피곤했다. 게다가 돋보기를 사용해서 사전을 찾아가며 책을 읽기엔 내가 좀 게을렀다.

네팔 카트만두의 한인 숙소에는 한글 책이 아주 많아 책 읽는 재미에 계획보다 오래 머물렀다. 한인 숙소를 제외한 곳에서는 영문판 책만 있었다. 젊은 여행자들은 밤이면 즐기러 나가지만 난 해가 지면 숙소에 있었다. 일단 오랜 여행을 하려고 나왔기에 위험하다 생각되는 행동은 안 하려고 노력했다. 어떻게든 건강하게 무사히 여행을 마치고 싶었다. 해만 지면 숙소에 있는데 책도 음악도 컴퓨터도 없으니 너무 심심했다. 그래서 인도의 스리나가르에서 구입한 스도쿠 퍼즐 책으로 레의 숙소에서는 퍼즐만 풀었다.

그렇게 지내다 여행 중에 만난 아가씨들이 나누는 이야기를 들었다. 해외 인터넷 PC방 1년 사용료와 노트북 구입을 하는 비용을 따져 보면 대부분의 숙소에서는 무선 인터넷이 연결되는 곳이 많으니 훨씬 이익이라는 것이었다. 그래서 나도 컴퓨터를 사기로 했다.

인도 네루 플레이스에 있는 용산 전자상가 같은 곳을 찾아갔다. 역 앞에서 버스를 타고 한 시간 정도를 가니 전자상가가 있었다. 가볍고 저렴한 노트북과 MP3도 샀다.

여행자 거리에 있거나 유스호스텔에 있으면 다른 나라에서 온 여행자라도 있지만 관광지와 떨어진 곳이나 관광객이 없는 도시에 있으면 무인도에 혼자 있는 느낌을 자주 받았다. 혼자 있는 숙소에 묵게 되면 노트북을 끼고 살았다. 다운받은 음악을 틀어서 귀를 즐겁게 해주고 여행일기를 적었다.

e-book을 읽기도 하고 노트북에 있는 카드게임도 즐겨 했다. 재미있는 책을 많이 읽을 수 있어서 심심할 시간이 없었다. e-book이 있다는 것이 행복했다.

외국에서 인터넷 사용은 곧 돈이다. 1시간에 500원만 받는 예멘 PC방에서 5시간 동안 인터넷을 한 적이 있다. '2,500원밖에 안 하네?' 그런데 이게 싼 것이 아니다. 하루 방값이 4,000원인 걸 생각하면 큰 비중을 차지하는 셈이다. 왜 5시간을 했느냐고? 속도가 느려서다. 오래 하고 싶어서 한 것이 아니라 로딩시간이 느리기 때문이다. 특히 한국 웹페이지는 정말 오래 걸렸다. 포털사이트에 들어가 메일을 확인하고 카페에 글 하나 올리고 환율 체크 좀 하고 굵은 뉴스 잠깐 보면 2시간은 금방 지나간다. 숙소도 검색하고 결재하고 찾아가는 방법을 복사하면 30분 이상이 걸렸다. 미리 노트북에 글을 써놓고 나중에 인터넷 연결이 될 때마다 그 글을 찾아 복사해서 붙여 넣으니 시간도 절약되고 돈도 버는 셈이었다.

조심하자, 사기꾼! 다시 보자, 내 여권!

가장 위험한 국가 중 하나가 케냐다. 소매치기, 국경사기꾼 등 때문이다. 국경사기꾼이란 것은 국경을 넘어갈 때 사기꾼이 가짜 돈으로 환전을 해주거나 환율을 엉터리로 해서 돈을 더 챙기는 사람을 말하는 것인지 자세히 모르겠지만 유명했다. 매일 누군가 그 수법에 걸려드니까 조심해야 한다. 그런데도 많은 관광객이 사파리투어를 위해 케냐에 간다. 이미 그동안 여행하면서 기린, 가젤, 원숭이 등을 실컷 보았으니 굳이 케냐는 가지 않아도 될 듯했다. 어차피 잠비아행 기차를 타면 케냐의 국립공원을 지나기 때문에 특별히 돈을 들일 필요도 없었다.

아침에 출발하는 버스 시간을 맞추려면 새벽길을 다닐 때도 있었다. 정말 무섭다. 그러니 웬만한 강심장 아니고는 시간을 늦춰 일정을 조정하거나 여럿이 함께 움직이는 것이 나을 듯했다.

파키스탄 사람들은 한국 사람을 만나면 결혼 이야기를 꺼내곤 한다. 한국 비자 때문이다. 택시를 탄 적이 있는데 우리나라 여자 여행객과 합승을 하게 됐다. 기사가 "어디에서 왔느냐?" 등을 묻기 시작하더니 "나랑 결혼해요."라고 했다. 나와 그녀는 "이미 결혼했고, 남편이 있다."고 대답했다. 그런데도 그 기사는 계속 결혼하자고 졸랐다. 시간이 조금 더 흐르자 자신의 옆자리에 앉은 그녀의 허벅지를 슬쩍 건드리기까지 했다. 그녀가 놀라서 기사를 한 대 때렸다. 물론 나 또한 뒷자리에서 기사를 때렸다. "만지지 마!!"라고 했는데 이 기사가 한 말이 가관이었다. "만지게 하면 100루피에 가고, 못 만지게 하면 500루피에 간다." 정말 기가 막혀서 내리겠으니 차를 세우라고 했더니 그냥 계속 갔다. 짐은 앞자리에 싣고 그녀와 함께 뒷자리에 앉았어야 했는데 생각지도 못한 사고였다. 아랍 국가들을 여행할 때는 성추행을 조심해야 한다.

터키 이스탄불에서는 그 남자조심 때문에 황당한 경험을 했다. 2002 월드컵 이후로 터키는 우리나라 사람에게 "형제의 나라"로 알려졌다. 이스탄불에서 비가 너무 많이 오는 바람에 돌마바흐체 궁전 구경을 포기하고 숙소 앞 의자에 앉았는데 노숙자가 와서 말을 걸었다. 대꾸하지 않고 있었더니 나를 건드렸다. 확 밀치며 만지지 말라고 소리쳤다. 뭐라고 연신 중얼거리면서 걸어가기에 자세히 보니 담배를 들고 있었다. 아마도 라이터를 빌려달라고 했었는데 내가 오해를 한 듯싶었다. 조금 미안했다.

그날 오후에 향신료 시장과 다리를 구경하려고 나섰다. 해가 쨍쨍하기에 우산을 숙소에 두고 나갔다. 그런데 다시 비가 내렸다. 어느 처마 밑에서 내리는 비를 보고 있는데 어떤 남자가 다가와 일본인이냐고 물었다. 나는 한국인이라고 말해줬는데 그 남자가 터키어로 뭐라고 계속 떠들었다. 무슨 말인지 잘 모르겠다고 말해주었다. 그랬더니 노골적으로 "섹스하자!"라고 했다. 그 말을 듣자마자 발길로 냅다 그 남자의 정강이를 걷어찼다. 분이 안 풀려서 내 발이 아플 정도로 한 번 더 찼다. 그랬더니 그제야 소리치며 냅다 도망을 갔다.

남자조심 때문에 실수를 한 적도 있다. 이스탄불 외곽에 있는 예디

터키 이스탄불의 성 소피아 사원

쿨레 요새로 갈 때 자가용이 섰다. 남자를 보아하니 순박해 보이는데다 차가 많이 다니는 길이라 얻어 탔다. "예디쿨레"라고 내가 목적지를 말했는데 그가 터키어로 쉬지 않고 말을 했다. 얼추 도착한 것 같아 내려달라고 말을 했다. 고맙다는 인사도 상냥히 했다. 그리고 성곽을 향해 올라가는데 나를 향해 또 뭐라고 떠들었다. '아니, 이 사람도 몇 대 맞고 싶나?' 못들은 척 걸어 올라가는데 굳이 쫓아와서까지 말을 했다. "Stop! Stop!"이라고 외쳐도 그냥 걸었다. 잠시 후 앞을 보니 길이 막혀 있었다. 아마도 여긴 막혀서 못 가니 더 태워 주겠다는 뜻이었나 보다. 미안했다. 좋은 사람도 많지만 나쁜 사람들을 조심하려고 하다 보니 생긴 해프닝이었다.

체코 기차는 한 객실에 6명이 들어갈 수 있도록 되어 있었다. 유레일패스를 사용할 수 없는 체코에서 내가 구입한 표는 이등석에 좌석도 없는 것이라서 빨리 자리를 잡아야 했다. 객실 입구에 예약 표시가 되어 있으니 표시가 없는 곳을 고르기 위해서였다. 다행히도 표시가 없는 곳을 찾을 수 있었다. 그런데 불량스러워 보이는 커플이 날 밀치고 들어가 앉았다. 그러면서 나보고 나가라고 했다. 조금 억울해서 왜 나보고 나가라고 하느냐고 물었더니 흡연을 하기 때문이라고 했다. 그러면서 미안하다는 말을 했다. 다른 객실로 옮겼는데 그 커플이 내 휴대폰을 들고 와 건네주었다. 내가 떨어뜨렸단다. 나에게 휴대폰을 준 그들은 기차에서 내려 지하도로 걸어갔다. 아무리 생각해도 찝찝했다. 점퍼 주머니에 휴대폰을 넣어둔 데다 좌석에 앉지도 않은 내가 어떻게 휴대폰을 떨어뜨릴 수 있다는 말인가. 결과적으로 그 커플은 소매치기였다. 남자가 내게 시비를 걸 때 여자가 내 주머니를 뒤진 듯했다. 다행히도 내 휴대폰이 유럽에서는 사용할 수 없는 것이라 돌려주었던 것 같다. 유럽에서는 기차역을 조심하라는 글이 많았는데 실감이 났다. 특히 말을 거는 사람은 여자고 남자고 조심할 필요가 있었다.

인도에서는 돈을 잃어버리지 않게 특히나 신경을 써야 했다. 설령 돈주인을 찾아달라고 경찰에게 맡겨도 주인에게 주는 것이 아니라 경찰이 갖는 것이 인도 경찰의 관례다. 다시 한번 말하지만 언제 어디서나 중요한 것은 여권이다. 돈보다 더 중요하다. 만일 여권을 잃어버리면 그때부터 여행은 끝이다. 임시 여행허가서를 들고는 많은 나라를 갈 수가 없기 때문이다. 경유국은 임시여행허가서를 써주기도 하지만, 그렇지 않은 나라는 무비자라고 해도 절대 입국할 수 없다.

난 영어를 거의 못했다

　내가 제일 자신 있게 말할 수 있는 단어는 '땡큐'가 유일했다. 상고를 졸업한 지 30년, 그동안 영어를 쓸 일이 전혀 없었다. 여행을 하려고 결심했을 때 언어에 대한 두려움은 당연히 가장 크게 다가왔다. 영어 공부를 해볼까 하고 구민회관에서 하는 강좌를 들어보기도 했는데, 강의 시간이 끝나면 배운 내용이 하얗게 잊혀져버려 여간 고민스러운 게 아니었다. 두 달을 다녀봤는데 머릿속에는 아무것도 남은 게 없었다. 결국에는 '그래 닥치면 어떻게 되겠지' 하는 생각으로 영어 공부를 포기했다.
　말을 하면 자동으로 번역되어 나오는 기계 하나만 있으면 언어소통쯤 무슨 걱정이 되겠는가? 이런 번역기가 곧 나올 예정이라니, 앞으로 여행을 할 사람들은 준비해서 나가면 좋을 듯하다. 나는 궁여지책으로 휴대폰에 들어 있는 영어사전을 사용하기로 했다. 요즘 휴대폰 참 좋아졌다. 영어뿐만 아니라 일본어, 중국어까지 상황에 따른 자주 쓰는 표현들이 모두 들어 있고, 그것들을 음성으로 들려주기도 하니 말이다. 발음을 못할 것 같은 문장은 휴대폰으로 들려주면 되겠다고 생각했다. 하지만 막상 외국인을 앞에 놓고 보니 휴대폰을 꺼내 문장을 찾아서 들려줄 시간이 없었다. 중국에서는 말이 안 통해서 휴대폰을 꺼내 보여 줬더니 막상 그들이 자기 나라의 글을 모르는 경우도 있었다. 그래도 나는 버스를 기다리거나 남는 자투리 시간을 이용해 휴대폰의 단어들을 익히곤 했다.

　여행을 하다 보니 영어를 쓰고 있는 나라가 영국과 미국만이 아니었다. 아프리카의 잠비아, 나미비아, 남아프리카공화국도 영어를 쓰고 있었다. 인도나 이집트에서는 관광객을 상대로 돈을 버는 사람들이 많은데, 그들은 영어로 대화는 하지만 글은 잘 모르는지 받은 메일을 읽어 달라고 하기도 했다. 남미는 브라질만 포르투갈어를 쓰고 대부분의 나라가 스페인어를 쓰는데 영어를 잘 아는 사람은 스페인어를 몰라도 뜻은 짐작할 수 있단다. 스페인어, 불어, 포르투갈어 등은 영어와 사촌 정도 되는지라 서양인들이 4개 국어, 5개 국어를 하는 것은 그다지 어려운 일이 아닌 듯했다.

　숙소를 도미토리(기숙사라는 뜻도 있지만, 여행지의 게스트하우스나 유스호스텔 등에 있는 저렴한 숙소로 한 방에 4~20개의 침대가 있음)룸으로 이용하면 경비가 절약되고 많은 사람을 만날 수 있어 좋다. 반갑든 아니든 간에 서로 인사를 하게 마련이고 기본적인 대화를 하게 된다. 특히 나처럼 장기 여행을 하고 있는 것을 아는 순간 많은 질문이 쏟아진다. 이렇게 하루 이틀이 쌓이고 쌓이니, 상대는 답답해했지만 점차 빈약하고 엉터리인 영어로도 대화가 되었다. 특히 유머러스한 사람들과 대화를 할 땐 재미도 있었다. 몸짓 반 언어 반으로 이루어지는 대화지만, 그 의미를 알아들으면 서로 웃을 수 있으니까. 그래도 영어를 못 하는 건 굉장한 핸디캡이었다. 단어라도 많이 기억하고 있으면 좀 나을 터인데, 못 알아들으면 왠지 나만 손해를 보는 기분이 들었다. 휴대폰에서 영어단어를 찾아봐도 돌아서면 바로 잊어버리는 걸 어찌 하라고. '키친'을 '치킨'으로 말했다가 창피를 당하기도 했다.

　베트남에서는 입국이 아니라 출국을 하려는데 출국 심사관이 나보고 "여권 첫 장에 적힌 글을 읽어 보라"고 하기에 황당했다. 내가 영어를 잘 구사하지 못해서 혹은 그가 말한 것을 제대로 듣지 못한 것

1. 세계 여행 준비 이야기　　67

베트남의 하롱베이

같아서 동행한 우리나라 아가씨에게 "뭔 말을 하는 거냐?"라고 물어봤다. 지금 생각하니 베트남에 가짜 한국 여권이 돌아다녀서 자국민하고 닮은 나를 의심했던 것 같다.

여행 중 다음 여행지를 고르는 노하우

우선 가고 싶은 나라를 정하자. 그 다음으로 이 나라에서 저 나라로 움직일 때는 육로를 이용하자는 원칙을 세웠고, 그 다음에는 오라는 곳은 가고, 오지 말라는 곳은 가지 말자고 정했다. 변수가 생기면 그때그때의 상황에 맞게 수정하면 된다.

계획할 때 가장 중요한 점은 여행 시기라고 생각한다. 성수기에 여행을 하면 모든 면이 불리하다. 숙소를 구하기 어려워서 불리하고 모든 물가가 비싸져서 불리하다. 반면 비수기에 여행을 하면 숙소 가격이 싸고 예약을 하는 번거로움도 덜 수 있다.

우리나라는 학생들의 방학기간이 긴 여름이 성수기다. 다른 나라도 거의 비슷하다. 단기간 여행할 때는 우리나라 기준으로 여행지를 정하지만 장기간 여행자들은 다음 여행국가의 비수기를 알아보고 움직이는 것이 좋다. 비수기가 여행지의 입장료 및 투어 가격도 싸다. 날씨도 중요하다. 하루 종일 걸어다니며 봐야 하는 배낭여행자의 특성상 더위는 사람을 빨리 지치게 한다. 그래서 너무 더운 곳은 각오하지 않은 이상 권하고 싶지 않다. 내가 인도와 파키스탄에서 너무나 힘들었던 탓인지 더더욱 그렇다.

남미의 파타고니아를 예로 들면 내가 그곳을 찾았을 때가 5월이었다. 파타고니아의 6월은 겨울에 해당되는데 겨울 초입이라서 숙소를 구하기 쉬웠다. 뿐만 아니라 이틀을 예약하면 하루를 무료로 묵게 해주는 이벤트도 있었고 잘만 찾으면 아침은 물론 저녁도 서비스해 주는 숙소도 있었다.

그 다음 중요한 것은 전쟁소문과 질병이 퍼져 있는 위험 지역은 웬만하면 가지 않는 것이 좋다. 내가 인도를 여행하고 있었을 때 이스라엘과 주변국과의 전쟁 소문이 있었고, 인도에서도 다섯 개 도시에서 폭탄이 터졌다. 내가 그곳을 찾아간 것이 아니라 내가 있을 때 그런 일이 벌어진 것이었다. 남미에 들어갔을 때는 멕시코에서 시작된 신종플루가 전세계적으로 퍼지기 시작할 무렵이었다. 한국에 있는 친구들이 멕시코가 위험하다고 난리였다. 하지만 위험하다는 멕시코를 갔을 때도, 미국에 갔을 때도 정작 신종플루의 위험은 느끼지 못했다. 반면 우리나라에 돌아오니 한국은 급속도로 확산되어 오히려 우리나라가 신종플루 위험국가가 되어 있었다. 그렇다고 안 들어올 수도 없었다.

여행을 할 때 비행기 값은 경비 중에서 큰 비중을 차지한다. 이 때문에 장기 여행을 하는 여행자들은 원월드란 세계 일주 항공권을 많이 이용한다. 원월드(Oneworld)는 세계 대륙을 6개로 나누어 항공사들이 연합해서 비행기 스케줄, 항공권, 코드 쉐어편, 환승편의 운영, 마일리지 서비스 업무 협력을 하고 있다. 원월드는 1년 동안 여행 일정을 정확하게 짜야만 하는데 그렇지 않으면 변경 수수료를 낼 수도 있다. 난 여행기간도 긴 데다 구체적인 여행계획을 짜지 않았기에 원월드를 이용하기엔 무리였다.

대신 외국에서 정보를 찾아보니 저가 항공사들이 많아서 그것을 이용했다. 여행을 끝내고 원월드와 저가항공을 이용한 것을 비교해 보았더니 미국에서 한 달 내내 비행기로 이동을 했는데도 원월드를 이용한 사람들보다 경비가 적게 들었다.

내가 콜롬비아를 여행하고 있을 때 회사 자금 사정이 어려워진 미

브라질 판타날 습지의 앵무새들

국 항공사 한 곳이 일주일 동안 하루에 한 번, 599달러에 한 달 동안 비행기를 마음껏 탈 수 있는 티켓을 팔았다. 콜롬비아나 파나마에서 북미나 중미로는 육로이동이 불가능해서 비행기를 타야 하는데 이 티켓은 미국뿐만 아니라 멕시코, 콜롬비아를 포함한 6개 나라도 약간의 추가 요금만 지불하면 이용이 가능했다. 5대륙을 돌고 갈라파고스까지 여행을 했음에도 세계항공권보다 싸게 여행을 했다.

2
아시아 · 유럽 여행

〈아시아 지역 여행 경로〉
중국 (2008. 4. 1~29, 30일) 시안→주자이거우→청두→리장→다리→쿤밍→하이난 섬→잔장
베트남 (4. 29~5. 1, 2일) 하노이
태국 (5. 1~11, 10일) 방콕→치앙마이→방콕
인도 (5. 11~20, 10일) 캘커타→다르질링, (6. 9~13, 5일) 바라나시, (6. 27~8. 1, 34일) 암리차르→스리나가르→라다크→마날리→뉴델리
네팔 (5. 20~6. 9, 20일) 카트만두→포카라
파키스탄 (2008. 6. 14~27, 13일) 라호르→훈자

〈유럽 지역 여행 경로〉
덴마크 (8. 8~10, 2일) 코펜하겐→노르웨이 (8. 10~13, 3일) 오슬로
스웨덴 (8. 13~15, 2일) 스톡홀름→핀란드 (8. 15~20, 5일) 헬싱키
러시아 (8. 20~27, 7일) 모스크바→상트페테르부르크
우크라이나 (8. 27~9. 5, 9일) 키예프→리비브→폴란드 (9. 5~7, 2일) 크라쿠우
체코 (9. 7~11, 4일) 프라하→오스트리아 (9. 11~13, 2일) 빈→바트이슐
스위스 (9. 14~16, 2일) 인터라켄→베른→이탈리아 (9. 17~19, 2일) 로마
바티칸 (9. 19)→이탈리아 (9. 20~25, 5일) 폼페이→안코나→베니스
그리스 (9. 25~30, 5일) 아테네→칼람바카
헝가리 (10. 7~8, 2일) 부다페스트
루마니아 (10. 9~21, 12일) 시기소아라→시나이아→부쿠레슈티

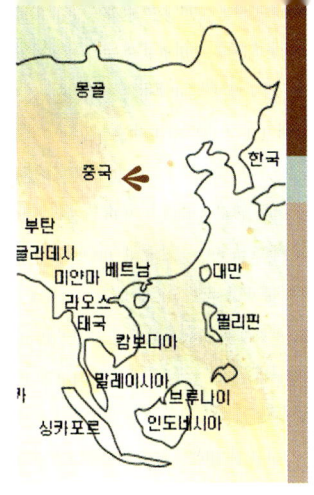

중국
가는 곳마다 문화유산

2008년 4월 1일 공항버스를 타고 시안 기차역으로 갔다. 숙소를 정하고 역 근처에 있는 식당엘 들렀는데 밥 한 공기가 2위안이다. 만두는 우리나라의 고기만두와 비슷했고 밥과 반찬이 여러 가지가 있어서 원하는 것을 주문해서 이것저것 시켰는데 먹을 만했다.

중국은 1위안(우리나라 돈 140원)이 아주 유용하게 쓰인다. 버스터미널에서 1위안이면 육수로 끓인 죽을 먹을 수 있는데 아침을 거른 사람들에게 좋을 것 같다. 상점에서 파는 열쇠고리도 1위안, 생수도 한 병에 1위안, 맥주는 3.5위안, 주스는 2위안, 심지어 슈퍼에서는 0.5위안어치 반찬도 살 수 있다. 귀한 1위안, 그럴수록 돈을 함부로 쓸 수가 없었다. 짐을 줄여야 하는 점도 돈을 함부로 쓸 수 없는 이유였다. 최대한 줄였다고 가져온 짐들도 이동을 할 때는 여전히 무거웠던 것이다. 줄어드는 짐의 무게만큼 소유욕도 점점 작아졌다.

다음날 시안 기차역에서 병마용갱으로 가는 기차를 탔다. 그동안 우리가 봐왔던 병마용갱은 정말 일부분이었다. 아직도 발굴이 안 되어서 덮어놓은 부분이 훨씬 많았다. 덮어놓은 통나무를 일일이 들어냈다고 하는데 통나무 자국이 땅 위에 선명했다. 보는 내내 놀라움을 금할 수 없었다.

다음으로 들른 화청지는 양귀비가 사용하던 별궁인데 목욕시설이 참 많았다. 화청지를 구경하는데 한쪽 돌 테이블에서 아가씨 네 명이 무언가를 먹고 있었다. 무엇인지 궁금해서 다가가 보니 해바라기 씨를 볶은 것인데, 맛나게들 까먹고 있는 것이다. 웃어주었더니 남아 있는 봉지를 통째로 주면서 먹으란다. 예쁜 아가씨들! 볶으면서 향을 첨가했는지 중국 고유의 향이 해바라기 씨에 배어 있었다.

저녁에 고루 야시장을 가려고 버스에서 내려 지나가는 아가씨들에게 방향을 물으니 직선으로 가서 좌회전을 하란다. 인도를 따라 볼만한 상점들이 많아 구경을 하며 가고 있는데 그 아가씨들이 다시 쫓아왔다. 좌회전을 해서 가야 된다고 확인을 시켜주는 것이다. 할 수 없이 좌회전을 해서 가는 척하다가 두 아가씨가 멀어진 후 다시 상점으로 향했다. 거기엔 먹을거리가 즐비했는데, 아뿔싸! 휴대폰을 소매치기당했다. 휴대폰을 점퍼 주머니에 넣고 다녔는데 시장에 사람이 많더니 소매치기가 있었나 보다.

나는 여행 중에 항상 복대를 하고 다녔다. 불편하기는 했지만 그래도 물건을 잃어버리는 것보다는 나으니 어쩔 수 없었다. 복대에는 여권과 카드, 현금을 넣어 다녔는데, 혹시 복대도 분실할 것을 대비해서 현금카드와 신용카드, 미화 300달러는 또 별도로 싸서 보관을 했다. 여권도 전에 쓰던 것을 같이 가져왔다. 그런데 불행히도 휴대폰은 하나만 가져왔는데 일이 터진 것이다.

시안 기차역에서 7시 30분에 있다는 화산행 버스를 타기 위해 6시부터 서둘렀다. 맥도날드에서 햄버거를 사고 버스를 기다리는데 정류장에 사람이 많았다. 버스가 도착하자 갑자기 사람들이 달리기 시작했다. 서로 밀치는 혼란 끝에 겨우 30명 정도만 버스에 탈 수 있었는데 나는 타지를 못했다. 다음 차가 있다는 말에 나는 다시 기다렸는데, 버스가 오자마자 또 전쟁이 일어났다. 나도 사람들 틈에 끼어 전쟁을 했다. 다행히 버스에 올라타 화산 여행을 할 수 있었다.

버스를 타고 2시간 만에 도착해서 보니 화산을 오르는 길은 암벽으

로 이루어진 산에 바위를 깎아 만든 엄청난 계단을 올라가든가 케이블카를 타야 했다.

  튼튼한 두 다리로 헉헉거리며 올라가서 보니 나무도 별로 없는 돌산이 나에겐 별로이건만 중국인들은 너무 좋아한다. 북봉을 지나서 조금 더 올라갔다가 케이블카를 타고 하산했다. 주차장에 가니 아침에 타고 온 버스의 기사와 아가씨들이 모여서 카드를 하고 있다. 4시에 출발하느냐고 물었더니 옆에 있는 버스를 타란다. 밥을 먹고 오겠다고 표시를 하고 식당엘 갔다. 그런데 밥을 거의 다 먹어갈 즈음 안내양이 문 밖에서 식당 안을 들여다보며 빨리 오라고 손짓을 했다. 얼른 주차장으로 가보니 내 자리만 빼놓고 모든 좌석에는 사람들이 앉아 있고 다음 차를 탈 사람들은 줄을 세워놓았다. 세상에 나를 위해 다른 사람들을 못 타게 막고 있는 것이었다. 너무 고마웠다.

버스에서 내려 잃어버린 돋보기안경을 사기 위해 상점을 찾아보는데 찾을 수가 없다. 안경점을 물어보려고 해도 돋보기라는 단어를 몰라 한참 고생하다 면경이라는 한자를 보여주고 한참 만에 안경점을 찾을 수 있었다. 우리나라는 안경점이 길에 널렸는데 여기서는 쉽게 찾아볼 수가 없었다. 지나가는 사람들 중 안경 낀 사람들이 이렇게 많은데 왜 안경점은 안 보이는 거야 생각하며 겨우 한 곳을 찾았다.

안경을 골라 써보니 글씨가 너무 컸다. 글씨가 너무 크다고 하니 점원이 도수를 적어보이며 그건 플러스 3이란다. 플러스 1.5를 달라고 하니 기다리란다. 옆에 중국인 부부가 돋보기를 사러 와서 나를 보다가 자기가 전에 끼던 안경이 플러스 1.5란다. 그런데 지금은 플러스 3을 써야 하다기에, 중국인 남자가 쓰던 1.5짜리 안 쓰는 안경을 달라고 했다. 그는 웃어 보이며 고개를 끄덕였다. 부인이 들고 있던 안경집까지 얻어 '쎄쎄' 인사를 하며 안경점을 나왔다.

아픈 다리는 30위안의 족욕으로 풀고 구채구에 가기 위해 광원행

기차를 탔다. 3층으로 되어 있는 침대칸을 이용했는데, 여기저기 떠들며 컵라면 먹는 소리가 요란했다. 그래도 이불과 베개를 갖춘 침대와 두 개의 세면대, 화장실은 만족스러웠다. 역무원이 와서는 표를 확인하고 번호표와 바꾸어준다. 침낭 안에서 잠을 자고 일어나니 아침 7시, 세수를 마치고 조금 후에 역무원이 표와 번호표를 다시 바꾸어 준다. 내가 탄 중국 기차는 칸마다 차장이 있었는데 표를 보관하고 있다가 내려야 될 역이 되면 번호표와 표를 다시 바꾸어가면서 내리는 역을 알려주는 것이었다. 훌륭한 서비스였다. 서둘러 준

비를 하고 가방을 메려고 하니 옆에 있는 아저씨가 배낭을 못 메게 한다. 가방을 메고 기다리면 힘들까봐 광원역에 도착을 한 후에 내리라고 알려준다. 무척 친절한 분이셨다. 기차를 타고 11시간 만에 광원역에 도착할 수 있었다.

구채구에 가기 위해서는 다시 10시간 동안 버스를 타야 하는데, 버스는 오전 6시 30분에 한 번뿐이다. 이미 오늘 버스는 떠나갔고 쑹판을 거쳐 가는 버스를 타러 터미널로 가니 수많은 호객꾼들이 몰려든다. 일반 버스는 80위안인데, 110위안에 합의해 여행사 버스를 탔다. 중국인들의 여행사 버스에 빈 자리를 하나 얻어 탄 것이다. 어마어마한 길, 버스는 달리다 서고를 반복하며 먼지가 일어나는 산길을 10시간을 달렸다. 버스가 설 때마다 물을 보충하는데 나보고 내려서 밀라고 할까봐 겁이 났다.

구채구에 도착하니 밤 9시, 깜깜한 밤 숙소를 구해 들어가니 더운물이 안 나오는 것이었다. 침대에 깔려 있는 전기장판도 안 된단다. 자세히 보니 전기장판의 플러그가 콘센트와 맞지를 않았다. 준비해 간 멀티콘센트를 이용해 겨우 따뜻한 잠자리를 만들고 잘 수 있었다.

아침 일찍 서둘러서 매표소에 갔다. 입장료가 220위안이나 한다. 종일 탈 수 있는 버스비가 90위안인데……. 구채구는 백여 개의 석회 호수가 있는 곳인데, 일칙구, 칙사외구, 수정구, 찰여구 등으로 나누어져 있다.

먼저 일칙구로 올라가 위에서부터 경치를 감상하며 내려왔다. 석회로 쌓아진 자연적으로 만들어진 제방 안에 고인 파란색 호수들은 내가 본 가장 아름다운 광경 중 하나였다. 파란 호수물 아래에 떠 있는 고목은 표면에 석회가 고착되어 형태의 변화 없이 있는데 너무도 아름답고 신비로워 눈을 뗄 수가 없었다.

끝없이 이어지는 호수를 따라 취해서 걷다 보니 원래는 차를 세워

주는 정거장에서만 구경을 하며 셔틀버스로 이동을 해야 하는데 한참을 왔다. 손을 흔들어도 셔틀버스는 정거장이 아니라고 안 태워준다. 매표소까지는 너무 멀어서 걸어갈 수도 없는데. 열심히 손을 흔들고 나서야 겨우 셔틀버스 한 대를 세워 탈 수 있었다.

다음날엔 황룽 풍경구에 가기 위해 7시에 터미널로 향했다. 그런데 비수기라 버스가 없다는 것이다. 할 수 없이 주인사까지 가는 버스를 타고 주인사에서 황룽까지 39킬로미터는 대절택시를 탔다.

황룽 풍경구는 구채구처럼 석회로 만들어진 3,400개의 계단 연못이 구채구보다 더 아름다운 곳이라 하여 꼭 보고 싶었기 때문이다. 석회암이 흘러내리면서 만들어진 제방에 황룽산의 만년설이 녹아 흘러내린 물이 고여 코발트색을 연출하는 연못이 계단처럼 연결되어 있는 사진을 보니 꼭 가고 싶은 곳 중의 하나였다. 사방이 설산으로 뺑 둘려져 있는 도로를 달리는데 그야말로 황홀한 기분이었다. 황룽 풍경구에 도착하니 택시기사가 공원 출구 앞에서 기다린다고 하며 자기 차 번호를 적어가라고 친절하게 알려준다.

그런데 택시에서 내린 순간부터 머리가 아프고 가슴이 타는 것 같았다. 고산증이 온 것이다. 걸음을 옮기는 것 자체가 힘들었다. 걸어서 올라가는 것이 너무 힘들어서 케이블카를 타려고 하니 케이블카를 타는 곳은 공원 입구에서 멀리 떨어져 있어 택시기사가 다시 태워다 주어 고마웠다. 나를 내려주고 택시는 다시 출구 쪽으로 돌아갔다. 그런데 케이블카를 타려고 다가가니 매표소는 공원 입구에 있단다. 난 너무 힘들어서 못 간다고 현금을 받고 들여보내달라고 박박 우겼다. 그랬더니 남자 직원이 돈을 받아가서 직접 표를 사다 주었다. 함박웃음으로 감사를 표하고 케이블카에 올라탔다.

케이블카에서 내리니 온통 눈 천지, 고산증세가 멈추지를 않아 쉬

엄쉬엄 걸었다. 그렇게 힘들게 오채지에 도착했는데 세상에 이럴 수가, 물이 다 얼어 있었다. 600개가 넘는 연못에 코발트색 물결이 일렁여야 하는 오채지는 어디 가고. 그나마 물이 남아 있는 연못은 겨우 10개 정도였다. 이곳의 높이가 해발 3,360미터란다. 죽는 줄 알았다. 내려오는 내내 모든 연못에 쌓여 있는 눈이 너무나 원망스러웠다. 다음에 또 올 수 있으려나. 여긴 5월이 지나서 와야 할 것 같다. 여행 시기가 정말 중요하다는 사실을 다시 한 번 절감했다.

　구채구에서 8시 버스를 타고 청두에 도착하니 오후 5시였다. 열 시간 버스 타고 오는 산길은 목숨을 걸어야 하는 험난한 여정이었다. 오는 길의 50%가 대관령 길처럼 험했다. 차선은 모두 가변차선이라 저속차량을 제치고 가기 위해 차들은 쉬지 않고 빵빵댔다. 귀가 얼얼할 정도였다. 신호등이고 뭐고 없었다. 그 길을 쉬지 않고 빵빵대며 운전하고 있는 기사도 불쌍했다. 하물며 10시간을!

청두에서 러산대불까지는 고속도로를 달려 2시간 30분 정도 걸렸다. 나는 숙소에서 여행사 일일투어를 신청했다. 왕복차비와 입장료가 포함된 가격이라 그리 비싸지 않은 것 같아서 투어를 하기로 한 것이다. 투어비에는 점심식사도 들어 있었다. 점심을 먹으러 들어갔는데 둥근 원탁에 8명 정도가 둘러앉아 각자 자기 밥공기에 밥을 덜어 먹는다. 반찬은 6가지 정도 나온 것 같고 토마토와 계란을 넣은 국도 있다. 사천요리는 매콤해서 입에 딱 맞았다.

사실 그동안 유스호스텔이 아닌 여관에 머물러 거의 밥을 먹지 못한 상태였다. 거의 견과류와 주스로 끼니를 때워왔다. 내가 견과류를 아주 좋아하는 것이 다행이었다.

러산대불은 자이언트 붓다라고 해서 산 한쪽 바위에 통째로 부처님을 조각한 것이다. 대불은 높이가 71m 폭이 28m의 미륵불인데, 눈의 길이만 5m, 코의 길이는 6m, 귀의 구멍에는 사람이 둘이나 들어간단다. 중국은 땅만이 아니라 모든 것이 정말 컸다. 중국 가이드의 말은 하나도 못 알아들었지만 웅장한 풍경을 보는 것만으로도 만족스러웠다.

리장에 도착을 했다. 나는 리장에 오기 전까지 이곳이 어떤 도시인지

잘 몰랐다. 그런데 도착해보니 너무 놀랍고 행복했다. 2000년 전에 나무로 지어진 집들, 1996년에 큰 지진이 있었는데도 이 집들은 무사했단다. 경이로운 일이었다. 집들은 우리나라 대궐의 형태를 하고 있었다. 문을 열고 닫는 것도 비슷했다. 이런 집들로 연결된 골목은 한 시간을 걸어도 끝이 보이지 않았다. 집집마다 처마와 지붕에 조명을 설치했는데 도시 전체가 그야말로 장관이었다. 관광객도 너무나 많았다. 모든 집들이 안동 하회마을처럼 관리대상으로 보호되고 있는 것 같았다. 우리 아이들이 신혼여행으로 이곳에 오면 좋겠다는 생각도 잠시 해보았다.

저녁에는 노천카페에서 맥주를 마셨다. 휘황찬란한 조명 아래서 낯선 이방인들을 보며 한가로이 맥주를 마시니 행복했다. 바로 아래로는 개천이 흐르고 악사는 10위안이라며 연주를 들으라고 꼬드긴다. 아낙들이 딸기를 바구니에 담아서 돌아다니며 판다. 장미꽃을 한 송이씩 파는 아가씨도 있는데 참 재미있었다. 수로에는 누군가의 작은 소망과 함께 띄워진 초들이 흘러다니고 있었다.

아침에 눈을 뜨니 6시 30분, 어젯밤 그 휘황찬란하던 거리가 이 새벽 어떻게 바뀌었는지 궁금해서 얼른 옷을 입고 카메라를 들고 거리로 나갔다. 누군가의 표현처럼 고즈넉함이 기분을 너무 좋게 했다. 고지대의 맑은 공기와 밝은 햇살, 가도 가도 끝이 없는 골목 사이의 2000년 숨결, 나는 열심히 사진을 찍었다.

부지런한 나시족들이 하나둘 문을 열고 나와 집 앞을 청소했다. 수로에 들어가 떨어진 나뭇잎을 치우는 이도 있다. 광장에서는 할머니 십여 명이 모여 음악을 틀어놓고 체조를 하고 있었다. 나도 따라서 체조를 했다. 한 상점엔 전통복장을 한 할아버지가 서 있기에 사진기를 드니 얼굴을 가린다. 한 손에 무언가를 들어 올려서 보니 2위안을 내라고 적혀 있다. 초상권이 있다는 뜻이겠지.

아침으로 미음 같은 것과 부추 군만두를 먹고 숙소에서 잠시 쉬다가 다시 구경을 나왔다. 이번에는 순전히 상품구경을 하려고 나온 것이다. 직접 옷에다 그림을 그리는 사람, 은으로 세공을 하는 부부, 옥을 깎고 다듬어 장식품을 만드는 사람, 베를 짜기도 하고 가죽을 잘라 가방을 만드는 사람도 있다. 참 다양하고 재미있는 볼거리가 많았다. 한 시간을 한 방향으로만 갔는데도 끝이 보이질 않아 다시 숙소로 돌아왔다. 며칠 더 머물며 구석구석 살펴봐야겠다는 생각이 들었다.

리장에서 고성으로 가는 고속버스를 3시간 30분 탔다. 이제 3시간 정도는 잠깐 눈 감았다 뜨면 된다. 다리(大理)에 있는 고성으로 들어오니 우리나라 인사동처럼 차가 없는 거리였다. 그 거리에서 숙소를 찾아 한참을 헤맸다. 차가 다니면 택시를 타면 되련만 어쩔 수 없었다. 겨우 한국 게스트하우스로 숙소를 잡았는데 하루 20위안(8인실), 그런데 인터넷이 무료라서 반가웠다.

여기도 리장처럼 옛날 마을이다. 숙소가 있는 곳은 전부 카페 골목이었다. 스테이크와 맥주 한잔을 하려고 카페에 들어갔다. 맨 한자만 보다가 영어로 씌어 있는 메뉴판을 보니 그마저도 반가웠다.

아침엔 맛난 죽집을 찾아 한참을 헤매었다. 가다보니 시장이 나왔다. 언뜻 갓김치 비슷한 것이 보여 맛을 보니 역시 갓김치였다. 2위안어치를 사니 우리나라에서 5000원어치의 양만큼이나 된다. 갓김치를 들고 죽집을 찾아가 8가지 곡식으로 만들어진 영양죽을 주문했다. 대추와 잣, 팥 등 8가지 곡식으로 만든 죽인데 새알까지도 들어 있었다. 사온 갓김치까지 곁들여 죽을 먹는데 정말 꿀맛이었다. 식당 주인은 죽과 갓김치를 같이 먹는 내가 신기한가 보다.

세 명이 전세차를 하루 대여해서 앞에 있는 얼하이 호수로 향했다. 호수만 한 바퀴 도는데 끝이 안 보였다. 점심을 먹으러 식당엘 들어갔는데 말이 돼야 뭘 먹든지 하지. 볶음밥을 시켰는데 양배추 절인 것과 같이 주는데 그 맛이 괜찮았다. 기사는 뜨거운 물과 떨어진 반찬을 챙겨다주느라 바쁘다. 구겨진 바지에 까치집을 지은 머리의 총각기사가 고생이 많다. 밥을 다 먹고 화장실을 찾으니 바깥쪽에 있다고 들어가란다. 아무 생각 없이 무심코 들어갔는데 아뿔싸! 남자화장실, 게다가 화장실이 바닥에 구멍만 여러 개 만들어 놓고 칸막이나 문은 전혀 없는 구조였다. 한 남자가 볼일을 보고 있는데 앞뒤를 다 보고 말았다. 너무나 무안하고 창피해서 볼일도 못 보고 바로 도망쳐 나왔다.

호수 드라이브를 하는 동안 호수와 설산, 나무와 하늘이 어우러진 풍경이 참 좋았는데 다만 비포장도로에서 피어나는 먼지는 몽땅 마셔야 했다. 칼칼한 목은 맥주로 헹궜다. 다리 중심에는 옛 고성이, 뒤쪽엔 청산이, 앞에는 엄청나게 큰 얼하이 호수를 갖고 있는 지역이었다. 1년 내내 기온 변화가 별로 없고 공기도 아주 상큼해 이곳을 중국의 스위스라고 부른단다. 산 아래에는 홍콩이나 대만 사람들이 별장으로 쓰고 있는 집들도 많았다.

뒤쪽에 있는 청산에 올라가기로 하고 여행사 직원을 불렀다. 그는 산 정상은 4,000미터가 넘는다고 알려주었다. 같은 숙소에 묵고 있는 4명이 함께 산으로 향했다. 산허리까지는 말을 타고 갔는데 30위안, 중턱에서 15킬로미터를 걸어가 케이블카를 타고 내려오는데 40위안, 입장료가 40위안이었다. 난 제주도에서 말을 탈 때도 무서워서 바로 내린 경험이 있기에 처음엔 말을 탈 수 있을까 걱정했지만 한 시간이 넘게 타다 보니 말에겐 미안하지만 달려보고 싶은 충동까지 들었다.

청산은 화산과는 전혀 다른 분위기의 절경이었다. 북부지방에 있는 산들에는 나무가 거의 없었는데 청산은 나무도 울창하고 계곡도 깊었다. 산에서 내려다본 구시가지는 기와지붕으로 만들어진 호수 같았다. 10킬로미터 정도를 걸어가니 식당이 보였다. 비빔국수와 찐 계란 그리고 두부를 시켜 간장 소스와 함께 먹는데 그 맛이 꿀맛이었

다. 그동안 식당에 다닐 때마다 말이 안 통해 남이 먹는 것을 가리키며 달라고 했었는데, 중국어가 능숙한 동행이 있으니 이리 맛나게 먹을 수가 있는 것이다. 밥을 먹고 5킬로미터 가량 걸었는데 너무 힘이 들었다. 터덜거리며 걷다 보니 케이블카가 나오는데 근처에 커다란 장기판이 보인다. 산을 평평하게 만들어 대리석 장기판을 깔고 거기 차포의 장기 알까지 놓아둔 것이다. 케이블카를 타고 밑으로 내려오는데 멀리 보이는 호수의 경치가 산과 함께 절경이었다.

원래 쿤밍으로 떠날 예정이었다. 그런데 내일부터 일주일간 이곳 다리에서 축제가 열린단다. 주변지역에 엄청나게 많은 사람들이 몰려온단다. 누군가는 축제를 보러 일부러 찾아온다는데 이왕 온 김에 하루를 더 묵고 축제를 보고 가려고 마음을 정했다. 그런데 하루 20위안씩 하던 방값이 축제기간 동안에는 30위안으로 올라갔다. 그래도 할 수 없어 하루를 더 예약했다.

20위안을 주고 하루 동안 자전거를 빌렸다. 담보금이 200위안이란다. 아저씨의 눈빛은 천진해보였지만, 너무나 허름한 자전거라 내가 고장냈다고 나중에 딴소리를 할까봐 걱정이 되기도 했다. 호수 옆 골목길로 들어서 가다보니 조용하다. 잠시 쉬면서 호수도 보고 사진도 찍고, 골목길 탐험을 한참 하다 보니 많은 사람들이 모여 있는 곳이 있었다. 들어가서 보니 마을회관이었다. 여자들은 모여서 생강을 까고 버섯을 다듬고, 남자들은 차를 마시며 담배를 피우고 있다. 아이들은 뛰어놀고 젊은 처자들은 그릇을 많이 쌓아놓고 설거지를 한다. 그 모습이 참으로 정겨웠다. 사진기를 들이대니 아주머니가 아이들도 찍으란다. 마을회관을 뒤로하고 큰길가를 향해서 나왔는데 거기서부터는 밭이 펼쳐졌다.

쿤밍으로 와서 석림으로 가려고 계획을 세웠다. 숙소에서 물어보니 석림은 일행을 모아 빵차를 불러 350위안을 주고 간단다. 인원이 많으면 가능하겠지만 혼자서 빵차는 어렵겠다 싶었다. 빵차가 뭐냐고? 아마도 불법영업 지프차 정도로 생각하면 된다. 기차역 앞에 있는 버스 터미널에 가보아도 석림행 글씨는 보이지 않았다. 글로 써서 안내원에게 보여주니 옆에 있는 여행사 직원에게 데려간다. 여행사 미니 봉고차가 있었는데 일인당 80위안을 받는데 사람이 꽉 차니 출발했다. 벌써 9시가 넘어가고 있었다.

석천사를 들러 오느라 석림에 도착한 것은 12시가 되어서였다. 입장료가 140위안, 정말 입장료 때문에 허리가 휜다. 5위안을 내면 가이드까지 붙여준단다. 중국말도 못 알아듣는데 가이드는 무슨! 같은 버스를 타고 온 중국인 청춘남녀가 영어를 잘하기에 졸졸 따라다녔다.

이럴 수가 있나! 중국은 가는 곳마다 문화유산이고 세상에 진기한

건 다 갖고 있나 보다. 석림이라기에 산 속에 있는 암벽들인 줄 알았다. 그런데 산 속이 아니었다. 어린이대공원 같은 곳에 동물 대신 돌기둥이 있는 거였다. 그것도 각각 다른 모습으로. 바다 속 석회암이 지각 변동으로 융기한 후에 오랜 세월 동안 침식작용으로 기이한 형태로 만들어진 돌기둥 숲이었다. 참으로 경이로웠다. 입장료가 하나도 아깝지 않을 정도였다.

쿤밍은 석림 말고도 명소가 많다. 서산용문엘 갔다. 서산용문을 가려고 하니 숙소에 있는 두 명이 같이 가잔다. 가이드북에 나와 있는 대로 52번 버스를 타려고 했는데, 그 버스는 안 간다고 다른 버스를 탄 후 환승을 하란다. 환승지점에 내려 물어보니 다른 버스를 타고 또 환승을 해야 한단다. 그때 임신 6개월인 임산부가 자신이 작년에 다녀왔다고 같이 가잔다. 환승을 위해 정거장에 내려서 터미널로 갔는데 버스가 없단다. 임산부가 어딘가로 전화를 하더니 다른 정류장으로 데려가 미니버스를 태운다. 차비가 2위안인데 자신이 우리의 차비까지 다 내준다. 그리곤 자신이 가야 할 방향은 관두고 우릴 서산용문 입구까지 데려다주겠단다. 30분을 넘게 버스를 타고 입구에 도착한 후 매표소까지 3위안짜리 버스를 또 타야 한다고 알려주고는 임산부는 자기의 길을 갔다. 그렇게 고마울 수가 없었다.

우리는 케이블카를 타지 않고 30분 정도 걸었다. 중국 사람들은 산을 우리처럼 걸어서 가질 않는다. 모든 산마다 케이블카나 리프트가 설치되어 있어서 그걸 이용한다. 동굴 근처로 올라가니 거북이 형상을 하나 만들어놓고 모두들 만지며 무언가를 기원하고 있었다. 물론 장수하게 해달라는 기원이겠지. 돌문을 하나 지나려니 위에다 여의주 비슷한 걸 하나 해놓고 또 만지고 있다. 가는 곳마다 무얼 그리 만지고 빌고 하는지.

다음엔 윈난 민속촌을 찾았다. 우리나라의 민속마을과 같은 곳인데, 26개의 부족 마을을 만들어 놓았다. 그런데 조선족 마을은 없었다. 대체 얼마나 많은 부족들이 합쳐져서 중국이 된 것인지. 언젠가 구소련처럼 각 민족들이 찢어져서 분리 독립이 되면 길림성을 비롯한 동북 3개성이 한국과 합쳐지면 얼마나 좋을까 생각해 보았다.

민속촌 구경을 마치고 우리 셋은 식당엘 갔다. 늦은 점심이라 배가 고팠지만 전날 봐두었던 일식형태의 음식점까지 일부러 돌아서 갔다. 표고버섯과 두부를 넣은 탕을 달라고 했건만 배추와 두부를 넣은 탕을 준다. 그게 아니라고 했더니 버섯을 더 넣어서 다시 끓여주겠단다. 계란볶음밥도 시켰는데 햄과 계란을 같이 볶은 먹음직스러운 볶음밥이 산처럼 나왔다.

쿤밍에서 잔장까지는 기차로 18시간, 그곳에서 배를 타고 하이난 섬에 가기로 했다. 전날 맛있게 점심을 먹은 곳에서 볶음밥을 싸달라

쿤밍의 석림

고 해서 도시락을 만들었다. 기차를 탔는데 중간층의 침대에 있는 대학생이 자신이 다니는 대학이 하이난에 있단다. 자신이 가는 곳만 따라오면 된다고 해서 대학생에게 길 안내를 받기로 했다. 참 운이 좋구나 생각하며 밖을 바라보니 저녁노을이 어스름한데, 석림들이 어지러이 널려 있는 아름다운 풍경이 계속되었다. 누군가 기차 타고 오는 길에 본 석림 때문에 직접 찾아가 구경하지 않았다고 하더니 그럴 만도 했다. 중국에서 여태까지는 기차로 보는 풍경이 별로였는데 여긴 남쪽이라 그런지 풍경이 전혀 달랐다. 야자수와 돌기둥이 어우러진 풍경은 정말 볼 만했다.

잔장에 도착해 하이난행 배를 탔는데 흔들림이 장난이 아니었다. 할머니들은 멀미를 하느라 고생이 심해 보였다. 그렇게 흔들리면서 한 시간 반 만에 도착한 하이난, 우리나라로 치자면 제주도 같은 곳인데 크기는 남한의 반 정도나 된단다. 다음날은 섬의 끝이자 중국의 가장 남쪽 싼야로 가서 수영도 하고 백사장도 거닐어야지 생각하며 밤이 깊었다.

싼야는 중국의 남쪽 끝인데 하이커우에서 3시간 반을 달려왔다. 고속도로를 달려서 오니 그리 멀지 않게 느껴졌다. 책에 나온 유스호스텔을 찾아 헤매느라 어깨가 많이 아팠다. 유스호스텔은 문을 닫았기에 시내로 갈까 생각했는데 마침 괜찮은 여관이 있어 이틀을 머물기로 했다. 4월인데도 낮이라 약간 더웠지만 습도도 낮고 날씨도 참 좋았다. 휴양지일 수밖에 없는 곳이란 생각이 들었다.

그동안 밀린 빨래를 하려고 숙소 주인 아주머니에게 세탁기를 쓸 수 있냐고 하니 기다리란다. 잠시 후 노크 소리에 방문을 여니 아저씨와 아주머니가 둘이서 내 방으로 세탁기를 낑낑대고 들고 와서는 세탁기 안에 빨래를 넣으란다. 세제도 들고 왔다. 그래서 세탁기가 내 방 화장실로 오게 됐다. 세탁기는 완전 수동이었는데, 세탁이 다 되는 동안 기다렸다가 탈수까지 끝난 후에 다 됐다며 그릇에 담아주는 것이다. 그러고는 옷걸이도 갖다 준다. 중국인들의 끝없는 친절에 감동할 수밖에 없었다.

수영복을 입고 해변으로 나갔다. 슬리퍼를 끌고 터덜터덜 걷고 있는데 해변에는 서양인들이 반이다. 바닷물에 들어가니 온도도 딱 좋았다. 모래사장에서는 축구를 하는 팀도 있고 젊은 팀과 노년 팀으로 나누어 비치발리볼을 하는 사람들도 보였다. 그저 다들 느긋하게 휴양을 즐기고 있었다.

밤이 되어서야 나는 먹을거리를 찾아 나섰다. 야시장 비슷한 곳으로 가보니 살아 있는 조개나 게, 생선이 즐비했다. 새우와 굴 요리, 그리고 처음 보는 게찜을 시켰다. 맛이 담백하고 살도 많아 참 맛있었다. 푸짐하게 먹었는데도 100위안, 한국에서도 해산물 가격이 이러면 얼마나 좋을까 싶었다. 저녁을 맛있게 먹고 산책을 나갔는데, 해변의 밤은 낮과는 또 다른 분위기였다. 모든 식당들이 음악을 틀어놓고, 심지어는 춤을 출 수 있는 무대까지도 보였다. 즐기는 문화가 참 잘 되어 있는 곳이었다. 또 다른 포장마차에는 꼬치들이 즐비했고 생맥주도 마실 수 있었는데 보기만 해도 풍성해졌다.

광장 무대에서는 세 명의 무희가 옷만 바꾸어 입고 계속 나와 춤을 추었다. 춤의 수준은 좀 낮아보였다. 옆에 유럽 사람이 하는 말이 싼야의 외국인 관광객 95%가 러시아인이란다. 그러고 보니 전부 러시아인들처럼 생겼다. 러시아는 4월에 해수욕을 할 수 없으니 이곳으로 몰려드는 것이었다.

섬을 떠나 잔장으로 이동했다. 중국은 비자 만료기간이 되어 인터넷을 뒤져보니 비자 연장에 대한 사항이 자세하게 되어 있었다. 만약 비자 연장이 되면 몽고사막으로 해서 돈황에도 가보고 싶었는데, 5월이면 여행이 금지된 라싸 여행도 가능할 것 같다고 해서 혹시나 했는데 역시 어려운 것 같았다.

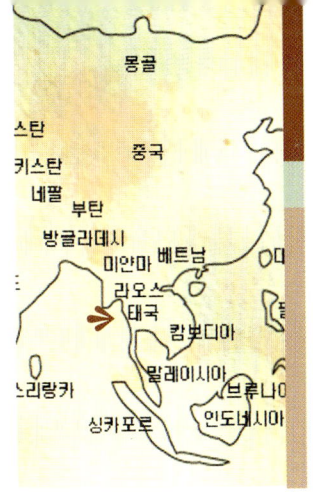

태국
배낭여행자들의 허브

방콕에 도착했다. 일찍 아침을 먹는데 숙소에 있는 동행들이 벼룩시장엘 가자고 한다. 주말만 여는 벼룩시장인데 규모가 엄청났다. 모든 것이 다 있는 것 같았다. 사고 싶은 것도 많고 볼 것도 많고, 130바트(4000원)를 주고 원피스를 하나 샀다. 더운 날씨에 시원하게 다닐 수 있을 듯했다. 다시 한 번 들러서 기념품을 사고 싶다는 생각이 드는 곳이었다. 오후에는 수상보트를 탔는데, 시내 중심을 흐르고 있는 강을 따라 수상가옥이 쭉 들어서 있었다. 수상가옥에 살고 있는 사람들과 나 같은 관광객들이 배를 이용했다. 선착장에 내리니 재래시장이 펼쳐져 있고 거기엔 꼬치를 비롯한 군것질거리가 참 많았다. 동행이 많았기에 한 가지씩 사서 골고루 맛을 봤는데 다 별미다.

숙소에 돌아오니 저녁 7시, 그린 파파야 과일을 새콤하게 무친 쏨땀과 숯불에 구운 닭고기에 맥주를 곁들이니 제법 잘 어울렸다. 동행이 많아서인지 더 유쾌했다. 모두들 나처럼 혼자 왔지만 모이니 십여 명이 됐다. 다시 느끼게 된 것은, 때론 누군가 동행도 하고 때론 혼자서 즐기는 것이 여행의 참맛이라는 것이었다.

아침 일찍 왕궁 구경을 갔다. 방콕의 심장부에 있는 왕궁은 높이 솟은 궁전과 누각이 번쩍번쩍 빛나는 황금지붕으로 덮여 있었다. 반바지나 민소매 티를 입은 사람은 출입을 할 수 없는데 옷이 없을 때는 왕궁 앞 상점에서 빌려주기도 한다. 같이 동행한 사람이 민소매 위에

긴 티를 걸쳤는데 더우니까 긴 티를 벗었다 입었다를 반복했다. 벗기만 하면 어디서 나타났는지 금방 '헬로우'를 외치며 경비가 쫓아왔다. 화려한 궁전엔 볼거리도 풍성했다. 원래 석고로 덮여 있던 불상이 벼락을 맞아 초록색의 본 모습을 찾을 수 있었다는 사실이 놀랍기도 했다. 처음 초록색 불상을 본 스님이 에메랄드라고 생각해서 에메랄드 궁전으로 불리기도 한단다.

 잠시 구경을 하다가 점심을 먹으러 아가씨 다섯 명과 숙소 앞 대학에 갔다. 강을 끼고 있는 대학 구내식당은 20바트의 저렴한 가격으로 맛있는 음식을 제공하고 있었다. 숙소는 에어컨을 밤에만 틀 수 있었는데, 교내에 있는 의자에 앉아 강바람을 맞으며 열심히 인도 책을 봤다. 인도로 이동하기 전에 공부를 해두어야 도움이 되겠기에.

 태국 방콕에서 머무는 동안 도미토리에서 젊은 친구들과 함께 지낼 수 있었다. 비싼 전기료 탓에 에어컨은 저녁 7시부터 아침 9시까지만 켜줬지만 하루 숙박료가 4,000원이 채 안됐다. 젊은 친구들과 뷔페도 갔다. 3,000원 정도만 내면 그 안의 음식들을 모두 먹을 수 있었다. 숯불에 구운 고기, 물고기, 오징어, 조개, 꼬막 등을 양껏 먹을 수 있는 것이 좋았다. 찰밥에 코코넛으로 만든 아이스크림을 섞어서 먹는데 젊은 친구들이 무척 좋아했다. 우리나라가 아닌 곳에 찰밥이 있는 것도 신기했지만, 그 위에 아이스크림을 얹어서 먹는 것이 특이했다. 강가에 있는 뷔페집이라 시원한 데다 맛도 있으니 무릉도원이 따로 없었다. 젊은 친구들은 힘이 남는지 저녁을 먹은 후 춤을 추러 갔다.

젊음은 좋다. 젊다는 것 자체만으로도 모든 것이 자유로워 보였다. 기간을 정해 할 일을 모두 하고 정리한 나와는 전혀 다른 가치관을 가진 젊은이들. 아직 젊고 세상에 찌들지 않았고 자신을 옭아매는 것들이 별로 없다. 거기다 정열까지! 부러울 정도로 젊다는 것이 좋았다.

이런 젊음들이 태국에서 때론 문제가 될 것 같았다. 태국처럼 싼 물가에 중독되면 고국에 돌아가서 정착을 하고, 직장을 다니고, 돈을 버는 일이 어렵다. 이곳은 물가가 저렴하니 먹고 안마 받고 춤추고 쇼핑하고……. 그래서 그런지 젊은 친구들이 집으로 돌아갈 생각을 안 한다. 심각했다. 솔직히 더 걱정되는 것은 태국의 마약 때문이다. 태국은 여행객들에게 관광의 허브로 알려져 있기 때문에 전세계 인종들이 다양하다. 그 안에서 마약을 하기도 하고, 어렵게 모은 돈을 쉽게 유흥에 쓰기도 한다. 무릉도원에서 도끼자루 썩는지 모른다는 말이 있듯이 태국에서 자신의 그 좋은 젊음을 낭비하지 않았으면 싶다.

2. 아시아 · 유럽 여행

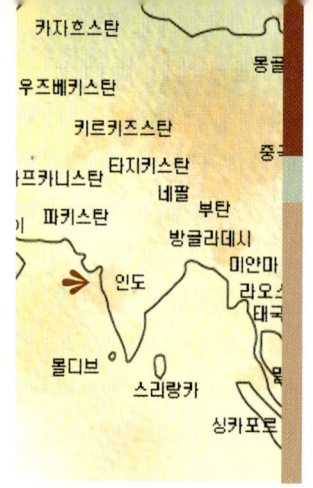

인도
분리 독립으로 인한 내전의 나라

드디어 인도 캘커타로 향했다. 아침 일찍 서둘러서 공항으로 갔다. 탑승구 앞에 한국 비구니 스님 두 분이 서 있었다. 아시아를 여행 중이란다. 반가운 마음으로 대화를 나누다가 캘커타 공항에서 숙소까지 어떤 방법으로 갈 것인지 물어봤더니 가면서 생각해본단다. 그렇게 이야기를 나누다 공항에 도착하여 작열하는 태양 아래 가방을 찾아 나온 스님들은, 택시비가 210루피면 일인당 70루피, 둘이면 하루 숙박비라고 버스와 전철을 이용해서 가겠단다. 나도 합류를 해서 버스정류장을 향해 걸었다. 그 무거운 가방을 질질 끌고 20분여를 걷는 동안 택시와 락샤들이 집요하게 따라붙었다. 돈이 없다고 했더니 숙소는 어찌 갈 거냐고 물어왔다. 걸어서 갈 거라고 했더니 웃으며 안녕 하고 사라진다. 그렇게 정류장까지 걸어 버스를 탔다. 안내원이 남자인데 둘이다. 앞으로 타서 가방을 놓고 뒤에 있는 남자에게 세 명분의 차비 15루피를 냈다. 그랬더니 앞자리의 안내원이 가방을 뒤로 가져다 던졌다. 차장들끼리도 경쟁인가 보다.

버스에서 내려 아홉 정거장을 전철을 이용해 여행자 거리의 숙소를 찾았다. 샤워를 하고 안에 들어가서 선풍기 바람을 쏘이니 견딜 만했다. 은행에 들러 돈을 찾고 숙소로 오는 길에 노점상들의 물건을 구경하는 일은 참 재미있었다. 더위만 조금 덜하면 더 좋을 텐데. 거리도 생각보다 깨끗했다. 소똥으로 덮여 있는 줄 알았더니 그렇지는 않다.

저녁에 숙소로 돌아오니 스님이 빌려간 돈을 맡기고 가셨다며 2층으로 올라가 보란다. 2층엘 가보니 15명 정도의 한국인들이 맥주 파티를 하고 있었다. 같이 앉아 이야기를 나누어보니 테레사 기념관에서 봉사활동을 하고 있는 자원봉사자와 신부님 두 분이었다. 아침에는 스님들과 동행하고 저녁에는 신부님들과 맥주 파티, 인도는 나에게 특별함으로 다가오고 있었다.

아침 일찍 택시를 타고 가서 기차표 예약을 했다. 인도 동쪽 꼭대기에 있는 다르질링이 캘커타보다는 덜 덥다기에 그리로 가서 네팔 카트만두로 넘어가려는 생각이다.

숙소 근처에 성바울 성당이 있다. 12시인데 점심 후 3시가 되어야 문을 연단다. 사진만 찍고 돌아섰다. 배가 고파 무언가 먹고 싶은데, 인도에 오면 모든 사람이 배앓이를 한다는 말에 길거리 음식을 먹기가 꺼려졌다. 걷다 보니 1루피에 파는 파이가 보였다. 오븐에 구운 건 괜찮을 듯싶어 다섯 개를 샀다. 오렌지를 즙내서 파는 것도 한잔 마셨다. 즙을 내어 얼음에 한번 휘둘러서 잔에 담아준다.

숙소에 돌아오다 치킨을 파는 가게에 들어가니 한국 총각이 있었다. 35살 총각이었는데 치킨을 먹고 같이 이야기를 나누다 짜이를 한잔 마시잔다. 짜이란 홍차에 설탕과 우유를 넣고 끓인 것인데 인도인들은 짜이 한잔으로 하루를 시작할 만큼 좋아하는 음료란다. 맛이 그럴 듯했다.

그렇게 배를 채우고 숙소 가까이 왔는데, 전날 본 인도 남자가 기다리고 있었다. 빅토리아 메모리얼이 아름다운데 거길 가잔다. 빅토리아는 타지마할을 본떠서 만들었다고 알려주기도 한다. 내가 아그라에 있는 타지마할을 갈 거라고 했더니, 타지마할이 첫 번째고 빅토리아가 두 번째로 아름답단다. 커다란 공원을 가로질러 걷다가 빅토리

아에 도착해 4루피를 내고 안으로 들어가니 호수도 있고 나무도 많아 시원했다. 나무 밑에는 우산이 하나씩 있었는데 그 안에는 연인들이 사랑하느라 바빴다. 어딜 가나 바쁜 연인들의 사랑.

남자는 핸드폰 안에 노래가 2천 곡이 들어 있다며 계속 들려줬다. 내가 타이타닉을 알고 좋아한다고 하니 직접 불러주기도 했다. 그리고는 인도 음식 중 브리자니가 유명하다며 먹으러 가잔다. 맛없는 인도 쌀을 대충 익혀서 감자와 비프를 섞어 만든 음식이었다. 별 맛 없고만 맛있다고! 조금 있으니 그 남자의 친구가 와 맥주를 한 병 시켜 마시고는 떠들더니 바쁘다고 나가자며 돈은 나보고 내란다. 이 남자 속셈이 뭐지, 숙소에 데려다주더니 내일 5시에 또 만나잔다.

식당에서 아침을 먹다가 스님들을 다시 만났다. 아침을 먹고 칼리 사원에 간다고 한다. 나도 같이 가자고 따라나섰다. 사원은 파크스트리트역에서 전철로 다섯 정거장 거리에 있었다. 사원에 도착해서 보니 우와! 지저분하기가 완전 시장바닥이었다. 사원 입구엔 어디서 우릴 보고 따라왔는지 가이드가 와 있었다. 오늘은 사원의 축제라서 사람이 많단다. 가축의 피를 받아 제사를 올리는 날이었다. 가이드가 안내를 해준다며 신발을 벗으라고 하더니 보관함에 넣었다. 그리고 꽃목걸이와 향을 한 곽 쥐어주고는 따라오란다. 바닥은 돌인데 작열하는 태양열을 그대로 받아 발바닥이 델 듯 뜨거웠다. 주방 비슷한 곳 근처에는 염소가 매여 있었는데 아침마다 목을 쳐서 제를 올리고 그 고기는 가난한 사람들에게 나누어준다고 했다. 사원 안으로 특별히 우릴 데리고 가서 무언가를 이마에 발라주기도 했는데, 그걸 통해 축복을 받을 거란다.

다시 우리를 데려간 곳은 인도인들이 숭상하는 갠지스 강물을 끌어다 놓은 수영장이었다. 이미 수영장 안에는 몸을 씻는 사람들이 있었다. 그는 한 사람씩 수영장 한쪽에 있는 동상 앞으로 데려가더니 가져간 꽃을 동상 목에 걸고 장부를 내밀었다. 장부에 이름과 국적, 기부금 액수를 적으란다. 스님 두 분은 30루피를 적겠다고 해서 난 20루피만 적었다. 다시 신발이 보관된 곳으로 가니 신발 보관료와 꽃값이 20루피씩이고 가이드비도 별도란다. 도합 50루피를 기부한 셈이었다.

숙소로 돌아오는 길, 로션과 토마토 그리고 팩에 든 주스와 과자를 사고, 식당에 들러 군만두와 찐만두를 샀다. 인도에서 채소를 먹기가 쉽지 않았다. 우리나라처럼 반찬이 있는 게 아니기에 과일로라도 보충을 해야 할 것 같았다.

5시에 인디언 밀레니엄 앞으로 가보니 그 인도 남자가 친구와 함께 서 있었다. 나보고 23살처럼 보인다고 했던 그 남자였다. 외국으로 나오니 나이가 20살 이상 어려졌다. 사람들 대부분이 그렇게 봤다. 숙소에서 만난 신부님이 나이보다 많이 어리게 보인다고 내 얼굴이

최고의 사기라고 농담도 했다. 가만 보니 이 남자는 나에게 인도의 전통 옷인 사리를 팔려고 고용된 호객꾼이었다. 첫날 자기 아버지의 가게라고 하면서 나를 사리 가게로 데리고 갔었다. 그러면서 사리가 나에게 참 잘 어울릴 거라고 한번 입어만 보라고 했었다. 난 여행을 오래 해야 하기에 사리를 살 수 없다고 했지만, 그는 끈질겼다. 나는 숙소에 가서 잔다고 하면서 그 가게를 빠져나왔다.

너무 더워서 도저히 잠을 잘 수가 없었다. 자다 깨보면 한두 시간씩 흘렀을 뿐이었다. 그동안은 도미토리에서 묵을 때가 많았는데, 더우면 옷을 벗고 자야 할 것 같아 싱글 룸을 잡았다. 옷을 다 벗고 선풍기를 계속 틀고 자도 잠이 안 왔다. 잠을 못 자면 건강을 유지하기 어려운데.

그렇게 뒤척이고 있는데 외교통상부로부터 문자가 들어왔다. 로밍폰을 가지고 나오니 문자 서비스를 받을 수 있어서 좋았다. 인도의 자이뿌르에선가 테러가 발생했단다. 아침 신문을 보니 피범벅이 된 사진이 보였다. 한국 총각과 아침을 먹으러 밖으로 나왔는데 8시가 다 되도록 식당 문을 연 곳이 별로 없었다. 할 수 없이 전날 먹었던 오믈렛을 먹으러 들어갔다. 난 오믈렛과 커피 그리고 빵을 시켰다. 그 총각은 전날 먹었던 버터 토스트를 시켰다. 전날에도 까맣게 태운 걸 주어서 못 먹었는데 또 한쪽이 까맣게 탔다. 빵을 들고 보여주었더니 종업원은 아무렇지 않다는 듯 받아서 뒤집어 놓는다. 타지 않은 쪽을 위로 향하게 접시에 놓고는 '굿'이란다. 눈에만 안 보이면 되는 건가? 너무 웃겨서 한참을 웃었더니 주인이 나보고 행복하냐고 묻는 것이었다. 순진한 것인지 뭔지! 어떤 아가씨에게서 들은 말이 생각났다. 지나가는데 누군가 엉덩이를 만지고 도망가기에 쫓아가서 그 남자를 마구 때렸단다. 한참을 맞고 있던 남자가 자기 친구를 가리키며 저 친구가 그랬다고 해서 기가 차서 웃음이 나왔단다. 빤히 보이는 거짓말을, 누가 봐도 알 수 있는 걸 속이니 밉지가 않았다고 했다. 나도 마찬가지였다.

　인도의 피서지인 다르질링으로 가기 위해 짐을 쌌다. 밤 10시에 기차가 있었는데, 밤에 움직이는 것은 위험하다고 들어서 저녁 5시에 일찍 기차역으로 갔다. 기차역에는 외국인과 부유층만을 위한 대기실이 있었는데 거기가 제일 안전하다고들 했다. 일찍 가서 책이나 보고 기다리면 되겠지 했는데, 여기 기차는 열 시간까지도 연착을 한단다. 게이트도 기차표에 있는 것과는 달리 아무 곳에나 기차를 세워놓고 방송으로 해주고 있었다. 무거운 가방을 메고 달리기를 해야 할 듯 싶었다. 그런 걱정으로 기다리다가 드디어 기차를 탔다. 그리고 다시 콩나물 시루인 지프를 타고 인도의 휴양지 다르질링에 도착했다.

자고 일어나면 몸이 천근이었다. 자는 중간 중간에도 너무 추워서 깼다. 낮 동안은 더위에 지쳐 진이 빠졌는데 밤엔 추워서 벌벌 떨며 일어나니 컨디션이 엉망이었다. 정말 찜질방 생각이 간절했다. 아침에 더운물 샤워라도 제대로 하면 좀 풀리련만, 다르질링은 워낙 물이 귀한 고지대라 쓸 수 있는 더운물은 반 양동이 정도가 전부였다. 거기에 찬물을 섞어 써야 하니 하루는 샤워를 하고 또 하루는 머리를 감았다. 밖을 돌아다니다 보면 차들이 워낙 낡은 탓에 시커먼 매연을 뿜어내서 금방 더러워졌다.

파둠에 가려고 다르질링에서 만난 수연이와 기차역에 가 보았다. 이십대 초중반의 사내아이인데 군 제대와 동시에 인도에 여행을 온 친구였다. 이 친구와 문화유산에도 등재되어 있는 토니 트레인이라는 이름의 기차를 타려고 다르질링 역으로 갔다. 그런데 이 기차가 자동차로 세 시간이면 갈 수 있는 거리를 무려 7시간에 걸쳐 간다는 이야기를 듣고 포기했다. 얘기를 들어보니 이 유명한 기차의 선로 폭이 60센티밖에 되지 않기 때문에 무척 조심스럽고 느리게 달린다는 것이다. 세계에서 가장 작은 폭을 가진 선로를 달리는 기차라고 해도 7시간을 내리 갈 것을 생각하니 고통스러웠다. 이 시간을 때우기 위해서 수연이와 인도 영화를 보았다.

로맨스

인도 스리나가르에 도착하자마자 객실 호객행위에 바쁜 사람들이 올라탔다. 외국인은 나와 네팔에서 만나 한 달간 동행한 한국인 아가씨, 그렇게 우리 둘뿐이었다.

스리나가르에는 아주 큰 호수가 있었다. 아마도 여의도 면적의 10배도 넘을 것 같았다. 이 호수에 사람들은 하우스보트라고 불리는 수상가옥을 지어놓고 산다. 물론 땅에서도 살고 있었다. 호수 내에는 '시카라'라고 불리는 작은 보트부터, 여행객이 보트에 누워서 호수를 둘러 볼 수 있는 배까지 다양한 크기의 배가 줄을 서 있었다.

가격이 얼마냐고 하니 2인실이 500루피란다. 호수 위의 생활이라 식사도 제공받아야 하고 시카라도 사용해야 하는데, 그건 별도란다. 일단 시카라를 타고 호객꾼이 추천한 하우스보트로 갔다. 가보니 주인으로 보이는 남자가 식사도 포함이고 '시카라'도 마냥 공짜란다.

'가이드 북에서 보면 디럭스급은 하루 1,500루피 이상인데……'

비수기라 싸게 이용할 수 있나 보다 생각했다. 여하간 운이 좋은 날이라 여기고 저녁식사를 제공받았다. 저녁은 현지식이었는데 가정식 백반처럼 입맛에 맞아 맛있게 먹었다.

다음날 아침 식사시간은 언제냐고 물으니 원하는 때에 해준다고 했다. 우선 시카라로 스리나가르 유람을 하란다. 한 시간을 넘게 이곳 저곳을 구경하는데 야경이 요즘 애들 말로 정말 죽인다. 한적한 호수 한가운데에서 바라본 수상가옥들이 만들어낸 야경이 너무 아름다워 신혼여행을 와도 환상일 것 같았다. 다른 누군가에게 추천해주고 싶을 만큼 좋았다. 다만 가는 길이 너무 험해서 비행기를 타고 가라는 이야기도 해주고 싶다.

다음날 아침, 식사를 하고 나니 우리에게 숙소를 옮기란다. 우리가 묵고 있는 방이 원래 비싼 곳이라 사장이 500루피에는 안된다고 했단다. 그러니까 그 말 속에는 자신은 주인이 아니었다는 말이었다. 그러면서 다른 곳을 소개해주겠다고 해서 따라가 보니 지금 묵고 있는 곳과 비슷한 곳은 1,200루피를 부르고, 같은 가격인 500루피를 부르는 곳은 너무 작고 지저분해서 썩 내키지 않았다. 다른 숙소를 돌아보고 와서 "마음에 들지 않아."라고 말했더니 사내가 "노 프라브럼(No problem)"을 외치며 앨범을 꺼내 들고 왔다. 그러면서 스리나가르 주변 트레킹을 권유했다. 그러면 자신들의 숙소를 이용할 수 있다고 하면서 자신이 가이드를 해주겠다고 큰소리를 쳤다. 가만히 보니 그의 다리가 무척 부실해보였다. 나중에 들으니 2년 전에 오토바이 사고가 났었단다. 그런 그에게 몇 시간 동안 걸어야 하는 트레킹 가이드를 맡기는 것 자체가 모험이었다. 그 가격이 너무 엄청나서 우린 돈이 없다고 말했다. 일종의 거절의 말이었는데, 이 남자가 빙긋 웃더니 카드도 된단다. 현금이 없으면 한국에서 돈을 보내라고 연락하면 문제가 없다는 투다.

같이 있던 아가씨와 하루만 더 이곳에서 묵고 '레'로 가자고 합의를 했다. 그 말을 그에게 전하면서 식사 없이 그냥 500루피에 하루를 더 묵겠다고 했다. 그도 더 이상 가난한 여행객들에게 나올 것이 없다는 것을 알았는지 그러라고 했다. 운수 좋은 날이 하루 사이에 슬픈 날로 다가왔다. 우울한 마음으로 시카라를 타고 시내로 나왔다. 시내 곳곳을 돌아다니다가 현지인을 만났는데, 그가 서툰 한국말로 좋은 숙소를 싸게 해준단다. 귀가 번쩍 띄어 따라가 보니 한국인 배낭여행객이 두 명이 있었다. 남녀 각방을 각각 사용하고 있었는데, 그걸 그들과 같이 사용하라는 것이었다. 자기 친척이 한국 여자와 결혼을 했다면서 친근한 듯 살살 꾄다. 여기 사람들은 전부 한국 사람을 좋아하고 친척이 한국 여자와 사귀거나 아니면 친구다. 어쩜 만난 현지인들은 하나같이 레파토리가 똑같은지.

라다크로 가는 버스표를 예매하려고 터미널을 향해 걸어가는데 또 누군가 다가와서는 100루피짜리 방을 줄 수 있단다.

"차도 있으니 가서 편하게 보시고, 다시 버스표를 사는 곳까지 데려다 줄게요."

아쉬운 것 없이 편하게 해준다니 좋다고 하고는 같이 차를 타고 숙소가 있다는 곳까지 따라갔다. 그런데 현지인이라며 잘 아는 곳이라고 하더니만 길을 몰라 계속 헤매고, 어느 건물에 들어갔다 나왔다 반복하며 난리를 쳤다. 겨우 도착해서 가보니 친구는 개뿔!!

숙소 위치는 한적해서 좋고 가격도 100루피는 맞는데 식사는 별도란다. 하우스 안으로 데리고 들어가서 보니 액세서리를 파는 곳이었다. 한 마디로 속은 것이었다. 우리가 그냥 버스표를 사러 가야겠다고 하니 밖으로 나와서 손가락질로 저리로 가면 버스가 있단다.

'데려다 준다더니, 인도 사람들 정말 미워~~.'

그 사람이 손가락질을 한 골목길을 물어물어 한참을 헤매다 버스를 탔다. '난 아직도 여전히 잘 속는구나. 에구, 동행 아가씨 보기가 미안하다.'

호수의 숙소로 돌아와 방안에 가만히 누워 있으니 밥을 먹겠냐고 발을 저는 사내가 물어봤다. 공짜라면 좋다고 식당으로 가니 밥과 카레다. 어제 그 럭셔리한 저녁식사와 비교가 되었다. 가만히 보니 자기네가 먹고 남은 밥을 제공한 듯싶었다. 그래도 굶는 것보다는 나으니 그 얼마나 횡재인가. 밥을 주던 사내가 어제처럼 식사 포함해서 800루피가 어떤지 생각해보라는 말도 했다. 묵묵히 식사를 하고 있는데 형이라는 사람이 나타났다.

"이 사람이 보스냐?"

"그렇다."

"배드 맨!(나쁜 사람!)"

이렇게 말하니 그 보스가 사람 좋게 웃었다. 그들은 내가 묵은 이 숙소 말고도 한 채의 하우스보트를 더 가지고 있고 호수 안쪽으로 가족이 머물고 있는 보트도 따로 갖고 있었다. 여름 한철 장사로 돈을 벌어 온 가족이 살만큼 휴양지로 유명한 곳이다. 여름 더위를 피해서 휴가를 오는 인도인들로 북적인다고 했다.

다리를 저는 사내는 나와 동행한 아가씨에게 마음이 있나 보다. 인도 남자들은 날씬한 여자보다는 통통한 여성들을 좋아한다. 마침 나와 동행한 그 아가씨는 오통통한 몸매를 갖고 있었다. 사내는 그 아가씨가 한국에 남자친구가 있다고 해도 계속 아름답다는 말을 연발했다. 나보고도 그녀에게 자신의 말을 잘해달라고 부탁했다. 자신은 수줍어서 직접 말을 하지 못하겠다고 하면서……. 귀엽기도 하고 안쓰럽기도 했다.

그날 저녁 식사에 보스가 내 옆으로 왔다. "내가 배드맨이에요?"라며 웃으며 묻더니 "600루피!"라고 말했다. 나는 금세 "정말? 오케이!" 하면서 악수를 건넸다. "식사가 끝나면 같이 시카라를 타요."라고 보스가 말했다.

저녁 식사 후에 우리는 시카라를 탔다. 앞자리에 인도 남자와 노르웨이 여자 커플을 태우고, 나와 동행 아가씨는 가운데, 두 형제는 양

끝에서 노를 저었다. 보스인 형이 인도 노래를 부르고 난 후에, 우리를 향해 한국 노래를 부르라고 성화였다. 자신의 동생이 나와 동행한 아가씨에게 호감을 느낀다는 사실을 알아서인지 자꾸 재촉을 했다. 어쨌든 깜깜한 호수에서 별을 보며 노래를 불렀다. 아들 또래의 사내를 보니 아들 생각이 났다.

우리 아들은 군대에서 첫 휴가를 나온다고 했다. 아들에게 첫 휴가에 대한 격려와 미안함을 편지로 써서 보내려고 시내 PC방을 갔는데 한글 키가 전혀 되지를 않았다. 한국 떠나올 때 만들어놓은 인터넷 카페에 들어가 할 수 없이 서툰 영어로 아들에게 글을 남기고 시내 구경을 했다. 낮에 사지 못한 라다크행 표 때문에 터미널로 가니 예매가 안 되고 다음날 아침 7시에 출발한다고만 해서 그냥 돌아왔다. 숙소로 돌아와서 보스에게 핸드폰을 빌려 집으로 전화를 했다. 아들은 감감 무소식이었다. 다른 아이들은 첫 휴가를 목이 빠져라 기다리다 집으로 달려가 엄마가 차려주는 맛난 밥상을 받았을 터인데. 불쌍한 내 아들. 그런 아들과 통화하고 싶어 보스 핸드폰을 빌려 통화를 시도한 것인데, 답답했다.

거긴 핸드폰 요금이 선불제다. 심 카드를 넣고 정액카드를 사서 번호를 입력하면 사용하는 금액만큼 차감되는 것이다. 나는 아들 때문에 핸드폰을 빌려 쓰고, 동행한 아가씨는 친구와 통화하느라 휴대폰을 빌려 쓰게 되었는데 그만 충전된 금액 모두를 써버리는 지경에까지 이르렀다.

다리를 저는 사내에게 우리는 다음날 이곳을 떠난다고 말했더니, 이 남자가 하루만 더 있다 가라고 성화였다. 안된다고 했더니 그러면 그녀는 이곳에 두고 나만 혼자 떠나라고까지 했다. 절대 그녀를 그냥 보낼 수 없다며 너무 슬프다며 자신의 심정을 토로했다. 그 눈빛이 애처롭지만 내가 보아하니 동행한 아가씨는 그를 그냥 여행에서 만난 스쳐 지나간 사람으로 생각하는 듯싶었다. 그 와중에 사내는 아가씨가 한국에 돌아가면 자신이 전화를 걸겠다며 번호까지 묻는 지경에 이르렀다.

"그럼 아예 한국으로 따라가든가, 아니면 우리 내일 라다크로 가니까 같이 가든가."

이렇게까지 말했는데 그 절름발이 사내의 말이 가관이었다.

"노 프라브럼!"

인도의 내전

이란이 가자지구에서 팔레스타인을 내쫓은 이스라엘에 전쟁을 선포한 때였다. 나는 인도 델리에 있었다. 인간적으로 인도의 남부는 정말 더웠다. 델리의 온도가 밤 9시에도 37도였으니까 낮은 그보다 더하면 더했지 덜하진 않았다. 델리에 도착해서 선풍기가 있는 방에서 이틀을 머무를 때도 도저히 잠을 잘 수 있는 날씨가 아니었다. 시원한 북부와는 차원이 달랐다. 그런 날씨에 무슨 마라톤 대회를 했다. 그냥 있어도 숨쉬기가 힘든데 마라톤 선수들은 오죽했을까 싶다. 아니 그 더위에 뭔 마라톤을 한다고 뙤약볕으로 몰려들어? 떠나는 날도 무척 더워서 공항에서 하룻밤을 자고 갈까를 생각할 정도였다. 지금 돌아와서 생각하니 만약 그 전날 공항으로 갔으면 더 고생할 뻔했다. 인도 델리 공항에는 에어컨이 없었다. 인구 10억이 넘는 나라에서 에어컨조차 없다는 것은 심각하다.

날씨도 날씨지만 인도의 도시 두 곳에서 폭탄이 터졌다. 테러 예상 지역으로 10곳이 발표되었고, 내가 머문 델리도 포함되었다. 메인 바자르가 여행자 거리인데도 길거리에 나서기가 겁이 났다. 그러나 유레일패스 구입 때문에 거리를 나서야 했다. 유레일패스는 유럽에서 구입할 수 없다. 정말이다! 여행자를 위한 패스이기 때문에 유럽을 제외한 나라에서만 살 수 있다.

파리에 도착해서 북유럽으로 가려면 배를 타야 하는데 유레일패스가 있으면 그 배값이 무료였다. 그래서 유레일패스를 사려고 여행사에 가야 했다. 여행사에서는 오직 유로화만 받는다. 그런데 은행에서도 달러나 유로화를 구할 수가 없다. 인도 돈을 찾아 환전상에 가서 바꾸어야만 했다.

이왕 나온 김에 인도영화를 봐야겠다는 생각이 들었다. 인도는 3대 영화 산업국 중에 하나여서 꼭 보고 싶었다. 〈미션 임파서블〉을 인도식으로 만든 영화 속 배우는 미국의 전 대통령 부시와 무척 닮아 보였다. 영화관에 들어서니 가방보관함이 있었다. 가방을 영화관에 들고 가지 못하는 이상한 나라라고 생각하겠지만 그건 다 이유가 있다. 그만큼 테러가 심하다는 뜻이다.

스리나가르로 가는 버스를 탔다가 곤욕을 치른 적이 있다. 허름한 한 구석에서 만난 그날의 마지막 버스였다. 빈 자리를 찾아 앉았는데 승차 문을 마주본 자리라 창문이 없어 무척 더웠다. 전날 밤새 뒤척인지라 금세 잠이 들었다. 갑자기 차가 멈춰섰다. 눈을 떴더니 버스가 오던 길을 돌아가고 있었다.

버스 안의 승객들이 운전석 문을 열고 뭐라고 외쳤다. 그 버스는 운전석에 따로 문이 있었다. 전부 야단법석 난리를 쳤다. 운전기사는 시위 때문에 못 간다는 거고 승객들은 다른 차들은 가는데 왜 우리 버스만 못 가느냐는 거였다. 승객들의 항의를 받은 버스가 다시 차를 돌렸다. 제대로 가나 싶더니, 이 버스가 가다 서고 가다 서고를 반복했다. 버스 주위를 보니 50미터마다 군인이 총을 들고 서 있고, 행군하는 군인들도 심심찮게 보였다. 나중에 알고 보니 하필이면 그날이

카슈미르 지역민들이 시위하는 날이었다. 종종 카슈미르는 시위를 하는데 그들에게는 그만한 이유가 있었다. 그 시작은 오래 전 인도와 파키스탄의 분리 독립 때문이었다.

인도는 힌두, 파키스탄은 무슬림이다. 불행하게도 무슬림인 카슈미르는 분리 독립 때 인도에 속하게 되었다. 이 때문에 많은 이들이 자신의 종교에 맞는 나라로 이동을 하게 되었는데 사람이 죽게 되는 상황까지 이르렀다. 그 불씨가 아직도 남아 종교가 다른 인도에서 독립하게 해달라며 시위를 하는 것이었다.

원래 계획은 파키스탄에서 이란, 터키로 가는 코스였는데 날씨 때문에 계획을 변경했다. 중동의 어느 국가라도 공짜로 오라고 해도 안 가겠다는 결심이 들 정도로 너무 더웠다. 아예 북유럽으로 갔다가 러시아로 들어가는 코스로 바꿨다. 근처의 파키스탄 이슬라마바드에서도 테러가 발생했고 터키도 테러가 있었다. 이란은 이스라엘과 전쟁을 선포했다. 가자지구에서 팔레스타인을 내쫓은 이스라엘을 응징하겠다는 뜻인 것 같았다. 그러면 이스라엘과 미국을 겨냥한 아랍 국가들과의 전쟁이 될 듯싶었다. 내가 모처럼 맘먹고 여행을 하는데 전세계가 도움이 안됐다. 그때 환율도 높이 뛰고 티벳은 독립을 외치느라 라싸는 막히고 아랍은 전쟁을 한다고 하고……. 러시아는 마피아가 날뛰고 남미는 떼강도들이 극성이라는 소식도 들었다. 여기저기 전쟁, 다툼 소식이 끊이지 않고 들려왔던 인도 남부 여행은 한 마디로 '짜증' 그 자체였다.

사람들이 서로 사랑하고, 안부를 묻고 웃으며 지낼 수는 없는 것일까? 인도에서는 듣고 싶지 않고, 보고 싶지 않은 것들이 너무 크게 들렸고 선명하게 보였다.

아름다운 사원

인도의 암리차르라는 곳은 시크교도들의 황금사원이 있는 인도에서 가장 잘 사는 지역이었다. 인도를 다니다 보면 머리에 터번을 쓴 남자들을 볼 수 있는데 그들이 시크교도들이었다. 다른 인도인에 비하여 시크교도들은 정직하고 친절했다. 인도 서부에 있는 시크교의 성지라서 항상 방문객들로 북적였다. 그런데도 동네가 깨끗했다.

암리차르는 시크교의 네 번째 구루인 람다스가 만든 연못의 이름인데 1604년에 다섯 번째 구루인 아르잔데브가 연못 가운데 사원을 지은 것이 황금사원의 시초라고 했다. 사원 건물 사방에 입구가 있는데 종교·계급·출신 등과 상관없이 누구에게나 열려 있다는 뜻이란다. 건물 서쪽의 대리석 통로를 통하여 연못 밖으로 연결되어 있다. 사원 안에는 과거의 역사적 사건·성인·순교자 등을 기념하는 장식품이 많이 있는데 따로 건물을 지어 시크교 최고의 경전인 그랜드 사힙을 보관한단다. 이 경전은 매일 새벽 사원으로 들여왔다가 저녁에 다시 원래 건물로 옮긴다고 했다.

사원에 들어갈 때는 존경의 표시로 머리를 천으로 감싸고 신발을 벗어야 했다. 신발을 벗어서 맡기고 들어가면 입구에 발을 적시는 물이 있었다. 안으로 들어가니 연못에 비추어진 황금빛 사원의 모습이 장엄하면서도 아름다웠다. 어휴, 저 금덩어리! 지붕을 400kg의 황금으로 덮고 건물을 도금을 해서 황금사원이라고 불렀다. 그랜드 사힙을 보기 위해 사원 안으로 들어가려고 대기 중인 줄이 너무 길어 그냥 주변만 둘러보고 사진을 찍었다.

밥을 주는 곳으로 가니 입구에서 쟁반과 그릇, 그리고 수저를 줬다. 그걸 들고 실내로 들어가면 아주 넓은 공간에 방문객들이 줄을 맞추어 앉아 있고 봉사자들이 각자 한 가지의 음식을 들고 순서대로 나누어 줬다. 인도의 빵인 짜파티와 콩으로 만든 수프인 달을 줬다. 남기면 안 된다고 해서 조금씩만 달라고 했다. 생각보다 맛있었다. 식사를 마치고 그릇을 반납하러 가니 줄지어 빈 그릇을 설거지통에 넣고 봉사자가 계속 그릇을 씻었다. 주방 한쪽에서는 다음 식사를 위해 채소를 다듬고 있었다. 밥을 먹고 난 공간은 경운기만 한 청소기계로 청소를 깨끗이 한 후에 다음 팀을 맞이했다. 하루에 십만 명은 족히 먹는 것 같았다.

자원봉사자들이 이 모든 일들을 해냈다. 시크교도들은 부지런하고 부자라고 하더니 남는 시간 동안 사원에서 자원봉사를 하는 것 같았다. 물론 기부금을 받고 있었다. 사원의 창시자가 무료로 식사를 제공하라는 유지를 남겼기 때문에 이뤄지는 일이라고 했다.

이 사원을 방문한 사람들은 사원 안에서 종일 밥과 숙소를 제공하기에 숙식을 해결할 수 있었다. 외국여행객을 위한 숙소는 별도로 마련해놓고 관리를 했다. 토요일날 늦게 도착을 했더니 외국인 숙소의 침대가 꽉 찼단다. 주변을 다니며 괜찮은 숙소를 물어보아도 방이 없거나 주말 할증이 붙어서인지 비쌌다.

암리차르 사원 구석에 있는 허름한 숙소를 깎아서 하룻밤 잤다. 여행 중에 에어컨이나 선풍기가 있는 숙소에 들어가면 밤새 무조건 빨래를 했다. 자고 나면 빨래가 다 말라 있으니 그 다음날 뽀송한 옷을 입는 느낌이 아주 좋았다. 다른 숙소보다 지저분했지만 이틀을 신세 지고 떠날 때 입구에 있는 모금함에 약간의 기부금을 넣었다.

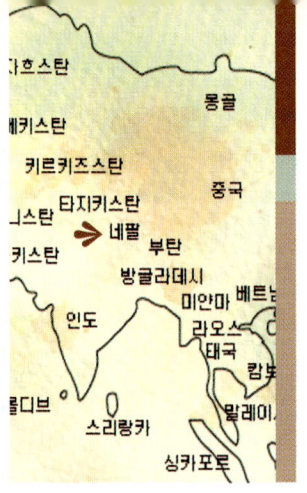

네팔
히말라야 트레킹 이후
노천탕에 몸을 녹이다

　인도와 네팔을 같이 여행한 수연이는 장래와 직업에 대해 확실한 생각을 갖고 있었다. 그 생각은 주로 미래에 대한 것이었는데 앞으로 공부를 하거나 다시 부사관으로 재입대해서 직업군인을 할 것인가를 두고 무척 진지하게 고민하고 있었다. 이러한 고민을 하고 있다는 것 자체가 무척 건강해 보였다. 그때까지만 해도 우리 아들은 그런 개념이 없었다. 대학을 보내놨더니 학사경고를 받아와서 고민을 했던 적이 있었다. 그래서 아들 또래의 군제대하고 여행을 온 어린 남자들에게 제대 후 우리 아들에 대한 고민을 자주 털어놓기 일쑤였다. 우리 아들도 군대 제대쯤엔 수연이처럼 미래에 대한 가치관이 정립되기를 마음 속으로 바랐다.
　그만큼 수연이는 보면 볼수록 참 예쁜 청년이었다. 체력도 체력이지만 정신이 건강했다. 인도 다르질링에서 만나 네팔 카트만두까지 동행한 그는 방콕으로 스톱오버해서 아시아를 좀더 여행하다 들어간다고 했다. 나이 든 아줌마가 혼자 여행하는 것이 걱정이 됐는지 이것저것 챙겨줬다. 내 아들에 관한 이야기를 했더니 무조건 인도로 여행을 보내란다. 자신이 인도 여행을 해보니 느끼는 것이 많다며 내 아들도 느끼는 것이 있을 거라며 강력추천을 했다. 수연이는 4년 동안의 군복무를 마치고 여행을 시작했다. 두 명의 누나가 있는데 이 누나들이 무조건 인도를 다녀오라며 비행기 티켓을 끊어준 것이다.

여하간 수연이와 함께 네팔을 향해 출발했다. 실리구이까지 80루피를 주고 지프차에 몸을 실었다. 처음 출발할 때는 인원이 적어 좋았는데, 가면서 계속 사람을 태우는 것이었다. 결국 내가 앉아 있던 가운데 자리도 네 명이 되었다. 내가 불편해하는 걸 느꼈는지 수연이가 뒷자리로 이동을 했다. 뒷자리는 짐칸이라 의자 높이가 높아 머리가 천장에 자주 부딪히곤 했다. 그런데 조금 있다가 뚱뚱한 남자가 또 올라타는 것이었다. 어휴!

겨우 실리구이에 도착했는데 거기서부터 네팔 국경까지는 또 다른 차를 이용해야 했다. 수연이가 75루피에 합의를 보고 차에 짐을 실었는데 10분 후에 간단다. 그런데 10분이 지나도 갈 생각을 안 하기에 가자고 소리를 쳤다. 그렇게 이동을 하다가 국경이 가까워오니 또 차가 멈췄다. 자동차와 릭샤, 자전거, 사람이 뒤엉켜 꼼짝을 안 했다. 더 이상 기다리기에도 지쳐 입국사무소에 신고를 하고 와서 짐을 챙겨 국경 쪽으로 걸었다. 차라리 걷는 편이 속이 편했다.

다리를 사이에 두고 인도와 네팔이 나뉘어 있었다. 그런데 네팔 입국비자를 받는 건 수연이와 나뿐이었다. 아마도 인도인은 무비자인가보다. 입국심사도 없나보다. 다들 그냥 국경을 넘었다. 우리는 30달러를 미국 달러로 계산하고 두 달간의 국경비자를 받았다.

100미터쯤 더 걸었더니 버스터미널, 하루 일곱 번 있다는 버스를 확인하니 3시 30분 출발이란다. 과자와 바나나, 초코파이를 사고 물도 준비했다. 이 버스로 열네 시간을 가야 했다. 완행버스라 시간이 더 지체되었다. 가는 시간보다 서서 짐을 싣는 시간이 더 많았던 것 같다. 닭 두 마리를 장바구니에 넣어서 타는 아저씨, 쌀자루를 엄청 싣는 사람, 엄마와 함께 탄 간난아이는 밤새 울었다. 수연이가 음악을 듣자며 이어폰 한쪽을 내주었다. 조용한 발라드 음악이 흘렀다. 그렇게 지체를 거듭하며 이동하던 버스는 야밤이 되니 이제 사람들을 태우지 않을 것인지 불을 껐다. 다행이다 싶었는데 웬걸 기사가 신나는 음악을 틀었다. 자장가도 아니고. 그리고도 여전히 한 시간 안에 한 번씩 차는 멈췄다. 카트만두에 도착해 보니 16시간이나 걸렸다.

수연이와 헤어지고 포카라행 버스를 탔는데 그곳에서 참 재밌는 친구들을 만났다. 아침 일찍 숙소를 나섰다. 7시 출발이라고 했지만 일찍 서둘렀다. 릭샤꾼과 흥정해서 여행자 버스 정류장으로 갔다. 내가 제일 먼저 그 버스를 탔다. 나이 든 사내가 얼른 내 짐을 받아 지붕 위로 올렸다. 친절한 그의 성의를 감사히 여긴 후 버스 좌석을 찾아 앉아 있으니 그가 나를 찾아왔다. 20루피를 달라고 했다. 황당하기도 하고 당황스럽기도 해서 올려다보았더니 10루피만 달라고 했다. 씁쓸하지만 웃으며 10루피를 주었다. 나에겐 200원이지만 그 사람에겐 하루 벌이의 일부분이리라. 여행자들이 하나둘 버스에 올라탔다.

공영버스가 가격도 저렴하고 시간도 맞지만 정차를 자주 하는 것이 못마땅했다. 가장 중요한 것은 안전이었다. 그 때문에 염려가 되어서 조금 더 비싼 사설버스를 탄 것이었다.

그런저런 생각을 하며 있는데 버스에 올라타는 이들이 있었다. 그들이 바로 내가 '서양 악동들'이라고 부르는 친구들이었다. 여자 2명과 남자 3명이었는데 버스에 타자마자 전부 버스 지붕 위로 올라갔다. 차가 시내에 들어가니 버스 안으로 다시 모두들 들어왔다. 그들은 맨 뒷좌석을 차지하였고 난 그 바로 앞에 앉아 있었다. 피곤해서 약간 졸았는데 팔에 뭔가가 걸리적거렸다. 뒤를 돌아보니 슬리퍼를 신은 발이 의자 사이를 비집고 들어와 내 팔을 건드리고 있었다. 안되겠다 싶어 뒤를 보니 다리를 올린 채로 자고 있었다. 소리 내어 불렀더니 얼른 미안하다며 발을 치웠다. 그렇게 조금 졸던 그 악동들은 다시 지붕 위로 올라갔다. 날이 더워 해가 뜨거운데도 비스듬히 기대거나 누웠다. 젊은 그들은 용감했다. 난 절대로 버스 지붕 위에 올라가

는 것은 못한다. 그리고 우리가 탄 버스가 지나가면 대부분의 사람들이 그들을 향해 손을 흔들어 줬다. 그 재미도 괜찮아 보였다. 나중에 알고 보니 지붕 위가 버스 흔들림이 덜하다고 한다.

포카라의 아침

포카라에서 처음 맞는 아침은 무척 개운했다. 오랜만에 더운물로 샤워를 하고 잠자리도 편해서였던 것 같다. 아침을 먹으러 문을 나서는데 눈앞에 안나푸르나의 거대한 산맥이 산수화 병풍처럼 보였다. 사진기를 들었지만 해발 800미터라 거리가 너무 멀었다. 전날 갔던

네팔식당으로 아침을 먹으러 가니 이곳에서 내가 첫손님이었다. 웃음기 머금고 반갑게 인사하는 부부를 보니 기분이 좋았다. 나 또한 가격도 저렴하고 푸짐한 아침밥상을 받으니 기쁘지 않을 수 없었다.

스위스 블랙퍼스트라 불리는 메뉴를 시켰다. 계란 프라이 2개, 토스트 2쪽, 감자조림, 그리고 감자전 위에 치즈를 얹어 부친 걸 주는데 정말 맛있었다. '아무래도 한국에 가면 식당을 해야 할 듯싶다.'라고 맘먹게 할 정도로 맛있고 싼 아침 메뉴였다. 자세히 감자전을 보았더니 우리나라 감자전과 비슷했다. 감자를 얇게 채를 쳐서 버터를 두르고 전을 부친 후 다 익으면 위에 치즈를 살짝 얹고 고추를 다져 얹은 것이었다. 배가 불러 다 먹을 수가 없을 만큼의 양도 그 아침 메뉴의 특별한 점이었다.

숙소로 돌아가 고무장갑을 끼고 빨래를 했다. 인도에서 구입한 세제가 독한 탓에 습진이 생겨서 어쩔 수 없는 지출을 해야 했다. 빨래 물기를 쭉 빼고 빨랫줄에 널어놓고 허리를 펴니 주변의 햇살에 눈이 부셨다. 한가로운 시간을 즐겨야겠기에 책을 한 권 빼들고 옥상으로

 올라갔다. 병풍을 두른 설산들이 바로 내 눈 앞에 우뚝 서 있었다. 울 끈불끈 솟아 있는 설산들의 풍경은 나를 압도했다. 목숨을 걸고 산에 오르는 산악인들의 마음을 아주 조금은 알 것 같았다. 볼 것이라고는 유일하게 산뿐인 곳에 대부분의 여행자들이 몰려오는 까닭은 거대한 자연 속에 서면 인간은 겸손해질 수밖에 없다는 것을 누가 알려주지 않아도 깨닫게 되기 때문이리라.
 그 장엄하고 숭고한 모습에 나는 원래 계획에는 없었던 설산 트레킹을 하기로 했다. 산의 프로포즈에 넘어간 것이다. 안나푸르나 베이스캠프까지 5,000미터가 넘는 곳이라고 하는데 쉬엄쉬엄이라도 가자고 마음먹었다. '보통은 6박 7일을 잡지만 천천히 쉬면서 올라가야지, 계단이 많아 다리가 많이 아프다고 하는데 스틱도 준비하고 무릎 보호대도 챙겨야지.'
 아침을 먹고 산책을 하는데 숙소 사장님이 '커피를 좋아하느냐' 고 묻더니 같이 있던 아가씨와 함께 근처 찻집에 데려갔다. 근래에 오픈한 가게로 갔는데 넓은 잔디밭에 파라솔이 있고 앞에는 호수가 보이는 운치가 좋은 곳이었다. 주인이 한국인 부부였는데, 이야기를 들어보니 여기서 살고 있는 한국인이 꽤 됐다.

차를 마시고 나와 셋이서 시내로 쇼핑을 갔다. 숙소가 있는 곳에 있는 슈퍼는 규모가 작은 데다가 '여행자 거리'에 있는 탓에 가격도 비쌌다. 시내에 있는 규모가 조금 큰 슈퍼로 가니 물건의 구비가 제법이었다. 그곳에서 라면도 사고 자장면도 샀다. 트레킹을 위해서 초콜릿과 초코파이도 한 상자나 샀다. 작은 사이즈의 샴푸도 있고 화장품도 있는데, 인도산 '히말라야'라는 제품의 인기가 좋다. 한국 아가씨들도 '히말라야' 제품을 많이 산단다. 슈퍼 안을 살펴보니 3,000원 정도 하는 전기포트가 보였다. 반가워서 얼른 샀다. 그동안 들고만 다니던 설렁탕면도 끓여 먹고 라면도 끓여 먹을 수 있을 것 같았다. 그리고 '설마 3,000원 값어치야 하겠지'라는 기대가 있었다. 그곳에서 계란도 사서 숙소에 돌아오자마자 포트의 성능 실험도 할 겸, 삶아봤더니 무척 잘 됐다. 행복했다.

트레킹 퍼밋을 받으러 ACAP 사무소로 갔다. 사진 2장과 2,000루피를 냈다. 이 퍼밋(허가증)이 없이 다니다 걸리면 두 배의 벌금을 내야 하기 때문에 퍼밋은 꼭 받아야 한다. 물병도 샀고 스틱만 준비하면 트레킹 준비는 다 됐다. 숙소 사장님은 10달러 정도의 팁을 받으며 안내하는 포터가 있어야 한다고 했지만 나는 돈은 둘째치더라도 혼자서 등반을 하고 싶었다. 아무도 신경 안 쓰고 쉬엄쉬엄 조금씩 올라가고 싶었다. 혼자서 고산에 적응도 하고 무리도 안 하고 싶어서였다.

다음날 설산은 유난히 가까이 다가왔다. 바로 남산 올라가듯 올라가면 될 것 같았다. 사장님에게 '오늘은 유독 산이 가까워보여요.'라고 하니 산과 숙소 사이에 낀 수증기가 돋보기 역할을 해서 그렇단다. 그럴 수도 있구나! 중간에 낀 수증기 때문에 산이 맑게 보이지 않았지만 정말 눈앞에 펼쳐진 것처럼 가까워보였다. 그래, 생각해보니 그 숙소는 높은 산들 사이에 낀 해발 800미터의 지대에 위치했다.

해가 뜨면 하늘은 거의 맑다. 그러다 높은 산들로부터 서서히 구름이 산등성이 중간으로 몰려들었다. 어느날인가는 오후 3시경부터 천둥이 몇 번 치기 시작하면서 비가 내렸다. 바람도 거세게 불어 근처 숙소 지붕들마다 돌로 눌러놓았다. 비가 올 때는 우리나라에 태풍이 몰아치듯 내리는데 꼭 우박과 함께 쏟아졌다. 얼마나 세게, 많이 내리는지 우박 소리에 옆 사람과 대화가 안 될 지경이었다. 그날은 '창'이라고 불리는 우리나라 막걸리 비슷한 술과 김치전을 시켜서 비를 보며 앞사람과 대화를 나눴는데, 우박이 가게 안까지 들이쳤다. 50평생 처음 보는 우박 풍경이었다. 잠깐도 아니고 그리 오랫동안 그렇게 많이 내리다니 놀라울 뿐이었다. 그래도 두세 시간만 지나면 언제 그랬냐는 듯이 시침 뚝 떼고 다시 맑은 하늘이 다가온다.

안나푸르나 트레킹

첫째날

남녀 커플이 하루 450루피를 주고 고용한 포터를 따라 트레킹을 떠났다. 그들의 짐은 모두 포터가 지고 갔다. 하지만 난 내가 배낭을 멨다. 그리 추운 날씨가 아니라 침낭이 없어도 괜찮다고 해서 침낭을 놓고 갔다. 첫날이라 택시와 버스를 타고 이동을 해서 두 시간을 걷고 점심 이후에 다시 두 시간을 걸은 후 숙소를 잡았다. 오후 3시가 지나면 비가 오기에 가능하면 빨리 숙소로 들어가야 했다. 역시나 숙소에 도착 후 조금 지나니 비가 왔다. 숙소는 비교적 깨끗하고 손님이 없어 한가했다. 물값과 밥값이 무척 비쌌던 기억이 난다. 포카라 숙소 근처에서 20루피 정도를 지불하면 최고로 비싼 물을 살 수 있는데, 그곳에서는 최소 60루피가 시작이었다. 네팔 밥인 달밧도 205루피부터 시작이었다. 산에 높이 올라갈수록 비쌌다.

트레킹 둘째날

일찍 잠자리에 들어선지 아침 일찍 눈을 떴다. 사실 가져온 책도 없고 할 일도 없었다. 더군다나 이야기 나눌 사람도 없는데 잠이나 일찍 잘 수밖에. 아침으로 누들 수프를 시켰는데 고소해서 먹을 만했다. 그날 오르는 코스는 트레킹 코스 중 가장 험난하다는 곳이었다. 70도로 경사가 진 계단을 계속 올라가야 했다. 고도 2,800미터까지 올라가는데 역시 높은 곳은 힘이 들었다. 정말 힘들었다. 왜 난 산을 오를 때마다 후회를 하는지. 다시 오기 힘든 설산을 생각하며 이를 악물었다. 포터는 20kg 이상 되는 짐을 지고 잘도 올라갔다. 그 생활만 12년째 하고 있다는 포터는 평소에 가이드를 겸한다고 했다. 영어도 잘하고 믿음직스러웠다. 나이를 물었더니 서른이었다. 참 열심히 사는 청년이었다.

그날 방값이 100루피였지만 더운물을 사용하는 값은 따로 100루피를 지불해야 했다. 생수는 1리터에 80루피, 포카라 물값의 4배였다. 당연하다! 여행자들이 구매하는 모든 물건은 사람이 직접 짊어지거나 당나귀가 짊어지고 그 높은 곳까지 전달하는 것이었다. 그러나 운반하는 사람들은 커다란 광주리 두 개를 매달고 와도 하루 200루피를 벌기 어렵단다. 가게 주인들이 다 남겨 먹는 것이다. 여하간 그 짐을 나른 당나귀 탓인지 산을 오르는 길은 온통 당나귀의 똥 천지다. 거기에 파리들이 윙윙거리며 똥 주위를 맴돌아 지저분했다. 발을 디딜 틈이 없다. 그래도 네팔인들은 슬리퍼를 신고 잘도 다녔다. 우리나라 사람들 같았으면 벌써 케이블카를 설치했을 것 같다.

트레킹 셋째날

여행하는 동안 난 저녁을 잘 안 먹었다. 가볍게 먹거나 맥주를 한 병 마셨다. 그런데 안나푸르나 트레킹하는 곳은 맥주가 230루피여서 마시기가 꺼려졌다. 밥보다 더 비싸서 엄두가 안 났다. 대신 네팔 술인 락시를 50루피 주고 한잔씩 마셨다. 락시는 청하와 소주 중간 맛이라고 생각하면 된다. 아침엔 라면류로 끼니를 해결하고, 점심은 달밧을 리플해서 양껏 먹고 저녁은 락시로 때웠다. 어차피 일찍 자기 때문에 배도 안 고팠다. 그러다가 트레킹 둘쨋날 밤에 같이 가는 일행이 와서는 "저녁을 안 먹으면 저희 포터가 곤란해해요. 그러니 같이 식사를 하셔야 해요"라고 전해주었다. 아마도 현지 식당에서 여행자에게 비싸게 음식 값을 받고 여행자를 데리고 온 포터에게는 커미션을 주는 것 같았다. '그래도 그렇지 내가 데려온 포터도 아니고, 난 그저 같이 오기만 했을 뿐인데……' 잠깐 생각을 한 후에 "난 내일 푼힐 해돋이만 보고 다른 곳으로 갈 생각이에요."라고 전했다.

아침에 일찍 해돋이를 가려면 숙소인 고래빠니에서 한 시간 정도 올라야 하기에 아침 4시에는 출발을 해야 했다. 새벽 4시가 되니 여기저기서 일어나는 소리가 들려 나도 나갔다. 그런데 함께 그곳까지 갔던 포터와 일행이 나를 못 본 척하고 자기들끼리만 길을 갔다. 난 뒤에 나오는 서양인들과 같이 푼힐을 향해 걸었다. 모두들 손이나 모자에 손전등을 들고 걸었다. 나도 방콕에서 만난 아가씨로부터 얻은 수동 충전하는 손전등을 꺼냈다. 건전지도 필요 없고 정말 요긴하게 그 플래시를 썼다. 푼힐은 약 3,200미터 정도 된다고 하는데 역시 오르는 길은 힘들었다. 물도 안 들고 갔더니 목이 많이 말랐다.

콜라 한 병을 들고 얼마냐고 물으니 120루피라고 했다. 깎아서 100

루피에 초코파이와 같이 아침으로 먹었다. 전망대에 올라서니 감탄이 절로 나왔다. 이래서 올라왔구나 싶었다.

푼힐은 네팔에서 아름다운 일출로 가장 알려진 곳이다. 푼힐과 안나푸르나 베이스캠프 두 곳이 가장 아름다운 곳인데 그중 하나다. 7,000미터에서 8,000미터의 만년 설산들이 병풍을 두르고 있었다. 안나푸르나와 그 주변의 산들이 떠오르는 태양빛을 받아 점점 색이 변했다. 그 중 한 곳에 성모 마리아의 후광처럼 빛이 불쑥 올라왔다. 그러면서 점점 더 높이 올라가면서 빛을 뿜더니 그 사이로 해가 고개를 쑥 내밀었다. 다시는 올라오기 어려운 설산 한가운데서 벅찬 가슴을 안고 열심히 사진을 찍었다. 내려가기가 아쉬워서 그곳에 계속 있고 싶었다!!

따또빠니를 향해

일몰과 일출을 한 번 더 보고파 하루를 더 고래빠니에 있었지만 계속 비가 왔다. 물론 계속 정전이었다. 네팔에서는 저녁시간 하루에 한 번 이상은 꼭 정전이었다. 전날 인터넷을 하려고 가보았더니 한 시간에 5천 원이라 포기했다. 일찍 아침을 먹고 7시경 출발했다. 계속 내리막길이라 맘놓고 내려왔다. 5시간 정도 쉬지 않고 왔더니 계속 계단이라 그런지 왼쪽 무릎이 아파왔다. 안 되겠다 싶어 오른쪽 무릎 보호대도 왼쪽으로 옮겨서 꽉 조였다. 그리고 스틱을 이용해서 한발씩 천천히 내려왔다.

따또빠니에는 온천이 있다! 빨리 가서 온천을 하고픈 마음에 초코파이와 과자를 먹으면서 내려왔더니 2시였다. 숙소를 잡으니 싱글방이 75루피. 그런데 음식값은 여전히 비쌌다. 온천을 25루피 주고 들어갔는데 물이 정말 뜨거워 온몸의 피로가 다 풀렸다. 수영복을 입고 있었는데도 여자가 나 혼자라 그런지 주변에 있는 모든 남자들이 쳐다봤다. 더군다나 온천이 길가에 있는 노천탕인 탓으로 지나가는 버스 손님들까지 모두 나를 바라보았다. 머쓱했지만 따뜻한 온천을 여유롭게 즐겼다.

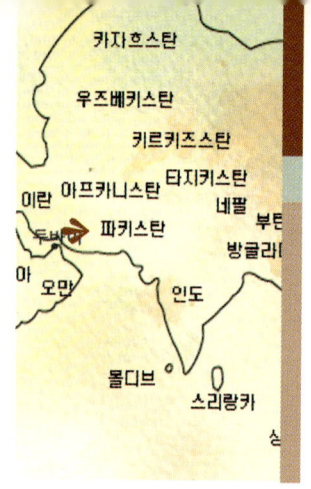

파키스탄
과일나무와 친절한 복만씨

훈자마을에서 만난 복만씨

라흐르에서 아침 6시 30분에 숙소를 나섰다. 7시 30분 버스이지만 30분 전에 도착하지 않으면 예약한 티켓을 다른 손님에게 판다고 하기에 일찍 나서야만 했다. 대우 버스 정류장에 가니 사람들이 많다. 4시간 30분 동안 달리는 버스를 탔다. 우리나라 대우에서 만든 대우 버스는 제 시간에 출발해서 정시에 도착하고 서비스가 좋아 인기가 좋았다. 버스에 오르니 에어컨이 너무 세서 추울 정도로 빵빵했다. 그 전날 밤은 너무 더워 옥상에서 슬리핑백을 깔고 자고 왔는데⋯⋯

훈자행 버스 정류장에 가보니 대우 버스만은 못하지만 그런대로 괜찮은 직행버스가 있었다. 21시간을 달려야 했다.

21시간을 달리는 직행버스는 중간에 휴식시간이 없었다. 중국이나 인도만 해도 우리나라처럼 1시간이나 2시간 정도가 흐르면 어김없이 차를 세웠다. 이곳 현지인들은 화장실을 안 가는 것 같다. 버스가 달리는 길은 중국과 합작으로 만든 고속도로였는데 길은 흙바닥에 아래는 낭떠러지고 위에는 바위들이 굴러 떨어지기 직전이었다. 많은 차들이 사고를 당한다고 했다. 진짜 무서워 앞만 바라보고 있었다.

깜깜한 밤이 되니 승객들 모두가 잤다. 나도 구부리고 자는데 영 편치 않았다. 중간에 차장이 나를 깨우며 패스포트를 갖고 나오라고 했다. 장부에 이름과 국적, 가는 곳, 비자번호를 적었다. 그런 일을 밤새 세 번을 했다. 잠들 만하면 깨우고 잠들 만하면 깨우고……. 아침 9시쯤 되니 길기트라는 제법 큰 도시에 도착했다. 여기서도 2시간 반을 더 가야 훈자마을이었다.

중간에 식사를 하라며 운전기사가 버스를 세웠다. 나는 훈자에 도착해서 식사를 하리라 맘먹고 그냥 식당 주변을 배회했다. 의자가 있는 곳에서 어떤 아저씨가 무화과를 먹고 있었다. 신기해서 쳐다보니 바로 내 머리 위에서 무화과를 따서 줬다. 아직 덜 익었지만 그런대로 맛은 괜찮았다. 내가 먹는 걸 보더니 아저씨가 두 개를 더 따서 줬다. 파키스탄 사람들은 굉장히 친절하다. 여행한 나라 중에 가장 친절했다. 모든 사람이 가슴에 정과 사랑을 갖고 있는 것 같다. 길에서 만난 사람도, 버스에서 만난 사람도 식당에서 만난 사람도 모두 친절했다.

가게에서 들어가니 살구를 팔았다. 300원 정도를 주면 국그릇 가득 담아 준다. 버스를 타고 오는 동안 살구나무들을 많이 보았는데 나무들마다 노란 살구가 주렁주렁 달려 있었다. 살구꽃이 필 때는 마을 전체가 살구꽃으로 덮인다니 얼마나 아름다울지 상상이 간다.

버스에서 내려 지프를 탔다. 훈자에서 가장 끝자락에 위치한 카라마바드로 갔다. 한국인이 운영하는 게스트하우스 복만이네를 들어갔다. 3층으로 올라가 짐을 풀고 앞을 보니 설산이 보였다. '아! 이래서 훈자마을을 찾는구나' 라는 느낌이 들었다. 화장실에서 시멘트 색의 물이 흘렀다. 빙하가 녹은 물이었다. 버스를 타고 오는 중에 바라본 강물색도 시멘트 색이었지만 대수롭지 않게 생각했는데 이곳 사람들은 그 물로 생활을 했다. 모든 식당에서는 그 물로 요리를 했고 주민들도 수로를 타고 흐르는 물을 받아 마시기도 한다. 먹고 빨래하고 샤워하고……. 누군가 장수를 위해 물을 마시라고 말했다. 훈자마을이 일본 오키나와, 에콰도르의 빌카밤바와 함께 세계 3대 장수마을이란다. 찝찝했지만 그래도 장수한다는데…….

훈자마을은 알렉산더 대왕이 세계정복을 꿈꾸며 쳐들어왔을 때 수하의 부하 3명이 훈자 여자와 결혼을 해서 이룬 마을이라는 전설이 있다. 그래서 그런지 이곳 사람들은 약간 아랍 스타일처럼 보이기도 한다. 라흐르 쪽은 인도와 비슷했는데……. 야채를 파는 가게에서 룸메이트가 체리를 사왔다. 그 비싼 체리가 한 대접에 500원이란다. 무척 좋아하지만 한국에서는 비싸서 선뜻 사먹지 못했는데…….

위층에 있던 젊은이들이 무언가를 먹고 있었다. 오디였다. 까만색 오디, 하얀색 오디도 있었다. 숙소 주변에는 살구나무, 오디나무, 체리나무, 호두나무가 지천이었다. 식사 후, 산책을 나가 계속 과일을 따서 먹었다.

 숙소 주변에 고성이 있다고 해서 올라가 보니 성이라기보다는 조그마한 집 같았다. 그것도 한 채뿐이었는데 입구에는 팔 길이만큼 기른 수염을 잘 땋아서 귀 뒤로 넘긴 동화 속에서나 나올 것 같은 독특한 복장의 경비 아저씨가 있었다. 신기해서 같이 사진을 찍었다. 성에서 바라보는 설산은 전경도 잘 보이고 더욱 가깝게 느껴졌다.
 복만씨는 파키스탄이 좋아서 아예 그곳에서 파키스탄 식당을 차렸다. 그 식당을 차리면서 자신과 약속을 했단다. 이익금의 10%를 파키스탄의 어려운 아이들을 위해서 쓰는 것이었다. 그래서 복만씨는 파키스탄의 어린이 11명에게 책과 교복을 사준단다. 이 마음씨 착한 복만씨의 숙소에서는 저녁이 되면 영화를 상영했다. 외벽에 흰색 천을 걸고 영사기를 돌렸다. 한국 영화 〈11번째 엄마〉와 일본 애니메이션 영화 〈원령공주〉를 보았다. 처음 영화를 볼 때는 그냥 봤는데 그 이후부터는 사람들끼리 20루피씩 걷어 복만씨를 줬다. 다들 복만씨가

하는 좋은 일에 조금이라도 함께 하고 싶은 마음에서였다.

아침 8시에 이곳 숙소에서 만난 노교수 부부, 프랑스 할머니, 한국 아가씨와 같이 빙하 트레킹을 떠났다. 하루 동안 지프를 빌려서 가는 여행이었다. 처음으로 도착한 곳은 영화 〈인디아나 존스〉에 나오는 인디아나 브릿지였다. 다리 밑을 보니 강물이 세차게 흐르고 깊었다. 다리는 엉성하기 그지없는 데다 흔들거리는 것이 영 불안했다. 그저 보기만 한 것뿐인데도 비명이 나올 지경이었다. 동행한 아가씨가 꼭 건너보고 싶었다며 앞장을 섰다. 나도 용기를 내서 조심조심 발걸음을 뗐다. 다리를 끝까지 건넜더니 건너편 쪽에서 기다리던 기사 아저씨가 반겼다. 다시 돌아서서 건너오니 프랑스 할머니가 나를 향해 엄지손가락을 치켜들었다.

두 번째로 간 곳은 보리수 호수였다. 호수에 레스토랑이 딸려 있었다. 그곳에서 점심식사를 주문하라고 했다. 아침 10시에 점심식사를 주문하는 이유는 그 레스토랑의 식사 준비 시간 때문이었다. 워낙 오래 걸리기 때문에 미리 주문을 해야 했다.

주문을 마치고 빙하로 가기 위해 지프를 탔다. 가는 도중에 우리 차량을 향해 히치를 한 일본인 여행자를 태웠다. 파수에 숙소가 있는데 숙소를 오가는 길은 히치를 한단다. 나도 해보고 싶었다.

파수 빙하에 도착해서 모두들 탄성을 질렀다. 훈자에는 빙하가 여러 개가 있다. 여태까지 빙하는 남극이나 북극에만 있는 줄 알았는데 이곳에도 빙하가 있다는 사실을 믿을 수 없었다. 설산과 이어진 빙하는 장관이었다. 내가 있는 쪽에서 보이는 빙하는 표면이 쩍쩍 갈라져 있었다. 갈라진 틈 사이로 에메랄드 색을 띤 물이 보였다. 언뜻 생각하기엔 얼음이 녹았으니 투명할 것이라고 여겼는데 아니었다. 빙하 아래로는 그 에메랄드 색을 띤 물이 흘러 강으로 가고 있었다. 빙하가 밀려오는 곳에 가니 찬 기운을 가진 바람이 불었다. 빙하에 다녀와 호수에 있는 레스토랑에서 점심식사를 했다.

세 번째로 간 곳은 폐광이 된 보석 동굴이었다. 기사 아저씨가 바닥에 흩어져 있는 돌들을 잘게 쪼갰다. 광물이 워낙 많이 들어 있어 색깔이 다양했다. 나도 몇 개 주워 봤는데 흔적들만 남은 돌들뿐이었다. 나와 달리 프랑스 할머니는 많이 찾았는지 배낭에다 쑥쑥 넣었다. 보석을 캐던 동굴이라 운이 좋으면 약간의 보석이 붙어 있는 돌을 찾기도 했다.

네 번째로 간 곳은 독수리둥지라 불리는 산 정상이었다. 아주 높은 지대라서 길이 가파르다. 네팔의 푼힐에 올랐을 때 사방이 설산이었던 것처럼 이글네스트도 마찬가지였다. 모두 히말라야에 속해 있는 눈 덮인 산봉우리들이다. 멋져요, 멋져!!

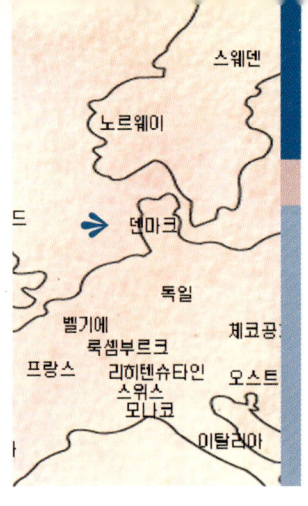

유럽

프랑스 · 덴마크 · 노르웨이
핀란드

프랑스에 도착을 했을 때였다. 출국 심사관에게 가니 "어디에서 왔느냐?"라고 묻기에 "코리아"라고 답을 했다. 그랬더니 그 심사관이 어눌한 우리나라 말로 반갑게 웃으며 "안녕하세요?"라고 인사를 건네며, 입국 도장을 찍어주었다. "감사합니다."라는 우리나라 말도 잊지 않았다. 여권을 받아들며 한국의 위상이 느껴져 어깨가 으쓱했다.

덴마크에서 피오르드를 보기 위해 기차를 타고 노르웨이 오슬로에 도착하니 밤 10시였다. 아침 7시 30분에 나왔으니 15시간을 거리에서 보냈다. 아깝지만 여행에서는 늘 있는 일이었다.

오슬로 중앙역에서 10분 거리에 있다는 숙소를 찾아가는 도중에 캠

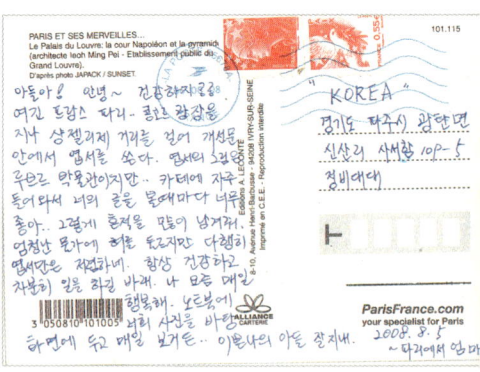

핑장으로 가는 독일인 일행들을 만났다. 오슬로의 모든 숙소가 예약 손님으로 꽉 차서 캠핑장으로 이동한다고 해서 나도 따라갔다. 캠핑장으로 가는 버스비를 물으니 유로화가 아니라 크롬화로 내야 한다고 했다. 은행으로 가서 일단 7,000크롬을 찾았다. 환율을 비교해보니 1,000유로나 됐다. 노르웨이가 물가도 비싸고 관광을 하려면 그 정도 경비는 있어야 할 듯했다. 그렇게 해서 남은 돈은 스웨덴 돈으로 환전하자고 마음을 먹었다. 은행에서 환전한 돈이 모두 지폐뿐이라 독일인에게 버스비를 빌려달라고 했다. 아주 여유롭게 '오케이'라고 하며 버스비를 빌려주었다. 버스를 타고 캠핑장에 도착해보니 텐트를 치고 자는 것만 가능할 뿐이었다. 친절한 독일인들은 내가 안타까운지 프런트에 가서 내 이야기를 하면서 다른 곳을 알아봐 달라고 부탁했다. 그들의 선의를 받으며 기다리고 있으니 직원 하나가 '방이 하나 있는 캠핑장이 있는데 상당히 멀다'며 지도를 보여주었다. 그곳까지 가려면 버스도 갈아타야 하는데 갖고 있는 잔돈도 없었다. 무작정 버스를 타고 기사에게 200크롬짜리 지폐를 보여주니 그냥 타라고 손짓을 했다. 일단 한 번은 패스! 중간에 내려서 10명을 넘게 붙잡고 그 다음 갈아타야 할 32번 버스 정류장을 물어도 다들 어디에 있는지 모른다고만 한다. 역으로 들어가 노숙을 할까도 생각해 봤지만 그건 아니다 싶었다. 묻다가 지쳐서 잔돈도 거스를 겸 정류장도 물어볼 겸 편의점에 들어가 물을 한 병 샀다. 편의점 직원이 정류장을 알려줬는데 정류장 안내판에 32번에 관한 것이 보이지 않았다. 31번 버스 기사에게 물어보니 일단 자기 버스를 타라고 했다. 친절한 31번 버스 기사가 32번 버스 정류장에 나를 내려 주려다 안내표를 보았다. 그러더니 이미 32번 막차가 지나갔다며 캠핑장과 가장 가까운 거리에 세워주었다. 고맙다고 인사를 하고 버스에서 내려 보니 언덕이 보였다. 언덕을 20여 분을 걸어 올라가도 표지판만 있고 캠핑장은 보이지 않았다. 지나가는 사람도 하나 없고, 어깨는 너무 아프고…….

　배낭을 길거리에 던지고 근처 가정집 세 군데의 초인종을 눌렀다. 하지만 결코 문을 열지 않았다. 불은 켜져 있음에도 모든 집들이 아예 대꾸조차 없었다. 히치하이킹이라도 하려고 지나가는 차를 세워봤지만 모두들 못 본 체 그냥 지나쳤다. 너무 답답해서 도로에 들어가 길을 막고 택시를 세웠다. 택시 손님이 캠핑장은 내가 있는 자리에서 20여 분을 더 가야 한다면서 그냥 떠났다. 인정이 없었다. 우리 같았으면 야심한 밤에 배낭을 메고 길을 잃은 여행자를 모른 체하지 않을 터인데 노르웨이의 인심이 야속했다. 다시 30여 분을 걸어서 가보니 버스 정류장이 보였다. 그곳에 있는 32번 안내판을 보니까 아직 세 정거장이나 더 남았다. 언젠가는 캠핑장이 나올 것이란 기대를 하며 무작정 걸었다.

　드디어 새벽 2시 30분. 간신히 캠핑장에 도착해서 이름을 대니 방 열쇠를 주며 198유로를 내라고 했다. 새벽 2시에 체크인을 해서 몇 시간 만에 30만 원이라는 돈을 주고 잘 수는 없었다. 방값이 너무 비싸다고 하니까 다른 호텔 이름과 전화번호를 적은 표를 줬다. 버스 운행이 끝나서 2시간을 걸어왔다고 말했는데도 매몰차게 '쏘리'라고만 말했다. 그러면서 새벽 5시 30분에 버스가 있다고 알려주었다. 그러면 캠핑장 안에 있는 소파에서 기다리겠다고 했더니 그것도 안 된다며 거절을 했다.

　비는 여전히 내리고 있었다. 캠핑장 사무실 밖으로 나와서 세탁실 앞에 있는 긴 의자에 앉아 두꺼운 옷을 꺼내 입었다. 그리고 주섬주섬 침낭을 꺼냈는데 직원 남자가 문을 열며 안으로 들어오라는 듯 손짓을 하기에 안에서 자라는 줄 알았다. 그래서 얼른 그 문을 당기니 잠겨 있었다. 생각해보니 거기서 자면 안 된다는 손짓을 하고 문을 잠근 것이었다. 속으로 '더러워서 간다'라고 캠핑장을 나와 그 옆에 있는 주유소로 갔다. 슈퍼랑 겸하고 있었는데 오픈 시간이 7시로 되어 있어 자리를 잡았다. 간신히 비는 피했지만 시멘트 바닥이라서 너무 차갑고 무엇보다 비가 와서 몹시 추웠다. 종이상자를 묶어 쌓아 놓은 것이 보여서 빼서 깔개를 하려고 했는데, 무척이나 단단히 묶어놔서 뺄 수가 없었다. 묶은 줄을 칼로 끊을 수도 있었지만 그렇게까지 하고 싶지 않았다. 그렇게 5시 30분까지 그곳에서 추위와 씨름을 하며 졸다가 첫버스를 탔다. 차라리 역에서 노숙을 했으면 춥지나 않았을 텐데……. 첫차를 타고 오면서 '더 이상 노르웨이에서 숙박은 하지 말자. 얼른 피오르드만 보고 빨리 떠나자'라고 마음을 먹었다.

노르웨이 플램 피오르드

오슬로에서 미드달로 가는 기차를 탔다. 8시 20분에 떠나는 기차를 기다리며 소시지를 넣은 빵과 15크롬짜리(3,000원) 커피를 마셨다. 그 전날 갖은 고생과 더불어 노숙까지 한 나를 위해 3,000원짜리 커피 한 잔으로 상을 주고 싶었다. 풀이 죽어 있던 몸이 커피 한 잔에 다시 생생해졌다.

기차 안에서 북유럽을 여행하고 있는 우리나라 아줌마 셋을 만났다. 연령이 40~48세인데 보아하니 다들 밝은 모습이다. 같은 직장 동료이며 해마다 스케줄을 맞추어 배낭여행을 다니는 여자들이었다. 그녀들에게 혼자 여행하는 내가 대단해 보였던 것 같았다. 그들은 7일 동안의 북유럽 여행이라 완벽하게 스케줄을 짜서 왔다. 문제는 숙소였는데 한국에서도 숙소 예약이 쉽지 않은 데다 베르겐은 아예 구하지 못해서 지인의 집에서 이틀을 숙박해야 한다고 했다. 그 말을 들으니 '한국에서도 구하지 못한 숙소를 여기서 구하려고 했던 나는 얼

마나 무모한가?' 라는 생각이 들었다.

　미드달에 내려서 산악 기차를 탔다. 산 주변을 천천히 달리는데 중간에 정차해서 포토타임을 5분씩 주기도 했다. 큰 폭포에도 잠시 세워줬는데 우리나라 살풀이할 때의 음악과 비슷한 소리가 들렸다. 머리를 풀어헤친 여자가 너풀너풀한 한복처럼 생긴 흰옷을 입고 춤을 추는 듯한 광경이었다. 혼자 보면 귀신이라 생각될 듯했다.

　프롬에 도착해서 두 시간 동안 유람선을 탔다. '노르웨이의 절경' 피오르드를 보려고 탔는데 도착할 때부터 퍼붓던 비가 멈출 생각을 안했다. 거기다 안개까지 뿌옇게 시야를 좁게 했다. 사진을 찍어도 흐릿하게 나와서 만족스럽지 못했다. 하늘에 구멍이 났는지 비가 계속 오는 데다 춥기까지 했다. 동복바지 안에 레깅스를 입고 양말까지 신었는데도 추웠다. 피오르드의 아름다움은 느껴볼 기회가 없었고, 무엇보다 들은 만큼 절경이 아니었다. 해안선이 아름답다고 했는데 내 눈에 그게 아름다운 것인지 잘 모르겠다. 거대한 빙하가 녹아 흐르면서 만들어진 피오르드. 그냥 초록 잔디 위에 알록달록 세워진 집들의 조화가 예쁠 뿐이었다. 산꼭대기에서 눈이 녹아 흐르는 폭포들이 수없이 많았다. 그러니까 절경은 아니고 백과사전에서 유럽이 나오면 늘 보던 풍경 중의 하나일 뿐이었다. 실망이 컸다.

'물가는 비싼 주제에! 잠은 노숙을 하고 맨빵 하나와 음료수 하나로 네 끼를 때웠는데…… 이틀 만에 16만 원이나 썼는데…… 누구야? 북유럽이 죽인다고 뻥친 인간들이!'

핀란드, 테볼라 와일드래플랜드 호스텔

핀란드의 북부 테볼라. 아침에 일어나 보니 환상적인 곳이었다. 커튼을 젖히니 내 방 바로 앞이 호수였다. 햇살을 받은 나무 사이로 물빛에 튕기는 아침 햇살, 어디론가 날아가는 새가 있는 파란 하늘, 그리고 신선한 아침 공기가 조화롭게 어우러져 탄성이 절로 나왔다.

'이 비경을 보려고 캠핑을 하러 오는 것이구나.'

샤워를 하러 가보니 사우나실도 별도로 있었다. 핀란드는 사우나가 많다는 이야기를 자료를 찾다가 읽은 기억이 났다. 문이 잠겨 있는 것으로 보아 투숙객이 원하면 사우나를 할 수 있는 시설인 것 같았다.

'나도 한번 해봐야지.'

텐트 옆에 어여쁜 독일 아가씨가 서 있어서 "집에 언제 가냐"고 말을 걸었더니 "내일 가요"라고 답했다. "난 은행을 가야 하는데 택시비가 너무 비싸서 그러니 가는 길에 태워달라"고 했더니 "잠시 후에 쇼핑을 가니 같이 가요"라고 수줍게 말했다. 그녀의 남자친구와 함께 은행을 찾아 나섰다. 차를 타면서 보니 집 한 채가 있는데 그게 마을 하나였다. 그러니까 집 한 채에 마을 하나가 되는 셈이었다. 부럽기도 하고, 무섭기도 하고.

현금인출기에서 얼마의 돈을 찾고 슈퍼에서 사흘간 먹을 양식을 구입했다. 우유, 빵, 삼겹살, 감자, 참치 통조림, 조리된 쌀 등을 샀다. 그 정도면 훌륭했다. 쇼핑을 마치고 숙소로 돌아와 노트북을 열었다. 4인실 숙소지만 나 혼자밖에 없으니 눈치 안 보고 볼륨을 크게 올렸다. 완전 나의 세상! 그곳에 오래 묵고 싶었다. 그곳까지 가는 길이 멀고 비싼 것만 빼면 아주 만족스러운 곳이었다.

호스텔 직원이 건네준 안내문을 읽어보니 유럽에서 유일하게 사파리를 할 수 있는 곳이었다. 어제 도착해서 만난 가족이 좋은 밤이라고 연신 말을 하더니 사파리를 하고 왔었던 것이다. 밤에 이브닝 사파리를 갔다. 처음에는 나를 포함해서 3명이라더니 막상 나가보니 6명이나 됐다. 아프리카에 가면 사파리를 할 예정이라 안 하려고 했는데 핀란드에서밖에 볼 수 없는 엘크가 궁금해서 참을 수 없었다. 자료에 의하면 엘크는 덩치가 크고 뿔이 아름답다던데 정말 그럴까 싶었다. 사파리 투어는 핀란드 시간으로 밤 9시에 출발했다. 어스름하게 해가 질 무렵에 엘크들이 움직이기 때문이었다.

사파리 투어버스를 타고 한참을 달려 처음으로 만난 것은 토끼였다. 토끼 세 마리가 오밀조밀 모여 있었다. 그 녀석들을 보고 있는데 옆에 앉아 있던 남자애가 망원경을 내게 건네주며 멀리 보라고 했다. 처음에는 어두워서 잘 보이지 않았다. 자세히 보니 길을 건너다니는 사슴 엘크가 보였다. 앞에 큰 녀석이 하나 서 있는데 덩치가 황소와 맞먹었다. 뿔이 여섯 개나 되면서 곡선으로 휘어져서 참 아름답고 탐스러워서 가져간 카메라로 사진을 찍고 싶었지만 너무 어둡고 멀어서 포기했다. 그 사슴들의 뒤 배경에는 테볼라의 호수와 파란 하늘이 보였다. 수평선과 하늘이 맞닿은 그곳에 노을이 무지개처럼 펼쳐 있었다. 엘크를 보러 온 것이었는데 테볼라의 노을에 마음을 빼앗겼다.

침대에서 눈을 뜨면 창문 밖으로 하늘을 향해 쭉 뻗은 삼나무와 잔잔한 호수가 눈에 들어왔다. 비가 촉촉하게 대지를 적시고 있었다. 혼자서 음악을 들으며 아침을 먹고, 커피를 마시고, 과자를 먹고, 홍차를 마셨다. 좋은 건지 슬픈 건지……. 한가롭고 편안하고 여유로운 데도 허전하고 외롭다는 생각이 밀려들었다. 좋은 사람과 같이 이 오두막에 있으면 천국이라 생각될 테지만 그런 사람도 곁에 없으니……. 아! 외롭다. 혼자 남으니 지독하게 외롭다는 생각이 떠나지 않았다. 결국 사람은 다른 사람과 한데 어우러져 살아야만 하는 것이었다. 한 사람씩 소중했던 사람들이 스쳐갔다. 말

없는 딸을 생각하면 그리움이 밀려오고, 곰살맞은 아들을 생각하면 웃음이 나오고, 주름 가득한 얼굴의 엄마를 생각하면 걱정이 되고, 근심 많은 친구를 생각하면 슬펐다. 하지만 그것들도 이 나이가 되고 보니 좋은 추억들로 내 빈 곳을 채웠다. 장거리 여행을 혼자 다닐 때는 한가하면 절대 안 된다는 생각이 들었다. 그래서 '앞으로는 볼거리가 있는 곳만 찾아서 바쁘게 다녀야겠다' 라고 결심했다. '여유로움은 나를 약하게 만든다.' 라는 문장을 만들고 잊지 말자고 다짐했다.

그나마 노트북마저 없었으면 더 힘들었을 것 같았다. 여행 중에 받은 음악 파일이 200여 곡이나 됐다. 그나마 그렇게 할 일 없이 여유로운 날은 노트북으로 온종일 음악을 틀어놓고 일기도 쓰고 게임도 하며 보낼 수 있었다.

그동안 캠핑장에 있던 모든 사람들이 떠나고 나만 홀로 남았다. 서울 같았으면 내 세상이라고 소리치며 엄청 행복했을 텐데 낯선 이국 땅에서 혼자 남으니 적막하고 두렵고 슬펐다. 어제 현금인출기가 있는 곳까지 데려다 준 독일 커플이 떠난 것이 아쉬웠다. 전날 저녁에 숯불을 피워 요리하며 함께 먹자고 했는데 내가 사파리를 가는 바람에 어울리지 못했다. '사실 어울려도 내 빈약한 엉터리 콩글리쉬(한국식 엉터리 영어)에 그들도 답답했겠지만 그래도 즐거운 시간을 보

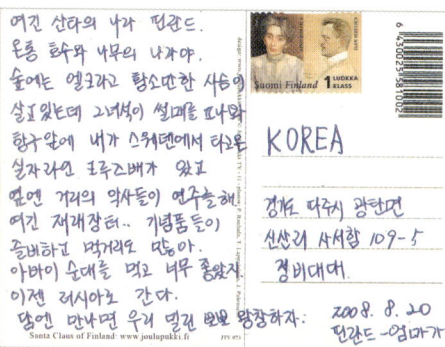

낼 수 있었을 텐데……' 라는 생각에 아쉬웠다. 나의 몸짓 반 단어 반으로 이뤄진 이야기와 그 이야기를 흥미롭게 듣고 흉내내기도 하고 쉬운 단어를 써가며 이야기해주는 배려에 유쾌한 시간을 보냈을 수도 있었다. 어린아이들이 말을 잘 못해 옹알거려도 성인들은 어린아이가 말하고자 하는 의미를 금세 알아채고 재미있어하는 것과 같은 이치였다. 무엇이든 알아듣지 못하면 내 손해라서 전자사전 대신에 가져간 핸드폰에서 영어단어를 찾아 대화를 했어도 뒤돌아서면 바로 잊어버리는 것은 어쩔 수 없었다.

핀란드 테볼라의 와일드래플랜드 호스텔 보스는 배불뚝이 영감이었다. 물론 나보다 어리겠지만 외국인들 특성은 모두 우리나라 사람들보다 많이 늙어 보인다는 사실이었다. 그래서 외국인을 만나면 그들의 자녀들의 나이를 가늠하고 역으로 부모의 나이를 셈해야 했다. 그러고 보니 중국이나 인도에서도 그랬다. 나를 30살 이상으로는 절대 보지 않았을 정도였다.

5일 동안 머무르겠다고 숙소 예약을 했는데 헬싱키로 가는 기차표를 다시 보니 하루가 차이가 났다. 배에서 머문 하루를 포함하지 않아서 스케줄이 엉킨 듯했다. 배불뚝이 영감에게 예약한 기차표를 보여주고 하루를 취소해달라고 했더니 10유로를 위약금으로 내라고 했다. 그러면 기차표를 19일에서 20일로 바꾸어 달라고 했더니 전화를 걸어 조정하거나 역에 직접 가서 하라고 했다. 덧붙이는 말로 자신이 전화로 기차를 조정하면 2유로를 내라는 것도 잊지 않았다. 알았다고 했는데 배불뚝이 영감이 예약한 기차표를 취소하고 새로 예약을 하려면 7유로를 더 내야 할 수 있다고 말했다. 어쩔 수 없이 방을 하루치 취소했다. 노르웨이에서 돈을 많이 찾은 터라 유로 대신 노르웨이 돈으로 방값을 지불하겠다고 했다. 노르웨이 환율을 우리나라랑 비교하면 7:1인데, 배불뚝이 영감이 나를 얕잡아보고 10:1로 하려는 상술을 보였다. 30%를 제 뱃속에 채워 넣으려는 의도가 확연했다. '배불뚝이 스크루지 영감! 12유로 잘 먹고 배 더 나와서 펑 터져라!'

비가 그친 틈을 타서 걸었다. 히치하이킹을 할 수 있는 적절한 장소를 탐색하기 위해서였다. 다음날 택시를 타는 것보다 경비도 아낄 겸 히치하이킹을 하는 것이 더 낭만적일 것 같았다. 버스 정류장이 있는 큰길까지 나가려면 숙소에서 10킬로미터를 걷고, 그곳에서 역까지 다시 10킬로미터를 더 걸어야 했다. 30분 정도를 걸어 숙소와의 거리를 가늠해보니 2킬로미터 정도를 걸었다. 왕복 1시간 이상을 걸었는데 지나치는 트럭 한 대만 보았을 뿐 차가 없었다. 아침 일찍이라서 더더욱 오가는 차가 없었다. 적어도 10킬로미터는 더 걸어야 히치하이킹을 할 수 있을 것 같았다. 아무리 생각해도 역까지 반나절을 할애할 시간도 없었고, 큰 배낭을 메고 걸으면 몸도 축날 것 같았다. 그래서 역까지 도보로 가는 것을 포기했다.

숙소로 돌아온 나는 스크루지 영감에게 내일 아침 택시를 불러달라고 요청했다. 스크루지 영감이 "내가 역까지 데려다 줄 테니 20유로를 줘."라고 했다. 콜택시 요금의 반값이라 무조건 "오케이!"를 외쳤다. 그래도 그렇지, 4일을 머문 여행객을 위해 숙소에서 그만한 서비스를 해줬다고 여행 후기를 올리면 홍보효과도 있었을 텐데 끝까지 상술을 부리다니 인심이 고약했다. 그 스크루지 영감, 돈 욕심에 배가 더 빨리 터질 것 같다.

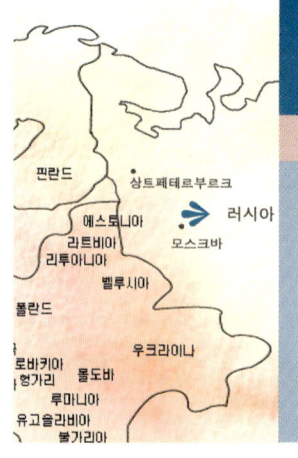

러시아
세계 최고의 미라 기술을 만나다

내가 만나 본 젊은 여행자들은 유럽을 참 좋아했다. 유럽은 대부분 선진국들이기 때문에 배울 것도, 볼거리도 많다고 생각을 하는 것이다. 그런 반면에 물가도 엄청 비쌌다. 파리의 길거리 자판기에서는 콜라 한 병이 3유로였다. 공동화장실을 사용하려 해도 1유로씩을 내야 했고 맥도날드의 화장실마저 음식을 산 영수증을 제시해야 했다. 그래서 유럽을 여행하는 동안에는 물을 안 마시려고 애를 썼다.

유럽 문화는 개인주의적 성향이 짙게 배어 있는 듯했다. 이런 문화는 나 같은 배낭여행자에게 매우 힘들게 느껴졌다.

가이드북 없이 정보만을 갖고 여행을 하는데 처음 접하는 곳에서 어떻게 길을 찾아갈 수 있을까? 현지인에게 물어보는 수밖에 없는데 유럽 쪽 사람들은 참 무뚝뚝했다. 그래서인지 내가 만난 유럽 여행객들은 철저히 가이드북에 의존해 여행을 했다. 나침반을 가지고 다니면서 지도를 찾는 사람들도 있었다. 설령 길을 못 찾아도 사람들에게 물어보는 일은 드물었다. 혹자는 그쪽 사람들의 생각에는, 길을 물어보는 것은 그 사람의 소중한 시간을 빼앗는 것이라고도 했다. 그러기에 스스로 알아서 모든 걸 준비를 하라는 것이다. 나는 여행하는 동안 서양인들과 함께 움직이지 않으리라 다짐을 했다.

유럽엔 그 어느 대륙보다도 박물관과 성당, 고성들이 많았다. 난 유럽의 박물관들을 도둑님들이라고 표현하고 싶다. 프랑스의 루브르를

시작으로 러시아의 상트페테르부르크에 이르기까지 둘러본 많은 박물관에서는 남의 나라에서 가져온 수많은 유물들을 전시하고 있었다. 관은 물론 미라에 이르기까지. 도대체 왜 남의 나라의 관과 시체까지 옮겨온 것인지? 무슨 기구한 팔자인지는 몰라도 죽어서도 태어난 땅에서 쉬지 못하고 장물이 되어버린 이집트 옛 조상들에게 심심한 조의를 표한다.

모스크바 레닌그라드역에 도착

그동안 목숨을 내놓고 다녔다는 누군가의 말부터, 마피아가 많아서 아주 위험하다는 이야기까지, 모스크바에 대한 좋지 않은 이야기를 들어온 터라 엄청 위험할 거라는 생각을 거둘 수 없었다. 역에 도착해 숙소 위치를 확인하기 위해 전화를 걸었더니 골든링 호텔 앞으로 오란다. 300루블에 택시를 타고 오면 적당하다는 말에 기사들과 흥정을 해봤지만 그 가격엔 다 고개를 돌렸다. 밖으로 나와 줄지어 서 있는 택시에 가봤는데, 그들은 1,000루블을 달란다. 그렇게 돌아서는 순간 자가용에 웬 덩치가 앉아서 쳐다보기에 지명을 이야기하고 300루블을 흔들었다. 다행히도 그와는 합의가 이루어졌다. 그는 지도책을 펴고 길을 찾기 시작했는데, 그때부터 걱정이 몰려왔다. 택시도 아닌 것이 나를 아무데로나 데려가면 어쩌나! 덩치로 보면 마피아 같기도 하고…… 그래도 얼마를 가더니 다 왔다고 차를 세웠다. 난 골든링 호텔이 어떤 거냐고 물었다. 그런데 내 말을 하나도 못 알아듣는다. 지나가는 아줌마가 우리의 대화를 듣고 건너편을 가리키기에 간신히 호텔을 찾을 수 있었다. 눈에 들어온 호텔이 얼마나 반갑던지.

숙소에 들어가 보니 방이 3개인 아파트였다. 그런데 1인실이 하루 110달러. 오픈 기념 세일을 해준다고 했으니 깎아달라고 해서 80달러로 합의를 봤다. 어디선가 숙소 가격을 50달러로 봤는데 영 찜찜했다. 모스크바 물가는 서울의 2배 정도인 것 같았다. 한참 가난한 나라로만 알고 있었는데 모스크바에 사는 사람들은 다 부자란다.

 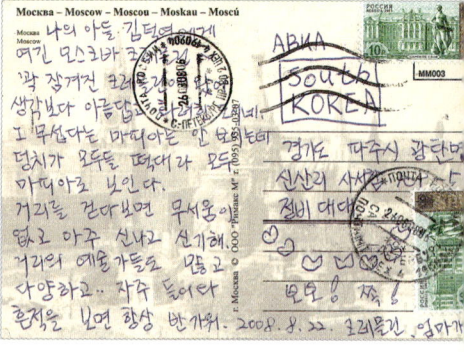

　필요한 자료들을 찾아보고 오후 늦게 길을 나섰다. 우리나라 인사동 같은 곳이 있다고 해서 찾아가는데 둥근 지붕의 금덩어리가 반짝인다. 궁금해서 한참을 걸어가 봤는데 성당이었다. 바로 옆에는 모스크바 강이 흐르고 유람선이 떠다녔다. 강가에는 금덩이를 들고 배 위에 서 있는 커다란 동상이 보였다. 어디를 가나 금덩이는 다 좋아하나 보다. 찾아간 거리에는 화가들이 제법 많았다. 어떤 화가는 순전히 페인트만 뿌려서 그림을 그리는데 정말 놀라웠다. 초상화 그려주는 화가들도, 타로 점을 보는 아줌마들도 보였다. 나는 사진을 한 장 찍고 10루블을 지불했다. 숙소에서 크레믈린까지 걸어서 가다보니 볼거리가 그득했다.

　레닌 동상은 근심이 많은 얼굴을 하고 있었다. 러시아인들 중에는 옛날 공산정권을 그리워하는 이들이 많단다. 똑같이 일하고 똑같이 분배하는 생활을 하다가 지금은 빈부격차를 느끼니 그럴 것이다. 예전엔 식구에 비례해서 집의 크기도 달랐다고 한다. 지금은 사유재산이 인정되면서 세계에서 몇째 안 가는 큰 부자들이 모스크바에 많이 산다고.

300루블을 주고 줄을 서서 크레믈린 궁에 들어갔다. 들어가 보니 옛날 왕이 쓰던 물건들을 전시한 장소 한 군데 외에는 전부 러시아 정교 성당이었다. 크레믈린 궁 안에만 성당이 몇 개인지. 궁전 내부는 탑 꼭대기까지 그림으로 채워져 있는데 전부 종교 그림이었다. 다른 나라들처럼 금과 은 등의 보석을 그림에 박아놓았다. 또한 특이하게 진주를 이용한 것도 많았다. 다니다 보니 한국인 단체 관광객들도 눈에 띄었는데 나처럼 개인 여행자는 아쉽게도 찾을 수가 없었다.

성당에서는 합창단이 화음을 맞춰 이따금씩 성가를 불렀다. 그들 앞에 CD가 놓여 있는 걸 보면 CD 판매를 목적으로 하는 것 같았다. 성당마다 관들이 많이 보이기에 뭔가 했는데 옛날 귀족들의 관이란다. 레닌의 시체도 방부처리를 해서 관람을 시킨다고 하는데 그것은 보질 못했다. 러시아의 미라 기술은 세계 최고라나……. 성당을 나와 공원으로 가니 사과나무에 가지가 부러지도록 열매가 달려있었다. 잔디밭에도 떨어진 사과가 지천이었다. 가방 하나 가득 주워서 넣고 다니며 세 개를 먹었는데 맛이 새콤했다.

상트페테르부르크 숙소 근처에 있는 에르미타주 박물관으로 갔다. 사람들이 길게 줄을 서 있었다. 나도 그 줄에 합류했는데 계속 비가 오면서 날씨가 아주 쌀쌀하다. 양말도 없이 샌들을 신고 반팔에 잠바만 입어 너무 추웠다. 세 시간 가까이 표를 사기 위해 줄을 서서 기다리자니 손가락 끝부터 마비가 왔다. 손바닥을 문지르고 꼭꼭 눌러가며 참았다. 들어가서 보니 궁전이었던 건물이라 온통 금으로 도배를 해놓았다. 샹들리에도, 장식용 공작도 엄청 큰데, 모두 금이고 사방 출입문이 모두 금으로 덮인 방도 있었다.

 금테를 두른 액자 앞에 사람이 많기에 다가갔더니 레오나르도 다빈치의 그림이었다. 라파엘로, 렘브란트의 그림도 다수 전시되어 있었는데 역시 사람이 많이 몰려 있었다. 지하실엔 이집트에서 가져온 관이며 미라가 있는데, 덕분에 습도 조절에 상당히 신경을 쓰고 있단다. 줄을 서 있던 시간만 3시간이라서 남은 관람시간에 맞추다 보니 뛰어다니며 대충 볼 수밖에 없었다.

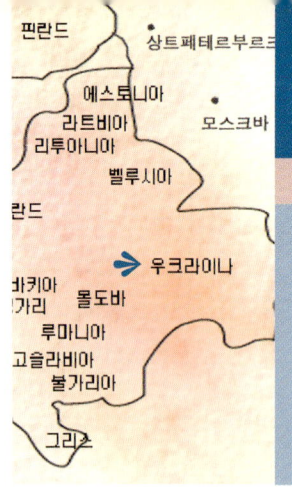

우크라이나
기차에서도 뇌물을
바쳐야 한다

　여행 중에 가장 긴장될 때는 국경을 넘을 때였고 가장 큰 숙제는 언제나 숙소나 길을 찾을 때였다. 낯선 거리를 헤매다 보니 늘 누군가에게 물어서 가야 했다. 내가 낯선 곳이나 사용하는 언어를 모르는 건 당연하다고, 나 자신을 위로해야 했다. 그래도 늘 긴장이 됐다. 목적지를 지나칠까 신경을 써야 했고 계획대로 방문지를 찾아 헤매야 했다. 물론 목적지에 도착하면 뿌듯했다. 낯선 거리를 헤매는 것에 대해 스트레스를 받는다면 여행하기 어렵다. 난 여행 체질인 듯했다. 그런 것들에 대해 스트레스를 받지 않았으니까.

　발트삼국(에스토니아, 라트비아, 리투아니아)에 마음이 끌렸는데 정보를 찾아보니 국제기차나 국제버스에서 뇌물을 요구해 당황했다는 글이 많았다. 그런 비리를 맞닥뜨리는 것이 싫어서 우크라이나로 정했는데, 우크라이나도 발트삼국과 매한가지였다. 동유럽권 국가들 가운데 몇몇 나라는 여행객을 상대로 한 비리가 여전했다.
　러시아 모스크바에서 우크라이나 키예프로 가는 침대가 있는 기차를 탔다. 기차에 오르니 내 좌석에 러시아 할아버지가 앉아 있었다. 나를 보더니 친절하려고 무척 애를 썼다. '러시아 말로 친절하게 대해주면 뭐하냐고? 내가 못 알아듣는데…….' 침대에 누워 있으면 이불을 여며주고 잠자는 아이를 달래듯이 토닥였다. 일어나서 앉아 있으니 술을 담은 병에서 작은 컵에 술을 따라서는 나더러 한잔하자고 했다. 내가 기차 안에서 낯선 이방인이 주는 술을 뭘 믿고 마신단 말인가. 건넨 손이 무안하지 않게 콜라를 먹겠다고 하며 웃어줬다.

어느새 기차는 러시아를 지나고 우크라이나에 들어섰다. 우크라이나에 기차가 정착하자 출입국 직원이 여권 검사를 하러 기차에 올라탔다. 나와 러시아 할아버지가 있는 침대칸으로 오더니 러시아 말로 뭐라고 물어보았다. 우크라이나는 구소련에서 독립한 후에도 러시아어를 사용하고 있었다. 러시아어를 모르는 나는 그들에게 주섬주섬 갖고 있는 것들을 다 보여 주었다. 그런데도 그들은 떠날 줄 몰랐다. 내가 계속 그들의 말을 알아듣지 못하니 저들도 답답했는지 기차에서 내려 다른 직원 두 명을 더 데려왔다. 셋이서 내 여권을 앞뒤로 뒤집으며 살피고 나를 한번 흘깃 보고, 그것을 번갈아 몇 번 반복하더니 마침내 나를 향해 가방을 챙겨서 내리라고 몸짓을 했다. 갑자기 불안했다. 무비자 나라에서 나 같은 배낭여행객에게 시비를 걸 일이 뭐가 있다고 기차에서 내리라고 한단 말인가. 우선 작은 가방을 손에 들었더니 우크라이나 출입국 직원들이 큰 배낭을 들었다. 그들은 기차 승무원에게 내 승차표를 건네받는 일도 잊지 않았다.

사무실로 나를 데려간 그들은 내게 소파에 앉으라고 손짓을 했다. 러시아어는 아예 모르니 저들끼리 주고받는 대화가 신경 쓰이고 타고 가던 기차에서 혼자 끌려온 듯해서 마음이 급했다. 러시아 말을 통역해 줄 수 있는 사람이 필요할 것 같아 미리 예약한 키예프 한인 민박집 주인에게 전화를 걸어야겠다는 생각이 들었다. 그래서 노트북을 켜서 전화번호를 적은 파일을 뒤지려고 하는데, 출입국 직원이 다시 나가자고 했다. 아무것도 모르는 이방인을 데리고 장난하는 것도 아니고, 따지고 싶었지만 내가 어떻게 할 방법은 없었다. 순순히 그를 따라 밖으로 나갔다. 벤치에 앉아 있으니 잠시 후, 영어를 하는 여직원이 다가왔다.

"어디로 가느냐?", "우크라이나에 얼마나 머물 것이냐?" 등등의 취조 아닌 취조를 당하면서 나는 심문받는 죄인처럼 "이틀 머물고 폴란드로 갈 거야."라고 답해주었다. 그랬더니 "노 프라브럼"이라고 여직원이 말했다. 그러고는 다시 기차에 데려다 주었다.

여하간 내가 그들에게 심문을 받는 동안 기차는 출발하지 못했다. 그들에게 짐을 건네받아 다시 내 침대칸으로 갔다. 그새 차장이 내가 사용하던 침구를 치웠다. '동작도 빨라요.' 다시 내 침대에 앉았지만 여전히 두려웠던 가슴은 두근거리고 기분은 영 좋지 않았다. 옆 침대칸 러시아 꼬마가 놀자고 자꾸 내게 오는데 놀아줄 기분이 안 나서 밀어냈다. 우크라이나 출입국까지 기차를 타고 오는 동안 내가 먼저 장난을 쳐서 알게 된 꼬마였는데 나도 참 간사하다는 생각이 들었다.

나중에 우크라이나로 유학 온 학생에게서 "모스크바에서 오는 기차를 타고 온 여행객이 출입국 직원에게 걸리면 대부분 뇌물로 50달러나 100달러를 줘요."라는 말을 들었다. 난 러시아어를 전혀 몰라서 그들의 의도를 알아채지 못했다. 설령 알아챘더라도 그런 상황이 공공연하게 자행되는 나라인 줄 알았다면 여행지로 선정하지도 않았을 것이다.

페체르스카 대수도원

키예프에서 처음으로 찾아간 곳이 페체르스카 대수도원인데 전철에서 내려 한참을 걸었다. 공원을 지나니 양파머리에 금도금을 한 지붕들이 보였다. 수도원 건물이었다. 1051년 동굴을 파서 수도생활을 시작한 것이 시초라는데 엄청 컸다. 그곳에는 박물관도 여러 개, 전시

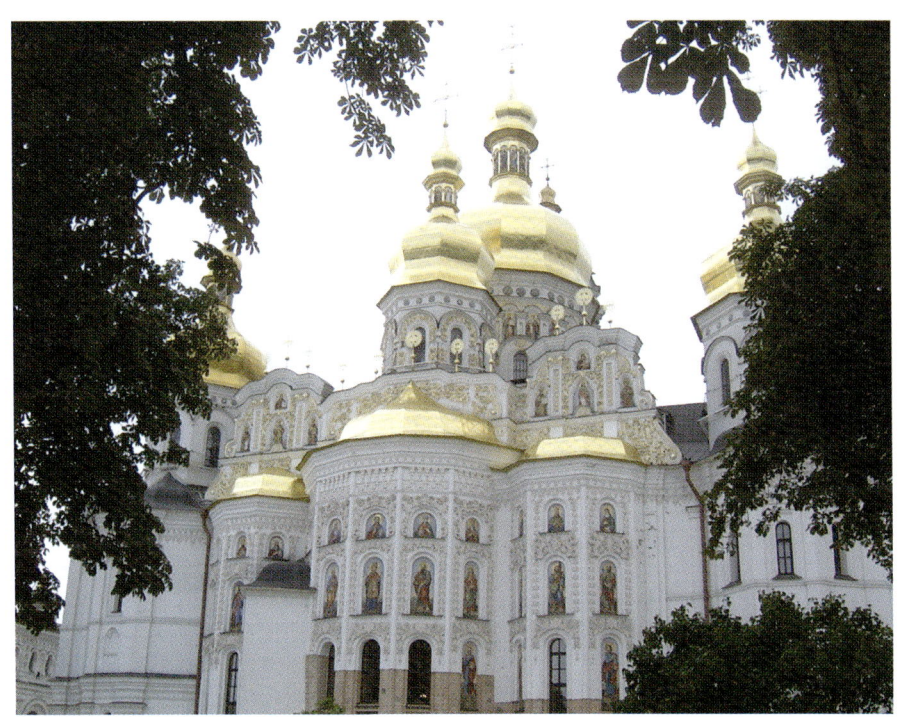

실과 기념품 상품도 있었다. 니콜라이 샤도리스타가 만든 극소예술 미니어처 작품관도 보였다. 좁쌀보다도 작은 크기의 초상화도, 책, 악보도 전시되어 있었다. 신기했다. 어떻게 저리 작은 걸 만들었을까?

한 성당에 들어가니 결혼식이 진행 중이었다. 신부님이 예배를 드리는데 좌우에 신랑신부의 부모가 예수님상과 마리아상을 들고 서 있었다. 신랑신부는 촛불을 하나씩 들고 서 있었다. 그 뒤엔 들러리 남녀 아이가, 20여 명의 하객들은 꽃다발을 들고 결혼을 축하해주고 있었다. 예배가 끝나자 하객들은 신부에게 꽃다발을 전해주면서 즐거워했다. 참 좋아보였다. 얼굴도 못 본 사람의 결혼식에 가서 돈만 내고 떠들고 먹다가 나오는 우리의 결혼식과는 달라보였다. 성당을 나와 공원으로 가니 거기서도 웨딩 촬영 중, 나도 한 컷을 찍으려고 카메라를 드니 신랑신부가 웃으며 포즈를 취해주었다.

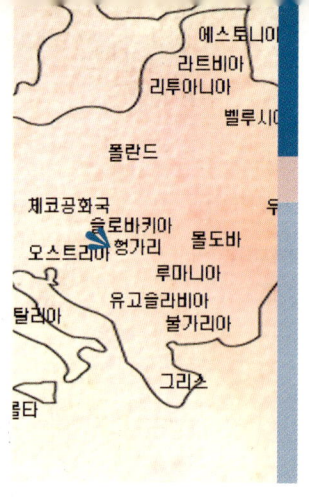

헝가리
출입국의 어리버리 직원

　10월 9일, 헝가리 부다페스트를 거쳐 루마니아로 향하며 국경을 넘을 때였다. 출입국 직원이 여권번호를 적고 스탬프를 찍어줬다. 여권을 돌려받고 도장을 보니 10월 18일이라 찍혀 있었다. 어제가 10월 8일이니 오늘은 분명 10월 9일이 맞는데, 출입국 직원이 8일을 9일로 돌리지 않고 도장 십 자리에 있는 숫자를 돌렸던 것이다. 아무리 생각해봐도 18일 전에 출국을 하게 되면 문제가 될 듯했다. 염려가 되어 기차 밖으로 가보니 다른 직원들이 서 있었다. 한 남자에게 여권에 찍힌 도장 날짜를 보여주니 따라오라고 했다.

　사무실 입구에 도착했더니 나를 그곳으로 안내한 직원이 내게 도장을 찍어준 직원의 멱살을 잡고 안으로 끌고 가며 고함을 쳤다. 그리고 당황한 내게 잠깐 기다리라고 했다. 기다리는 동안 내 옆에서 키가 큰 남자 직원이 해바라기 씨를 까먹고 있기에 내가 무얼 먹느냐고 손짓으로 물어봤다. 그랬더니 그 직원이 자신의 바지 주머니에서 해바라기 씨 한 줌을 꺼내줬다. 그걸 까먹으면서 한참을 기다리니 도장을 찍어준 직원이 내 여권을 다시 돌려줬다. 받아서 펼쳐보니 그 전날인 '10월 8일'로 찍혀 있었다. 점입가경이었다. 다시 항의할까도 생각해봤지만 아무리 생각해도 도장을 찍어준 직원이 또 멱살을 잡히고 욕을 먹을 것 같아 그냥 기차로 돌아왔다.

　'이걸 어떻게 해야 하나?' 별일이 생기지 않으면 다행이지만 하필

헝가리 출국 도장을 찍은 옆 칸에 잘못된 날짜가 찍혀 있으니 더더욱 걱정이 됐다. 더군다나 기차표에도 날짜가 적혀 있지 않았다. 기차표에 날짜라도 찍어서 유사시에 증거로 보여 주려고 승무원에게 도장을 찍어 달라고 하니 도장이 없다며 기차표에 뒷장에 달랑 날짜만 기입해 준다. 별일 없기만을 바랐다.

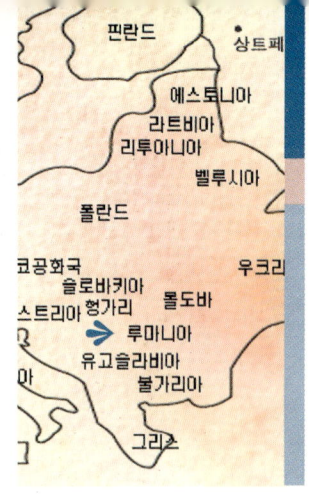

루마니아

유스호스텔은 루마니아가 제일 좋다!

헝가리에서 루마니아로 넘어왔다. 야간 기차였으면 하루 더 돌아다닐 수 있었을 텐데, 아침 기차라 시간이 없었다. 짧은 삼일의 여정에 아쉬움이 남는 헝가리였다.

플랫폼을 찾아보니 9번으로 표시되어 있기에 기다리니 기차가 도착해 승객들이 내린다.

그 중 한국 사람에게(이젠 척보면 안다) 루마니아에서 오느냐고 물으니 체코의 프라하에서 온단다. 뭐야? 이 양반들이 기차 하나로 유럽 전체를 돌리나? 프라하에서 밤새 온 기차를 정비와 청소도 없이 바로 루마니아로 보내다니.

기차에 들어서니 지저분했다. 그래도 청소원 두 명이 쓰레기를 치우고 있었다. 어떤 커플이 티켓을 들고 좌석을 찾고 있었다. 좌석번호가 정해져 있냐고 물어보니 그렇단다. 표를 끊을 때, 시간도 등급도 묻지 않아 몰랐는데 이를 어쩌나! 좌석들은 대부분 비어 있었는데 어디에 앉아야 할지 몰랐다. 안 좋아 보이는 이등석으로 갔다. 헝가리 여자분이 아무데나 앉아도 된다고 해 편히 내 자리를 만들었다. 거기서 근사하게 아침에 준비한 빵과 커피를 먹었다. 승무원이 오더니 나보고 이 자리가 아니니 다른 칸으로 가란다. 하는 수 없이 배낭을 둘러메고 다음 칸으로 갔다. 귀찮아서 끝칸까지 가려다가 생각하니 너무 멀었다. 대충 빈 룸으로 들어갔는데 참 편안해 보이는 좌석이 있었

　다. 또 승무원이 나타나 여긴 일등석이란다. 칸을 또 옮겼다. 그리고 이번에는 내가 먼저 승무원에게 물어보았다. 승무원이 그제야 웃으며 '오케이'라고 했다.

　헝가리와 루마니아로 가는 기차는 등급별로 의자에 차이가 있나 보다. 내가 예약한 2등석은 의자가 작아 불편해보이긴 했어도 네 개가 붙어 있어 눕기에는 그만이었다. 사람도 없어 문을 잠그고 커튼을 치니 넓은 독실이 되었다. 혼자 있으니 1등석 침대칸보다도 더 나은 듯 싶었다. 그동안에도 몇번 국경을 넘는 기차를 탔는데 전체 좌석의 20% 정도만 승객이 차지했었다. 그 생각을 하며 다른 세 개의 좌석이 비기를 바라며 잠을 청했다. 승무원이 잠긴 문을 열쇠로 열고 들어와서 '오케이'를 외치며 지나갔다. 다음 역인 '시기쇼아라'까지 10시간 동안은 편안하게 갈 수 있었다.

　얼마 지나지 않아 두 번째 검표원이 와서는 내게 또 다른 표를 달라고 했다. 이해를 하지 못해 내가 당황하고 있는 동안 그는 객실에서 나가더니 첫 번째 검사했던 승무원을 데리고 왔다. 그 승무원이 말하기를 이 기차는 예약을 해야 하는 기차이므로 2유로를 더 내라고 했다. 이틀 전에 표를 샀는데 그건 예약이 아니란 말인가? 돈이 없다고 말하니 루마니아 돈이나 유로화도 된단다. 나는 오직 카드밖에 없다고 우겼다. 이쁜 여자 검표원이 알았다고 그냥 나간다. 난 아무런 잘못이 없어요!!

그래도 유스호스텔은 아마도 루마니아가 최고일 듯싶다. 물가를 따져보자면 10유로의 숙박비가 저렴한 건 아니었지만 모든 서비스가 무료였다. 낡은 집을 운치 있게 치장해놓았는데, 상냥하게 웃어가며 손님을 대하는 스텝들도 예뻤고, 제공하는 아침도 훌륭했다. 그동안 밀렸던 빨래도 여기서 했다. 헝가리에서는 5유로를 내라고 했고, 한국 민박들은 3유로를 받았다. 폴란드에서는 무료였는데 대기하다 지쳐서 포기했었다.

루마니아에 내리는 첫 순간부터 참으로 가난한 나라라는 인상을 받았다. 사람들은 참 순박하고 친절하고 정겨웠다. 여행객들도 많지 않았는데, 특히 동양인들은 더 적었던 것 같다.

루마니아인들은 골초에 애주가들이었다. 기차 안에서는 화장실을 가는데 한 손에 보드카를 든 녀석이 따라온 적이 있었다. 내가 안에 있음에도 불구하고 화장실 문을 밀어서 무척이나 놀랐다. 내 어깨를 툭 치면서 담배를 달라는 시늉을 했는데, 나는 서둘러 룸 안으로 들어와 문을 잠갔다.

시기쇼아라는 중세의 건물들이 보존되어 있는 대표적인 도시였다. 성에 올라가 보았는데 2유로를 받는다. 입장료가 2유로라니 귀엽다는 생각이 들었다. 시기쇼아라에서 가장 높은 탑을 가지고 있는 성이었는데, 꼭대기까지 올라가니 마을이 한눈에 들어왔다. 나무로 이어진 계단을 따라갔더니 교회가 나왔다. 교회 입장료도 1달러를 따로 받았는데 일본 안내 책자만 있다고 하니 미안해하며 영어 안내서를

챙겨준다. 다른 여행객의 글을 읽어 보아도 루마니아인들은 집에서 숙식을 무료로 제공해줄 정도로 인심이 아주 후하다고 씌어 있었다. 서유럽보다는 가난하지만 더 정겹고 인간적인 게 동유럽이라는 생각이 들었다.

 교회를 내려오는데 사과와 호두를 펼쳐놓고 파는 할머니가 보였다. 한 대접에 1달러씩 하는 호두를 사들고 오는데 기분이 아주 좋았다. 하지만 역시 그곳은 관광지였다. 숙소 근처로 오니 한 됫박의 호두가 1달러, 너무 신나 또 샀다. 사고 보니 양이 너무 많았다. 꼬마 셋이 인사를 하기에 호두를 한 줌씩 나누어 줬다. 모두들 좋아했다. 숙소로 와서 옆 침대 아가씨에게도 나누어주고 꽉꽉 깨서 먹으니 흠~ 굿! 암만 생각해봐도 동유럽은 좋은 곳이라는 생각이 절로 들었다.

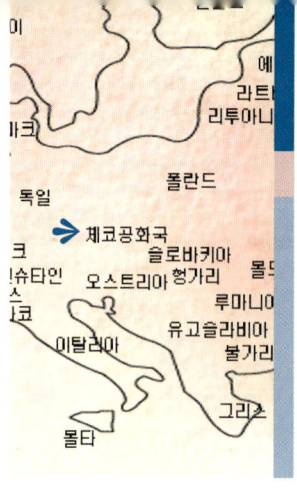

체코
'프라하의 연인' 역시 멋지다

한국과 체코의 프라하는 7시간의 시차가 난다. 그런데 나와 여행을 같이 하겠다며 체코 프라하로 주자언니가 왔다. 주자언니는 다정하고 상냥한 데다 아직도 소녀의 맘을 가졌다. 오래 전 송추에 있는 도자기 굽는 곳에서 만난 분으로 나보다 두 살 위였다. TV에서 체코 프라하가 나오는 프로그램을 보다가 모스크바에 있는 내게 전화를 했다. "나 프라하에 가고 싶어!"라고 하더니 내 일정에 맞춰 날아왔다. 거의 한 달 동안 나와 함께 여행을 했다. 너무 달뜬 나머지 나는 그 순간을 손꼽아 기다려 왔었다.

문화의 도시라는 프라하는 TV에서 본 드라마 〈프라하의 연인〉 때문인지 뭔가 낭만적일 거라는 기대를 하고 있었다. 구시가 광장에 있는 구시청사에는 1437년에 만들어졌다는 천문 시계가 있었다. 정시가 되면 시계 위에 있는 창문이 열리고 그 안에 있는 예수님의 12제자 상이 차례로 지나간다. 그러면서 종이 울려 퍼졌다. 광장에는 웨딩 촬영을 하는 커플, 마차를 타고 주변 구경을 하는 사람들, 단체연수를 온 한국 아저씨 등 인파도 엄청난데 제각각이다.

광장 근처에 우리나라 한강만큼도 안 되는 블타바 강이 보이는데 물이 탁하고 폭도 좁다.

아름다운 조각상이 다리를 장식하고 있는 카를교 다리를 건너니 언덕 위에 큰 성당이 보여서 길을 따라 올라갔다. 뾰족한 탑을 따라가니

엄청 큰 성당이 나왔다. 언니는 검정색의 돌로 지은 성당이라고 생각하는데, 내가 보기에는 오래된 성당이라 때가 탄 듯 보였다. 한쪽에서는 청소와 보수를 하느라 바빴는데 청소를 마친 곳은 흰색의 돌이 보였기 때문이다. 탑 높이가 100미터나 된다는 성 바투스 성당은 길이가 124미터란다. 참 크기도 하다. 성당에서 바라본 프라하의 전경은 역시 소리가 나올 만큼 장관이었다. 쌍둥이 첨탑이 있는 틴교회를 거쳐 황금소로에 들어서니 성에서 일하던 하인들의 숙소였다는 작은 집들이 갤러리나 상점으로 꾸며져 있었다. 오백 년 전의 흔적을 고스란히 갖고 있는 프라하는 타임머신을 타고 있는 듯 생각되었다. 멋진 곳 프라하~!

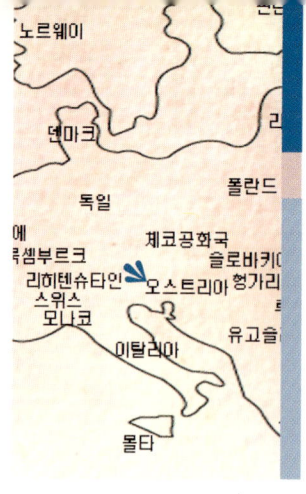

오스트리아
유럽에서 샤워하는 법

주자언니가 오기 전에 그녀에게 겁을 단단히 주었다. "유럽은 물가가 비싸니까 식당은 절대로 안 갈 거야, 딱딱한 바게트 빵만 먹을지도 모르고 음료수도 맘대로 마시지 못할지도 몰라. 그러니까 각오 단단히 하고 와."라고 했었다.

오늘은 일요일이다. 한국은 추석이겠다. 송편이 그리웠다. 샤워를 마치고 방으로 온 언니가 하수구가 없어서 욕실 바닥이 더럽다고 투덜댔다. 욕실 바닥이 지저분해서 샤워할 때 커튼을 밖으로 하고, 샤워 후에는 바닥에 물을 뿌리고 청소를 했단다. 대부분 외국의 욕실 바닥에는 하수구가 없고 욕조에는 샤워 커튼이 있다. 그렇기 때문에 외국에서는 샤워 커튼을 욕조 안쪽으로 하지 않으면 바닥에 물이 고여 곤욕을 치를 수밖에 없다.

미리 언니에게 욕조 안으로 샤워 커튼을 하고 샤워를 하라고 말해 줬어야 했는데 생각을 하지 못했다. 언니의 이야기를 듣고 '조금 있다 치우자'라고 생각했는데 깜빡 잊어버렸다. 그것 때문에 숙소가 뒤집어졌다. 총각들이 욕실에서 물을 퍼내고 있었다. 인터넷 무선수신이 약해서 노트북을 들고 1층으로 내려오는 나를 향해 "누가 그랬어요?"라고 물었다. 아차 싶어서 얼른 수건을 들고 쫓아가 같이 걸레질을 했다. "미안해요"라고 말을 하니 마음이 통했는지 "노 프라브럼!"이라고 한다.

오후부터 비가 내리기 시작하더니 날씨가 많이 쌀쌀했다. 일찍 일어나 언니와 아침을 챙겨먹고 짐을 쌌다. 남은 밥은 데워서 통에 담고 감자와 소시지를 조림하고 오이는 고추장과 같이 무치고 남은 감자와 계란은 삶았다. 밤기차를 타고 스위스로 가야 했다.

짐을 챙기고 나서 주자언니와 토스트와 주스를 먹고 있는데 숙소 주인이 벨을 눌렀다. 역까지 차로 데려다주겠다는 것이다. 기분이 좋았다. 역에 도착하니 오전 11시, 밤 9시 기차라 가방을 로커에 넣으려고 보니 고장이다. 그렇다고 종일 메고 다닐 수도 없고, 오스트리아는 유럽의 부유한 나라이고 또 이곳은 번잡한 관광지가 아니라서 좀도둑은 없으리라 생각하며, 큰 짐은 고장난 로커에 넣어두고 작은 가방만 메고 거리로 나섰다.

바트이슐은 작은 도시라 잠깐 걸으니 한 바퀴를 돌 수 있었다. 거리와 작은 상점들을 구경했다. 산에서 내려오는 깨끗한 개천 위로 철제 다리가 놓여 있었는데, 산과 집과 꽃 그리고 다리의 조화가 보기 좋았다. 앉아서 물안개를 바라보며 사진을 찍었다.

케이크를 파는 레스토랑에 들어가 케이크와 토스트, 커피 한 잔을 시켰는데 비쌌지만 분위기는 아주 좋았다. 빵을 먹고 있으니 4중주 연주단이 들어왔다. 피아노와 바이올린의 합주가 정말 낭만적이었다. 이들의 삶이 참으로 여유롭게 다가왔다.

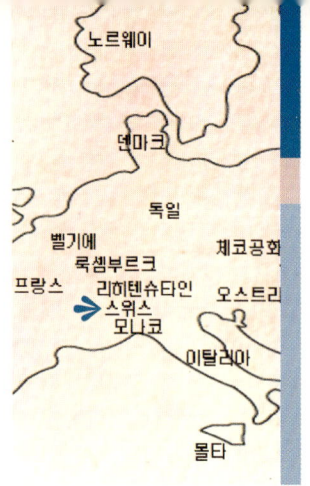

스위스
산 정상에서 먹는 컵라면의 맛

스위스에서 알프스 융프라우요흐를 가려고 일찍 일어났다. 밖에 나갔더니 부슬부슬 비가 내리고 있었다. 바지 안에 레깅스를 입고, 내피를 넣은 점퍼도 입었다. 완전 무장해야 할 정도로 쌀쌀했다.

언니가 "한 시간에 한 번 있는 버스를 언제 기다려? 그러지 말고 산책삼아 걸어서 가자"라고 했다. 호수를 따라 걷는 길이라 길을 잃어버릴 것 같지 않아서 걸었다. 30여 분을 걸으니 버스가 지나갔지만 인터라켄 기차역까지 한 시간을 걸었다. 건강이 좋지 못한 언니가 다리가 아플 텐데도 내색 없이 잘 걷는다.

융프라우의 기차표는 160프랑이었는데 한국에서는 90프랑 정도에 살 수 있단다. 유레일패스는 25% 할인, 한국인을 위한 특별 할인권이 있으면 30% 할인에 컵라면까지 준단다. 할인권을 인터넷으로 다운받았지만 출력을 할 곳이 없어서 결국 사용할 수 없었다. 혹시나 싶어 한국인들에게 남는 할인권이 있느냐고 물어보니, 그 중 한 명이 자신에게 두 장이 있다고 하나를 줬다. 그런데 이 사람, 날이 안 좋아서 다른 곳으로 갈까 고민하고 있다기에 마저 한 장을 달라고 했다. 동행한 주자언니 것도 필요했는데 기회였다. 우린 그렇게 할인을 받아 130프랑에 표를 끊고 기차에 탔다.

융프라우는 4,158미터의 산으로, 3,400미터에 위치한 유럽에서 가장 높은 지대의 역이 있었다. 우린 몇 개의 역을 거치는 동안 매번 내

려서 동네를 구경하고 케이블카도 탔다. 그렇게 마지막으로 도착한 역이 융프라우였다. 고지대에 위치한 역이라 고산증이 찾아왔다. 조금 뛰면 숨이 차고 걸으면 어지러웠다. 우리는 일단 레스토랑에 들어가 라면 쿠폰을 내고 컵라면 두 개를 받아 맛있게 먹었다. 우리나라 사람이라면 산 정상에서 특히나 추운 날에 먹는 뜨끈한 컵라면의 맛은 말하지 않아도 알 것이다. 옆자리엔 일본인과 함께 온 우리나라 젊은이가 하나뿐인 컵라면을 같이 먹기 위해 젓가락을 하나 더 달라고 했다가 1.2프랑이라는 말을 듣고 기겁을 하고 와서 라면만 쳐다보고 있었다. 그에게 내 포크를 빌려 주었다. 젓가락 하나에 1,200원이라니!!! 경악할 노릇이었다.

  라면을 먹은 후 밖으로 나가니 아래로는 구름이 바다를 이루고 위로는 설산이 어여쁘다. 어느 커플이 모자와 선글라스를 씌워 눈사람을 만들어놓았기에 우리는 함께 사진을 찍었다. 두통약을 먹었는데도 언니는 계속 머리가 아프다며 힘들어했다. 우리는 힘들게 얼음동굴에 들어갔다. 얼음색이 선명했다. 거기서 우린 엽서를 써서 우체통에 넣고 인터라켄으로 돌아오는 기차를 탔다. 기차를 타자마자 정신없이 잔 것 같다.

  다음날 야간 기차를 타고 이탈리아로 가려는 일정을 잡았는데, 남는 시간은 베른 시내를 구경하려고 우선은 베른행 기차를 탔다. 역에 도착해서 일단 무거운 가방은 로커에 넣었다. 11프랑 남았었는데 6프랑을 로커에 넣으니 달랑 5프랑 남는다. 안내센터에서 지도를 하나 챙겨 베른 시내 구경에 나섰다. 역시 3,4백 년 된 건물과 성당들이 먼저 눈에 들어왔다. 오메가, 로렉스 시계 상점들도 보였다. 기대와는 달리 다른 유럽의 도시와 차별되는 구경거리가 없었다. 남은 5프랑으로 맥도날드에서 커피와 햄버거를 하나 사고 돌아서야 했다. 해가 잠깐씩만 나와 그렇지 않아도 쌀쌀한데 거기다 강가라 바람도 가끔 불었다.

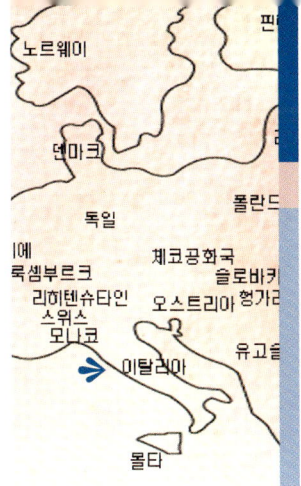

이탈리아
유레일패스로 배 타기

베네치아로 가는 배를 탔을 때는 많은 사람들이 선실바닥에서 침낭을 깔고 잤다. 아들과 아버지로 보이는 어느 여행객들은 승선하자마자 각자의 텐트를 능숙하게 쳤다. 선탠용 의자 위에 침낭을 깔고 자는 사람도 보였다. 언니와 나도 선실의 빈 공간에 침낭을 깔아 공간을 확보했다. 빵을 뜯어먹고 있는데 스텝이 와서 말을 건네자,

"방 줘! 방 줘!"

언니는 계속 그 스텝에게 한국어로 방을 달라고 말했지만 알아듣지 못하는 스텝은 제 갈 길을 갔다. 나는 둘째 치고 언니가 걱정이 돼서 방을 알아봤는데 만원이었다. 할 수 없이 의자에 있는 쿠션을 가져다 바닥에 깔고 이불을 덮었다. 선실 안이 훈훈해서인지 와인을 마셔서인지 너무 더워서 이불을 안 덮고 잤다. 그래도 춥지 않았다.

나폴리를 거쳐 폼페이 유적지와 로마의 유명한 유적지들, 콜로세움과 트레비 분수, 그리고 바티칸 등을 언니와 일 주일이 넘게 돌아보았다. 지친 우리는 로마의 테르미니역에서 기차를 타고 3시간을 달려 안코나역에 도착했다. 우리나라로 치면 속초쯤 되는 곳이다. 오후 1시 30분에 출발해서 다음날 11시 30분에 그리스 파트라에 도착하는 배를 탔다. 성수기라 할증료 10유로가 붙은 도미토리 방을 내줬다. 8월에는 20유로가 붙고 10월부터는 할증요금이 없다. 그러면 17유로

에 이용이 가능한 것 같았다. 우리가 갖고 있는 1등급 유레일패스 탓에 도미토리 방을 준 것이다.

갑판 위로 올라가보니 늘어선 의자들 여기저기에 던져놓은 침낭이 보였다. 2등급 유레일 패스를 가진 사람, 패스 없이 55유로만 내는 배표를 산 사람들의 것이었다. 비싼 돈을 주고 유레일패스를 산 값어치가 있었다. 유레일패스는 생각지도 못한 곳에서 다양하게 편익을 제공해줬다. 언니는 이런 배는 처음 타봤다며 재미어했다.

파트라 선착장에 도착해서 기차를 탔다. 그리스의 아테네에서 내려 전철을 갈아타고 숙소에 도착하니 저녁 6시였다. '역시 이동은 힘들어~~' 그래도 언니가 잘 견뎠다. "괜찮아,언니?"라고 물었더니 "나도 역마살이 있나봐."라고 말해줬다.

옆의 사진들.
맨 위는 베네치아, 가운데 왼쪽은 로마의 원형극장 콜로세움 내부, 그 옆은 트레비 분수, 아래 사진은 폼페이 유적지의 석고상, 베수비오 화산의 폭발로 생긴 희생자의 흔적.

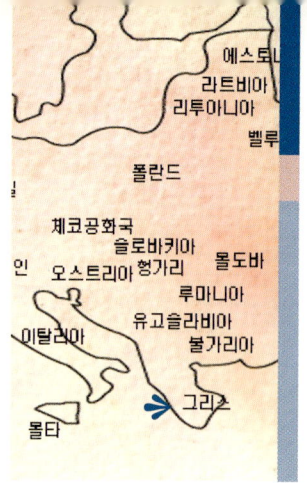

그리스
짧은 영어 탓에 소설가가 되다

아테네 탐방에 나섰다. 그리스 영감님들! 엄청 친절했다. "도와줄까요?"라며 다가와서는 종일 떠들었다. 고맙기도 했지만 한편으로는 지루하기도 했다. 아직까지 이유를 모르겠지만 지나치게 친절했다. 예쁜 주자언니 때문이었을 것이라고 생각했다.

언니는 "그리스 영감님들이 심심해서 말상대를 찾고 있나봐"라며 소설을 썼다. 여행을 하다 보면 말이 통하지 않으니까(특히 언니나 나 같은 사람들) 상대방의 말을 자신이 좋을 대로 해석하기 마련이었다. 상대방의 표정과 행동만으로 나 편한 대로 해석하는 것을 나는 '소설 쓴다' 라고 했다. 언니도 여행한 지 며칠 안 돼서부터 소설을 쓰기 시작하더니 아테네에서는 빛을 발했다. 먼저 소설을 쓰기도 하며 "난 그리스 말도 다 알아."라며 자랑을 했다.

시다그마 광장에 맥도날드가 있어서 햄버거와 샐러드를 먹었다. 그곳에는 관광용 기차가 서 있었다. 언니가 그 기차를 타보고 싶어 하는 눈치라서 가격을 물었더니 7유로였다. 놀란 언니가 내 팔을 잡아 끌었다. 언니가 여행 보름 만에 배낭여행에 완전히 물들었다.

2. 아시아 · 유럽 여행   173

3

중동 · 아프리카 · 아메리카 여행

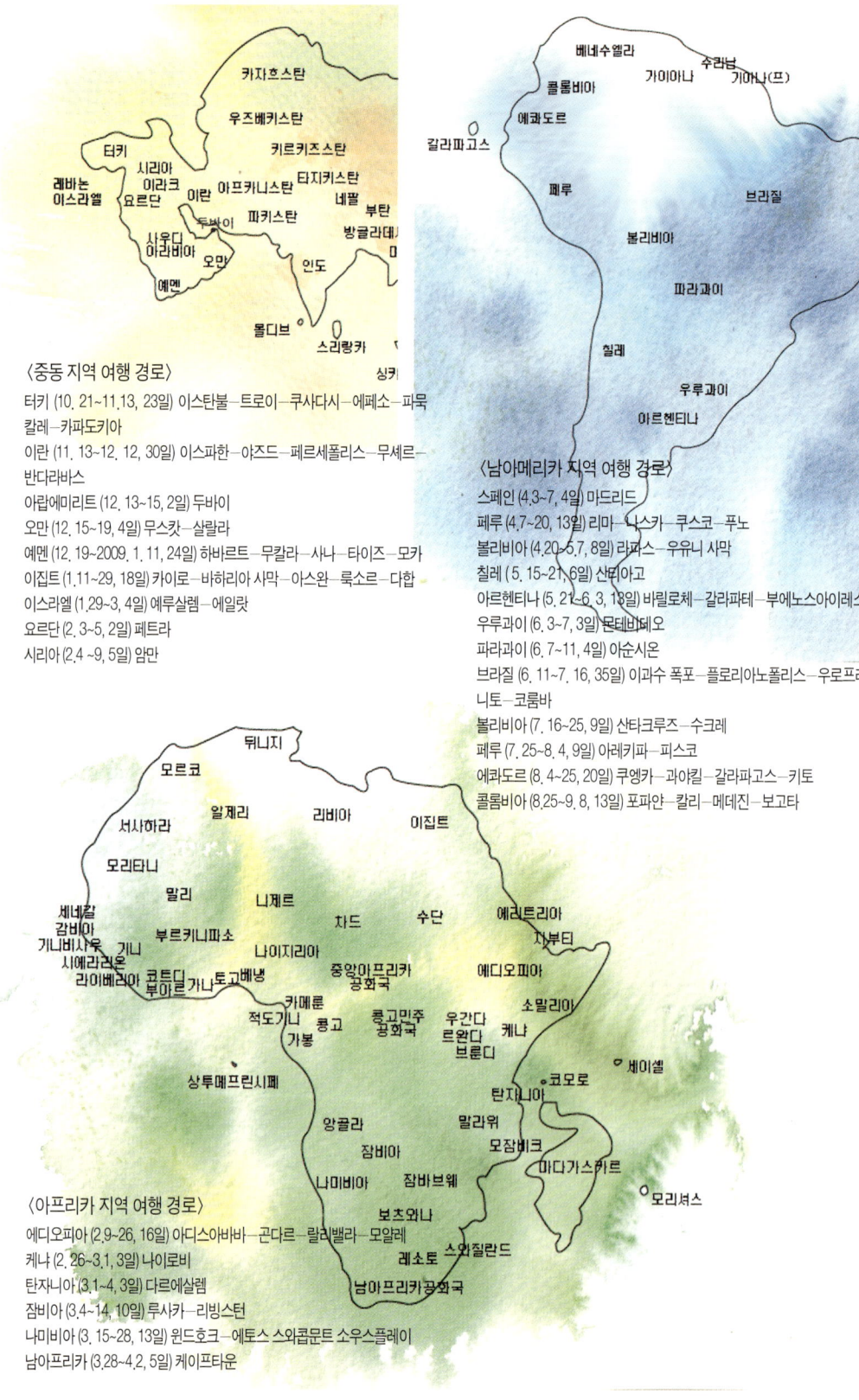

〈중동 지역 여행 경로〉
터키 (10. 21~11.13, 23일) 이스탄불—트로이—쿠사다시—에페소—파묵칼레—카파도키아
이란 (11. 13~12. 12, 30일) 이스파한—아즈드—페르세폴리스—무셰르—반다라바스
아랍에미리트 (12. 13~15, 2일) 두바이
오만 (12. 15~19, 4일) 무스캇—살랄라
예멘 (12. 19~2009. 1. 11, 24일) 하바르트—무칼라—사나—타이즈—모카
이집트 (1.11~29, 18일) 카이로—바하리아 사막—아스완—룩소르—다합
이스라엘 (1.29~3, 4일) 예루살렘—에일랏
요르단 (2. 3~5, 2일) 페트라
시리아 (2.4 ~9, 5일) 암만

〈남아메리카 지역 여행 경로〉
스페인 (4.3~7, 4일) 마드리드
페루 (4.7~20, 13일) 리마—나스카—쿠스코—푸노
볼리비아 (4.20~5.7, 8일) 라파스—우유니 사막
칠레 (5. 15~21, 6일) 산티아고
아르헨티나 (5, 21~6. 3, 13일) 바릴로체—갈라파테—부에노스아이레스
우루과이 (6. 3~7, 3일) 몬테비데오
파라과이 (6, 7~11, 4일) 아순시온
브라질 (6. 11~7. 16, 35일) 이과수 폭포—플로리아노폴리스—우로프레니토—코룸바
볼리비아 (7. 16~25, 9일) 산타크루즈—수크레
페루 (7, 25~8. 4, 9일) 아레키파—피스코
에콰도르 (8. 4~25, 20일) 쿠엥카—과야킬—갈라파고스—키토
콜롬비아 (8.25~9. 8, 13일) 포파얀—칼리—메데진—보고타

〈아프리카 지역 여행 경로〉
에디오피아 (2.9~26, 16일) 아디스아바바—곤다르—랄리벨라—모얄레
케냐 (2. 26~3.1, 3일) 나이로비
탄자니아 (3.1~4, 3일) 다르에스살렘
잠비아 (3.4~14, 10일) 루사카—리빙스턴
나미비아 (3. 15~28, 13일) 윈드후크—에토스 스와콥문트 소우스플레이
남아프리카 (3,28~4.2, 5일) 케이프타운

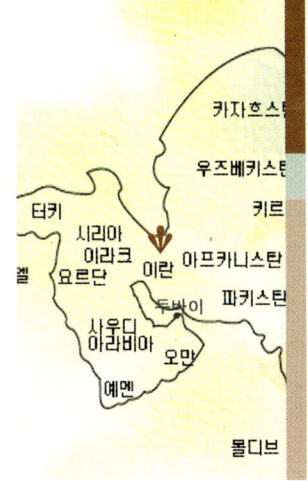

이란
나보다 젊은 할아버지와 히잡의 나라

이란은 모스크 타일의 화려함을 제외하고 생각보다는 볼거리가 적었다. 그런데도 이란 여행을 여행객들이 좋아하는 것은 사람들이 정말 친절해서라고 생각한다. 야즈드행 버스정류장에서 만난 할아버지가 생각이 난다.

버스를 기다리는데 이란 할아버지가 "야즈드?"라고 말하며 다가왔다. 표를 보여주며 나도 야즈드에 간다고 말하니까 이분께서 얼른 내 옆자리로 좌석을 바꾸었다. 서로 어설픈 영어로 이야기하는데도 대화가 됐다. 할아버지는 자기 집이 이스파한에 있는데 와서 묵으라며 주소와 전화번호 그리고 본인 사진을 한 장 꺼내 뒤에다 이름을 적어서 줬다. 그리고는 나이를 적는데…… 오마이갓! 45살!!! 그런데 이가 다 빠진 할아버지! 내 나이를 적어줬더니 그 할아버지 말에 기절할 뻔했다. 25살로 보인단다. (이란은 아라비아 숫자를 사용하지 않는다. 물론 영어도 거의 쓰여 있지 않다. 그래서 물건을 살 때도 가격을 모른다. 계산기로 숫자를 찍어서 보여주어야만 알 수 있다. 1단위를 떼고 말하기도 하니까 헷갈린다.) 그러면서 자기네 집에 올 때는 터미널에서 주소를 보여주고 택시를 타고 오란다. 그러면 택시비를 자기가 준다고.

내 옆자리에 앉은 어린 할아버지는 아기 돌보듯 나를 돌봤다. 자기가 갖고 있던 빵과 음료도 나눠줬다. 버스가 휴게소에 들렀을 때도 나는 자고 있었다. 한참 자고 나서 눈을 뜨니 또 과자와 빵을 줬다. 휴게소에서 사 온 것이다. 빵을 먹는 동안 앞자리에 비치되어 있는 시원한 물도 가져다준다.

야즈드에 도착했을 때도 내 배낭을 대신 짊어지고 호텔까지 데려다줬다. 그러더니 본인도 호텔에서 같이 자겠다고 했다. 난 모르겠으니 매니저에게 이야기해 보라고 했다. 도대체 젊은 할아버지가 뭐라고 한 것인지 매니저에게 물으니 이 호텔이 좋다고 하룻밤 자겠다고 했단다. 매니저가 이 호텔은 오직 외국 여행객들만 묵을 수 있다고 말해줬다. 방에 짐을 놓고 나가보니 젊은 할아버지가 보이지 않았다. 무슨 생각을 하며 갔을까? 서운했을까? 어쩌면 오늘 하루 어디선가 자야 했기에 이 호텔을 선택하려 했던 것일지도 모르는데 내가 확대해석했나?

이란 음식은 잘 모르겠다. 넙적한 호떡 짜파티에 고기를 싸서 먹는 종류와 꼬치를 불에 구워 먹는 케밥만 봤다. 그리곤 오로지 샌드위치와 햄버거만 먹었다. 호텔 매니저에게 주방을 사용하겠다고 하니 흔쾌히 승낙을 해주었다. 딸이 있다고 자랑을 했더니 옆 호텔 매니저가 사위 삼으라고 농담했던 23살의 주방장이 있었다. 나는 볼펜과 종이를 들고 한 달 월급부터 시작해 신상조사에 들어갔다. 그랬더니 그는 결혼하면 한 달은 한국에서 살고 나머지는 이란에서 살겠단다. 수줍어서 고개를 돌리고 계속 웃었다. 웃는 얼굴에 대고 나는 주방을 사용하게 해달라고 부탁했다. 또 한 가지 맥주도 마시고 싶다고 했더니 이란에는 살 수 있는 술이 없단다. 그래도 일요일 집에 가서 갖다 준단다. 참 다정한 젊은이다.

압력솥이 있기에 터키에서 사 온 쌀로 밥을 해 당근과 오이, 계란, 소시지를 넣고 김밥을 만들었다. 하지만 단무지가 없어 영 맛이 안 났

다. 색은 화려해 보기는 그럴 듯했는데, 소시지의 야릇한 향 때문에 영…… 하지만 매일 빵만 먹다가 밥을 대할 수 있다는 것 자체가 황송했다. 호텔 종업원들은 내가 만드는 김밥을 보며 난리였다. 매니저는 휴대폰으로 계속 사진을 찍어댔다. 그런데 완성된 김밥을 건네는데 모두 거부한다. 이유를 모르겠다. 낯선 음식이라서 그런가? 그동안 친절을 베풀어준 이란인들에게 나누어 주고 싶었는데 아쉬웠다.

이란의 페르세폴리스

숙소는 쉬라즈에 있었는데 페르세폴리스까지는 65킬로미터 떨어져 있는 곳으로, 12킬로미터 가량은 택시를 타야 했다. 호텔에서 운행하는 교통편을 이용하면 오가는데 5시간이 걸린다며 1인당 12,500원을 내라고 했다. 대답은 "아유, 좋은 가격이네요."라고 했지만 우린 터미널로 향했다. 50원짜리 버스를 타고 가다 내려서 200여 미터를

걸은 다음, 다시 400원을 주고 미니버스를 탔다. 12킬로미터는 택시를 이용해야 했기에 일행과 함께 1,500원씩을 냈다. 돌아오는 길엔 택시비가 더 비쌌다. 유적지 앞에서 죽치고 기다리던 택시 기사들이 배짱을 부린 것이다. 그러거나 말거나, 2킬로미터만 걸으면 대로변이었다. 우린 택시 대신 히치하이킹을 하기로 했다. 1킬로미터쯤 걷다가 손을 드니 승용차가 서서 버스정거장까지 태워줬다. 이틀분의 방값을 아낀 셈이었다.

이란의 상점들은 오전에 문을 열었다가 오후 3시경 되면 모두 문을 닫았다. 그리고 오후 5시가 되어서야 다시 문을 열어 오후 8시쯤 되면 다시 닫기 시작한다. 금요일은 쉬는 날이었다.

모스크 주변은 옛날부터 사람들이 많이 모이는 곳이라 바자르(시장)가 형성되어 있었다. 큰 모스크 주변의 바자르는 규모가 상당했다. 우리나라 남대문 시장보다 훨씬 큰 곳도 많았다. 상품도 다양했다. 문제는 매일 매일 가격이 다르다는 것, 그 정도가 심했다. 50그램짜리 맥심 골드 커피가 있기에 물어보니 4,500토만(원 단위와 비슷)이라기에 저렴한 브라질 커피를 2,000토만에 사왔는데, 다른 날 갔더니 2,200토만이란다. 하나를 사서 숙소에 돌아왔다가 언제 또 그 가격에 살 수 있을까 싶어 저녁에 다시 갔더니 이젠 또 4,300토만이란다. 한 시간 전에 2,200토만에 샀다고 해도 안 된다며, 그때 온 게 행운이었단다. 몇 시간 만에 이렇게 가격이 달라지다니 기가 막혔다. 페르세폴리스를 가느라 터미널로 걸어가는데 어떤 상점 안에도 같은 커피가 보였다. 그런데 이곳에선 2,300토만, 다른 물건들도 모두 마찬가지였다.

그래서 웬만한 건 이 나라 사람들에게서 얻어 썼다. 차나 더운물이 필요하면 상점으로 가서 달라고 했다. 살포시 웃으면서 부탁하면 대부분 부탁을 들어주었다. 한번은 차를 얻어 마시러 양복점에 들어갔는데 할아버지가 홍차에다가 쟈스민을 조금 넣는 것이었다. 향이 아주 좋기에 조금 달라고 했더니 흔쾌히 덜어주었다.

이란의 히잡 이야기

온통 까만 나라! 산도 여성도 온통 까만 나라! 이란은 까만 나라다. 여자들이 까만 스카프를 쓰고 까만 이불보를 두르고 다녔다. 흘러내리는 천을 끌어올리며 가는데 많이 불편해 보였다. 그런데도 이란에서는 내국인, 외국인 할 것 없이 모든 여성들은 히잡을 꼭 써야 한다. 히잡은 이슬람의 전통 복식이며 코란에도 언급되어 있을 정도로 역사가 깊다. 이슬람 여성들 특히 아랍권의 여성들이 외출할 때 얼굴이나 가슴을 가리기 위해 머리에 쓰는 가리개가 히잡이다. 스카프나 두

건과 비슷한데 얼굴과 가슴까지 가리는 것과 얼굴을 드러내는 것 두 가지로 구분된다. 이란 등지의 여성들이 입는 검은색 히잡, 사우디아라비아 여성들이 입는 검은색 아바야, 아프가니스탄을 비롯한 아라비아반도 일부와 베두인족(族) 일부 여성들이 입는 부르카 등이 신체의 대부분을 가리는 것과 달리 머리와 가슴 일부만을 가린다.

이란의 최고지도자로 알려져 있는 아야톨라 루홀라 호메이니는 멀쩡히 잘 살고 있던 이란 여성들에게 어느 날 갑자기 히잡을 씌웠다. 그는 이란이 서구화되는 것을 비판하며 여성들에게 코란을 강요했다고 한다. 그때부터 이란 여성들은 검은 차도르로 온몸을 두르고 검정색 히잡으로 머리를 가려야 했다. 그리고 히잡을 쓰지 않거나 화장이 진한 여성들은 길거리에서 소위 '도덕경찰'로부터 채찍질과 매질을 당하기도 했단다.

현대에 와서 이슬람권에서도 여성들의 인권보호나 사회참여 등을 주장하는 페미니즘 운동이 일어나면서 히잡을 비롯한 전통의상이 여성을 억압하는 수단이라 하여 착용하지 않는 여성들도 늘어나고 있다. 그러나 대부분의 이슬람권에서는 아직도 종교적인 이유로 노출방지를 위해 전통의상을 입는다. 이란에서는 여자면 외국인이건 내국인이건 히잡을 써야만 한다.

히잡을 하고도 현지여자들은 멋을 부렸다. 몇 가닥 보이는 앞머리카락에 칼라염색을 한 여자, 더더욱 화려하게 보일 수 있는 반짝이를 뿌리기도 했는데 여자들은 아름다운 것을 드러내는데 도가 튼 것 같았다. 예멘 버스 안에서 본 두 여성은 히잡을 입은 채 눈만 내놓고 있었다. 한 여성이 얼굴을 드러냈는데 13살 정도 된 여학생이었다. 얼마나 예쁘던지……. 히잡으로 얼굴을 가리고 있을 땐 과자와 음료도 히잡 안으로 넣어서 먹고 마셨다. 많이 불편해 보였다.

여행자들이 이란 현지인 가정을 방문한 후 쓴 방문기를 보니 이란

　여성들이 불만이 많단다. 그럴 거 같다. 내가 써보니 자꾸 흘러내려서 계속 신경이 쓰였다. 그래서 호텔 밖을 나갈 때는 모자를 쓰고 그 위에 스카프를 쓰고 다녔더니 흘러내리지 않아서 좋았다. 여행할 때가 쌀쌀한 날씨여서 우리나라에서처럼 머플러를 한 것과 같은 느낌이었다. 하지만 이불보를 둘러쓰는 것만은 정말 못할 것 같았다. 호텔 안에서는 모자만 쓰고 다녔다.
　어느 날, 샤워를 하고 방에 있는데 같은 방을 쓰고 있는 스위스인이 도움을 청했다. 숙소 안에 있는 컴퓨터가 인터넷 연결이 안 된다고 해결을 부탁했다. 컴퓨터가 있는 방은 우리 방 바로 옆이라 모자를 안 쓰고 갔다. 사실 모자 생각을 못했다. 가서 보니 아침과는 다르게 컴퓨터 윈도우가 새로 깔려 있고 한글 지원도 안 되고 있었다. 숙소 매니저에게 윈도우 CD를 달라고 하니 다른 사람이 갖고 있단다. 그래서 내가 갖고 있는 한글 윈도우로 해결을 해보려고 했다. 그때 다른 호텔의 매니저가 들어오더니 나에게 스카프를 하라고 말했다. 하던 작업이 거의 끝나가기에 알았다고만 말했다. 내 앞에 있던 매니저가 나를 향해 잔소리를 계속했다. 알았다고 대답을 해도 '경찰 어쩌고저쩌고……' 라며 계속 잔소리를 했다. 다시 알았다고 했더니 아예 일어나서 당장 방으로 가란다.

방으로 왔는데 기분이 몹시 나빴다. 고작 1, 2분 동안 히잡을 안 한 것이 뭐 그리 큰일이란 말인가. 더군다나 호텔 안에서……. 머리 위에 스카프를 달랑 얹고 다시 그 매니저에게로 가서 쏘아줬다. 그리고 말했다. "됐냐? 됐어? 됐냐고?" 됐단다. "난 너 때문에 몹시 화가 났어"라고 소리를 질렀다. 왜 화가 났냐고 묻는다. "호텔 안에서 그리고 인터넷 룸 안에서 왜 스카프를 써야 하느냐? 다른 도시는 호텔 안에서는 아무런 문제가 없었다."라고 하니 "어디 호텔이냐?"라고 다시 묻는다. 말을 해줄 수가 없었다. 경찰에게 이르면 곤란할 것 같은 분위기였다. "말을 해줄 수가 없다."라고 하니 어느 나라 사람이냐고 또 묻는다. "말을 하기 싫다."라고 했다. 그리고 "분명히 알았다고 했는데 넌 당장 가라고 말을 해서 기분이 나쁘다"라고 했다.

그는 인터넷 방이 문을 닫은 후는 스카프를 안 써도 되지만 인터넷 방이 연 시간에는 안 된다고 했다. 인터넷 방은 많은 사람들이 다니는 곳이라 누군가 경찰에게 말하면 호텔은 큰 문제가 된단다. 그래서 말을 한 것이라며 미안하다고 했다. 화해의 악수를 하고 나왔다. 히잡은 정말 불편하다!

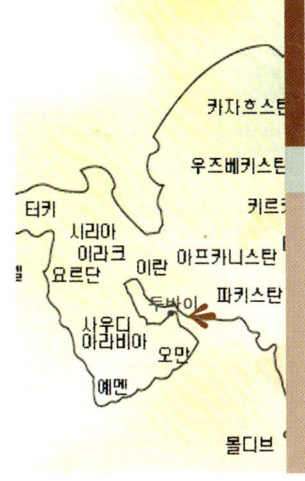

아랍에미리트
한국은 무비자예요!

이란에서 배를 타고 두바이로 들어갈 때였다. 입국 수속이 시작되어 이란인들도 전부 비자를 들고 있었다. 내 차례가 되어서 심사대 앞으로 가니 여권을 보며 비자가 없다고 한다. 그래서 "한국은 이란에 들어올 때 무비자"라고 이야기를 하니 고개를 갸웃거렸다. 아마도 배로 입국을 하는 한국인이 없어서 모르는 듯싶었다. 그가 다른 직원에게 물어봤는데 그들도 그 사실을 모르는 것은 마찬가지였다. 다행히 한 여직원이 "한국은 무비자가 맞다"라고 일러줬다.

두 달 동안의 체류허가 도장을 받고 무사히 두바이에 입국을 할 수 있었다.

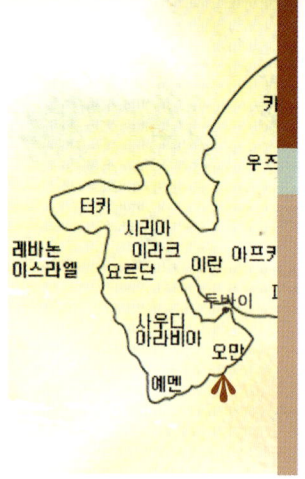

오만
모래바람을 실컷 맞다

　오만 살랄라에서 출발하는 예맨행 국제버스는 금요일과 월요일 오전 6시에 있다. 그런데 내가 오만에 도착한 날로부터 그 다음 주 월요일까지 예약이 꽉 차 있었다. 비싼 숙박료를 내는 것은 물론이거니와 모래바람만 불어대는 곳에서 어떻게 일주일을 지내야 할지 난감했다. 예맨행 국제버스를 어떻게든 타야겠기에 누군가 취소하기를 바라면서 아침 일찍 가봤지만 이중예약을 받았다고 항의하는 사람들로 난리였다. 할수없이 그곳에서 만난 영국인과 함께 택시를 타야 했다.

　오만은 무슬림 국가다. 오만 사람들은 머리부터 발끝까지 흰천을 뒤집어쓰고 다녔다. 나는 흰천을 뒤집어쓰진 않았지만 모래바람을 막기 위해 스카프를 하고 다녔다. 그 위에 선글라스도 썼다. 그런 대로 시야는 확보했지만 몸이 날아갈 정도의 센 바람 때문에 여간 불편한 게 아니었다. 정말이지 그런 데서 어찌 사는지 신기할 정도였다.

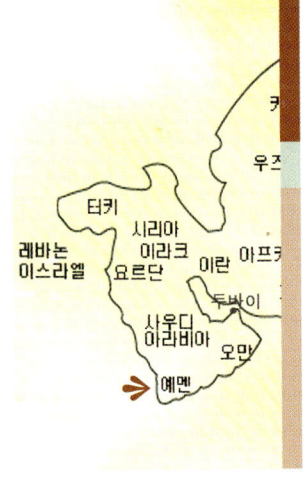

예멘

9명 아이의 아빠,
그의 어깨가 무거운 나라

  살랄라에서 두 시간 반을 달려 남쪽 하바루트 예멘 접경지역으로 왔다. 검문소 두 곳을 통과하고 창고처럼 보이는 출입국 사무소에서 출국도장을 받고서야 예멘에 도착할 수 있었다. 무칼라를 여행의 시작지로 계획했는데 절차가 복잡했다. 버스를 타야 하는데 경찰서에서 허가서를 받으라고 했다. 경찰서에서 버스 타는 날에 확인서를 받아야 한다고 해서 어쩔 수 없이 하바루트 지역에 하루 머물러야 했다. 그곳도 모래바람이 심해서 머플러를 두르고 다니긴 마찬가지였다. 시장을 찾아가 숯불로 구운 현지 빵을 사서 먹었다. 쟁반처럼 커다란 크기의 빵은 담백하면서도 고소했다. 감자와 야채를 넣은 소스를 빵에 싸서 먹었다.

  이튿날 영국인과 함께 경찰서에 갔더니 허가서를 준다는 경찰은 우리를 마냥 기다리게 했다. 한참을 기다리니 선심 쓰듯 노트 한 장을 아무렇게나 찢어서 허가서를 써줬다. 그날 저녁 6시가 되어서야 무칼라에 도착했다. 무칼라 호텔은 모든 객실이 만원이어서 이곳저곳을 뒤져야 했다. 간신히 숙소를 정하고 샤워를 했는데 황당했다. 더운물은 나오지 않고 물조차 모래가 섞여 있어서 찝찝했다.

  비행기 시간 때문에 하루 더 예멘에 머물러야겠기에 숙소를 찾으러 버스를 탔다. 버스 안에서 여자가 앉은 자리 옆으로 가 앉았다. 그녀에게 아랍어로 적힌 호텔 주소를 보여주니 버스 기사에게 나를 내려

주라고 부탁을 하고 내 버스비를 내주면서 잘가라고 손을 흔들어 준다. 버스에서 내려 갈아탈 때도 어떤 여자가 나를 버스에 태워줬다. 대부분의 예맨 사람들은 장소를 물어보면 알려주는 데만 끝나지 않고 버스비도 내주고 직접 안내를 했다. 정말 너무너무 고마웠다.

호텔 근처 환전소에 가서 남은 돈을 환전하려고 했는데 거절당했다. 그래서 대충 여행할 때 필요한 물품을 샀다. 머리염색용 헤나도 샀다. 노점상에게 바나나도 샀다. 기분 좋게 자리를 떴는데 누군가 나를 부르는 것 같아 뒤돌아보았다. 바나나 노점상이 내 지갑을 흔들어 보였다. 내가 돈이 들어 있는 지갑을 흘린 것이었다. 리어카로 장사를 하는 노점상이 지갑을 돌려준 거다. 다른 어느 나라에서도 느껴보지 못한 친절이라 고마웠다. 다른 나라는 바가지도 곧잘 씌웠는데 예멘은 그렇지 않다. 처음 예멘에 도착했을 때는 다른 나라처럼 깎고 덤을 챙기곤 했다. 그런데 그러는 게 아니었다. 그들이 부른 가격이 적정선이었던 것이다. 나를 만났던 모든 예멘 사람에게 미안하고 고맙다. 예멘은 천사들이 사는 나라 같다. 단 그 사람만 빼고!

예멘에서 보낸 구일 동안

모카에서 첫날

예멘에서 지부티를 거쳐 수단으로 들어가려고 준비하고 있었다. 수단 비자를 받으려면 이집트 비자가 꼭 필요했는데 그 비자 탓에 앞서 언급했지만 곤혹스러웠다. 입국을 돕는 운송수단도 나를 무척 곤혹스럽게 했다. 예멘과 지부티는 연결된 정기 여객선이 없었다. 바다가 없는 나라인 수단은 지부티를 거쳐 아랍으로 수출을 하고 있었다.

마침 예멘 모카에서 지부티로 물건을 실어 나르는 화물선이 되돌아갈 때 타고 갈 수 있다는 정보가 있었다. 그 배를 타면 지부티에 입국할 수 있다는 소식에 버스를 타고 배가 정착해 있다는 '모카'라는 항구로 향했다. 1시간 30분 정도 버스가 달렸는데, 운전기사가 나를 향해 "코리안 걸! 다 왔어."라고 해서 감사 인사를 하고 내렸다. 그런데 내려 보니 다시 택시를 타고 모카 항구로 들어가야 했다. 버스 정류장이 목적지인 모카 항구보다 한참 먼 곳에 있어 합승택시를 타고 들어가야만 했다.

택시 호객꾼이 200리알을 주면 모카 항구로 갈 수 있다고 해서 지프를 개조한 택시 조수석에 앉았다. 그랬더니 호객꾼이 다시 와서는 400리알을 달라며 그새 200리알의 두 배를 외쳤다. 장난하나 싶어서 안 타겠다며 내렸다. 근처 가게에서 물을 한 병 사서 마시고 서 있었더니 다시 호객꾼이 다가왔다. 그러면서 나보고 뒤에 있는 짐칸에 타고 100리알만 내라고 했다. 짐칸에 배낭을 던지고 나 혼자 탔다. 가만히 생각해보니 예멘은 무슬림 국가였다. 남녀가 유별한데 여자인 내가 조수석에 타면 두 명이 앉는 자리에 나 혼자만 앉게 되니 금액을 2

배로 부른 것이었다. 그래서 짐칸에 태우면서 100리알로 다운을 해줬던 것이다. 하지만 같은 예멘 '사나'의 버스 안에서는 내 옆자리에 남자들이 잘도 앉았었다.

검문소에서 만난 경찰이 내가 내민 허가서를 보고는 기사에게 뭐라고 했다. 아마도 "여자를 왜 짐칸에 태웠냐?"라고 물었던 듯싶다. 나를 향해서는 사람 좋아보이게 웃었다. 아마도 동양 여자가 그 꼴로 가는 모습이 생경했거나, 짐칸에 내가 탄 상황 그 자체만으로도 웃겼던 것 같다. 아무튼 그렇게 지프 택시 짐칸에서 혼자 앉아 가는 30여 분 동안 밤하늘의 별을 실컷 봤다. 공기가 맑은 바닷가라 그런지 은하수가 밤하늘을 흘렀다. 별이 쏟아질 것 같은 하늘과 2008년 12월 31일 마지막 밤은 참 잘 어울렸다.

모카에 도착하니 호텔이 딱 하나 있었다. 호텔 종업원이 화장실 딸린 2인실을 쓰려면 3,500리알을 달라고 하는데 내 주머니 속에는 10달러를 환전한 2,000리알뿐이었다. 깎아달라며 내 사정 이야기를 했다. 오다가 환전소를 보긴 했지만, 전날 그곳에 오기 전 800리알을 주고 잔 숙소를 생각하니 아까웠다. 종업원은 안 된다며 단호하게 거절을 했다. 그래서 터덜터덜 호텔을 빠져나왔다. 마침 같이 택시를 타고 모카에 들어온 사우디인이 적어준 전화번호가 있었다. 그래서 지나가는 사람의 전화기를 빌려 그에게 전화를 걸었다. 다행히도 그가 곧장 내가 찾아갔던 호텔 앞으로 오겠다며 기다리라고 했다.

호텔 입구에서 그를 기다리며 서성였는데 호텔 투숙객이 다가와 말을 걸었다. 이차저차한 사정을 이야기했더니 그가 걱정 말라며 따라 들어오라고 했다. 배가 무척 튀어나온 아저씨였는데 그 아저씨 때문에 호텔이 발칵 뒤집어져서 사람들이 우르르 모여들었다. 사실 나 때문이었다. 배불뚝이 아저씨가 내 대신 호텔 주인에게 항변을 했는데 호텔 주인이 그의 말을 듣고 내게 2,000리알에 방을 내주겠다고 항복

을 했다. 느낌에 '외국 여자를 안 재워주면 어떻게 하느냐?'라고 혼쭐을 낸 듯싶다. 맨 처음 만났던 호텔 종업원이 호텔 주인에게 야단을 맞았다. 그가 고개를 숙이며 힘없이 말하는 걸 보니 무척 많이 혼이 난 듯했다. '그러게 그냥 깎아서 재워주지.'

호텔에 들어서니 에어컨, 냉장고, 텔레비전까지 모두 갖추어져 있었다. 그래서 가격이 높았던 것이다. 나는 단지 몸을 씻고, 누울 수 있는 공간이 필요했던 것뿐이었다. 하지만 방은 무척 더러웠다. 페인트 칠도 너무 오래되어 얼룩덜룩했고, 구석구석 녹슨 것들이 보였다. 더운 지역이라 그런지 더운물도 안 나오고 담요도 없었다. 내 침낭을 사용하면 됐지만 2,000리알이 아까워 죽을 것 같았다. 전화를 받고 바쁘게 달려온 사우디맨은 무사히 내가 방으로 들어온 걸 보고 안도의 숨을 내쉬며 다음날 오겠다고 하고 친구 집으로 돌아갔다.

모카에서 보낸 둘째날

아침식사로 미니 초코파이 세 개와 스니커즈 초콜릿 한 개를 먹었다. 환전한 2,000리알이 고스란히 호텔 투숙비용으로 들어갔기 때문이었다. 물을 끓여서 커피를 타서 마셨다. 9시가 지나자 사우디맨이 문을 두드렸다. 말 서두엔 꼭 "My sister!"를 붙이는 이상한 습성이 있었다. 두바이 상점에서도 어떤 남자가 물을 한 병 사면서 상점 종업원에게 "My brother!"를 외치는 것도 영 거슬렸는데, 이 사우디맨이 "My sister!"를 외쳐대니 낯설었다. 다른 문화권 사람의 특성이라고 생각을 고쳐먹으니 거부감이 조금씩 줄어들었다.

그에게 출입국사무소를 가고 싶다고 했다.

"마이 시스터! 오늘과 내일은 휴일이에요. 더군다나 바람마저 거세서 아프리카로 출항하는 배가 뜨지를 못해요."

이걸 어떡하나? 고민을 했다. 사우디맨이 "마이 시스터! 내 가족이 있는 집으로 같이 가요."라고 했다. 사우디맨이 사는 집은 미니버스와 타 지역 버스가 서는 정류장과 가깝다고 했다. 하지만 남의 신세를 지느니 큰 도시인 타이즈로 돌아가기로 했다.

셋째날부터 일곱째 날까지

출입국사무소 직원에게 전화를 걸어 배에 관해 문의를 했더니 곧장 출입국사무소로 오라고 했다. 영어를 할 줄 아는 예멘인에게 미니버스가 서는 곳을 물어보았다. 그가 일러준 대로 오토바이를 타고 미니버스로 갈아탄 뒤, 마하 스테이션에서 내려 모카로 향하는 택시를 탔다. 그 택시도 지프를 개조한 것이었는데 정원 8명을 채워야 출발을 했다. 그래서 30여 분을 기다렸다. 택시는 모카 항구까지 들어가서 사람들을 내려주었다. 나는 출입국사무소에 내렸다. 도착해보니 문이 닫혀 있기에 출입국사무소 직원에게 전화를 걸었다. 지프를 가지고 도착한 출입국사무소 직원은 나를 집으로 데려갔다. 3남 6녀의 가장인 이 남자의 부인은 많이 아팠다. 처음에는 갓난아기를 안고 있는

큰딸과 아픈 엄마의 배가 둘 다 나왔기에 임신을 한 줄 알았다. 지켜보니 딸내미는 게을러서 나온 배였고 엄마의 배는 복수가 차서 나왔던 듯싶다. 아픈 엄마는 먹으면 자꾸 토하고, 자주 진통제를 찾았다. 아픈 와중에도 물담배를 줄기차게 피워대고 카트(예멘인들이 즐겨 씹는 잎사귀)를 씹었다. 잘 몰라서 처음에는 마약의 일종인줄 알았는데 중독성이 없고 마약은 아니었다. 부드러운 흥분제라고 한다. 나도 씹어보았는데 무척 떫은 잎사귀였다. 그걸 씹은 후에 물을 들이켜면 단맛이 입 안에 돈다고 했는데 내 입맛에는 맞지 않았다.

아픈 엄마는 나를 데리고 10여 곳의 동네 이웃들의 집을 방문했다. 내가 원해서 간 것이 아니었다. 그녀가 나를 질질 끌고 다니며 이웃들에게 인사를 시켰다. 나름 이방인을 자랑하고 싶은 듯했는데 아무리 생각해도 난 우리 안의 원숭이가 된 모양새였다. 언어가 다른 이들이 둘러싸고 있는 가운데 혼자 서 있는 기분은 아무도 모른다. 그럼에도 그들이 정말로 반가워해준다는 느낌이 몸으로 전해졌다. 나중에는 동네 꼬마들이 내 뒤를 졸졸 따라다녔다. 점점 숫자가 불어나기에 세어보니 23명이나 됐다. 출입국사무소 직원의 집안에는 꼬마들로 꽉 찼다. 직원의 아이들이 9명이었으니까 집안이 애들로 북새통을 이뤄 발 디딜 틈이 없다고 표현하면 될 듯싶다.

그의 집 컴퓨터에 인터넷을 연결해 놓았기에 사용하려고 컴퓨터를

3. 중동·아프리카·아메리카 여행

컸다. 그러나 패스워드를 걸어놓아서 사용을 할 수가 없었다. 아이들이 사용하지 못하게 하고 아빠 혼자만 사용을 했다. 딸내미들은 인터넷을 사용하는 법도 몰랐다. 자녀들이 사용하지 못하게 해놓은 걸 보면 뭔가 이상한 것이 컴퓨터에 저장된 것이 아니었을까? 그다지 좋아 보이지 않았다.

텔레비전은 위성을 연결해서 한국방송도 나왔다. 방안의 가구는 오래 돼서 낡은 침대 몇 개가 전부였다. 주방을 가보니 기가 찼다. 양은 쟁반 몇 개, 양푼 몇 개가 전부였는데 설거지를 하다가 내버려뒀는지 그릇들이 바닥에서 나뒹굴었다. 다른 이웃집에는 싱크대도 있었는데……. 한마디로 궁색한 살림살이였다.

이곳 사람들은 많이 움직이지 않는 것 같았다. 대부분 성인들의 배는 임신 7개월에 접어든 임산부의 배와 맞먹는다. 뭘 먹어서 그런 것이 아니라 활동량이 극히 적어서인 듯했다. 집안 식구들은 많아서 바글거리는데도 누구도 하는 일이 별로 없다. 청소를 하나? 우리나라 여자들처럼 요리를 하느라 많은 시간을 들이길 하나? 사막이라 야채를 기를 일도 꽃을 가꿀 일도 없었다. 공부할 일도 없다. 그렇다고 책을 안 읽는다고 혼내는 사람도 없다. 그러니 오로지 텔레비전 시청이 살아가는 즐거움의 대부분을 차지했다. 할 일이 없으니 대부분 누워서 지냈다. 나 같으면 땅콩이라도 심어 가꾸면서 살겠다.

며칠 지내지 않았지만 이 나라 여자들의 삶을 알 것 같았다. 자녀는 보통 8명~12명을 둔 듯했다. 가장인 남편 혼자 벌어서 그 많은 가족의 생계를 책임져야 하는 것이다. 큰딸의 남편이 지부티에 간 것도 아마 돈을 벌러 간 듯싶었다. 남편이 돈을 벌지 않으면 그의 식솔들인 부인이나 자녀들이 동냥을 해서 먹고 살아야 하니 가장으로서 당연한 것이다. 우리나라 여자들은 맞벌이를 하며 쉴 틈이 없이 슈퍼우먼처럼 허리띠를 조여도 먹고 살기가 빠듯해서 힘들다고 이야기들 하지 않는가. 다른 문화권의 여자들이 조금은 부럽기도 했다.

 그곳에서는 식료품 상점 말고는 조그만 가게를 열어 장사를 하겠다는 사람은 없을 듯했다. 사방에서 모래바람이 계속 불어와서 곳곳이 먼지투성이였지만 결코 누구도 청소를 하지 않았다. 보다 못한 내가 빗자루를 들고 방안을 쓸었을 정도였다. 깔려 있는 카펫을 들고 터는데 털어도 털어도 계속 먼지가 나왔다. 도저히 어떻게 할 수가 없어서 카펫을 들고 원래 있던 자리에 곱게 눕혔다.

 청소도 안 한 카펫 위에서 부서지는 빵을 먹고 밥을 먹었다. 처음에는 바닥에 앉아 밥을 먹는 것이 많이 불편해 보였다. 사막에서 이동생활을 해온 민족이라 바닥에 먹을 것을 놓고 손으로 식사하는 것이 저들의 당연한 식습관이었다. 사막이라 물이 귀해서 잘 안 씻는 것도, 용변을 보고 나서 뒤처리를 손으로 하는 것도 휴지가 없으니 당연한 것이었다. 14살 정도의 나이가 되면 여자건 남자건 결혼을 했다. 그 집 큰딸은 20살인데 벌써 애가 둘이나 됐다. 아기의 침대는 넓은 이불보를 침대 양쪽에 묶어서 마치 해먹처럼 사용하고 있었다. 그 안에 아기를 눕히고 그네를 밀듯 손으로 밀었다. 큰딸의 아기는 나중에 멀미는 하지 않을 것이다. 아기 때부터 매일 멀미의 연속이니 면역력이 충분하지 않을까?

 사람은 왜 사는 걸까? 갑자기 궁금해졌다.
 "바람아, 제발 멈추어다오. 나 지부티 가야 혀."

여덟째날
아침에 지부티로 갈 수 있는지 출입국직원 남자에게 물어보았다.
 "오늘은 배가 없어요. 내일이면 가능하지 않을까요? 당신은 행운이 없는 듯해요."
 아무리 행운이 없어도 8일을 기다렸으면 배 한 척 정도는 떠야 했다. 그렇다고 자신의 집을 기꺼이 낯선 이방인에게 숙소로 내준 남자가 사기 따위를 칠 리 없었다. 그렇다고 저 남자도 내가 자기네 집에 오래 묵는다고 해서 이로울 것도 별로 없었다. 혹시 그새 그곳 삶에 내가 적응한 것이 아닌가 싶었다. 다음날도 배가 뜨지 않으면 '사나'로 돌아가서 비행기를 타겠다고 마음을 먹었다.

이달 말까지 이집트 여행을 마치려면 시간이 모자랐다. 출입국직원의 집에 머무는 것도 색다른 경험이지만 모기 때문에 못살겠다. 무엇보다도 정신이 없었다. 바글대는 식구들과 살아본 지가 오래 되기도 했다. 며칠을 머물면서 보니 이들은 거의 신발을 신지 않았다. 맨발로 신발을 신은 것과 다름없이 아무 곳이나 다 밟고 다녔다.

산책삼아 밖에라도 나가면 모래바람이 거세서 얼굴을 머플러로 덮고 다녀야 했다. 이들이 쓰는 히잡과 온몸을 감싸는 차도르가 그들의 생활에는 꼭 필요한 것으로 보일 정도였다. 아이들이 바글대는 집에서 종일 있으려니 성격상 무척 힘이 들었다. 그나마 노트북을 갖고 노는 것이 유일한 낙이었는데 그마저도 꼬마가 내게 꼭 붙어서 놀아달라고 콕콕 찔러대서 어려웠다. 물론 꼬마는 마당이건 바닥이건 뒹굴다가 거리낌 없이 내게 달려들어 안겼다. 더럽다는 생각은 포기한 지 꽤 됐다. 그들의 사막문화를 존중해서 나도 현지인들처럼 아무렇지도 않게 아이를 안았다. 옷이야 벗어서 빨면 그만이었으니까.

뜨거운 태양 덕분에 낮에 물을 틀면 샤워하기엔 아주 좋았다. 전날에 치약과 칫솔 13개를 사서 가족들에게 나누어 주었다. 지내다 보니 식구들 중 누구도 양치하는 것을 본 적이 없었다. 당연히 샤워실에도 샴푸나 비누, 치약, 칫솔이 없었다. 물론 자주 씻지 않으니까 당연한 목욕문화였다. 그래도 양치질도 하지 않는 것은 좀 거슬렸다. 우리나라도 예전엔 양치 안 했나? 굵은 소금이나 모래알로 닦았다는 것을 사극에서 본 것도 같은데……

비교적 규모가 있고 온갖 잡화를 다루는 상점 한 곳은 아예 치약과 칫솔을 팔지 않았다. 나를 그 상점으로 데리고 간 총각에 의하면 '예멘인은 양치질을 하지 않는다' 라고 했다. 그러나 본인은 한다며 웃었는데 확인한 적이 없으니 신경을 껐다. 다른 상점을 찾아 여하간 가족들에게 칫솔을 선물하면서 사용하지 않을지도 모른다는 생각에 불안했었다. 그런데 생각 외로 다들 좋아해 주었다. 어린 꼬마는 직접 양치를 시켜줬는데 칫솔 모양이 재밌었는지 꼭 지니고 다녔다. 가족들에게는 미안했지만 보모 노릇도 힘들어서 그만 지부티로 가고 싶었다. "제발 배야! 내일은 떠라."

아홉째날

아무래도 출입국사무소 직원의 농간에 놀아난 것이 확실했다. 분명 아침에 출근한다며 나갈 때만 해도 9시나 10시에 나를 데리러 집으로 온다고 했다. 그리고 9시가 조금 넘어 집으로 왔다. 지금 출발하는 것이냐고 물었더니 지금은 아니라고 말하며 나갔다. 다시 11시가 돼서 집으로 들어오더니 '지금 배는 청소 중이고 이틀 후에 떠난다' 라고 했다. 거짓말 때문에 표정관리를 하는 듯 웃지도, 긴 말도 않고 그 말만 전하고 휙 나갔다. 그가 나간 후, 난 곧바로 짐을 들고 나왔다. 다른 예멘인에게 도움을 청하고 물어봤더니 '잘 모르겠지만, 아마도 그가 거짓말을 하고 있는 것 같다' 고 했다. 이유는 간단했다. 내가 오래 머물기를 원해서! 아니, 난 하루가 급한데 순진한 나를 지난 일주일간 갖고 놀았다는 생각에 화가 났다. 그 지저분한 집에서 모기에게 헌납한 내 피만으로도 방값은 충분히 지불했다고 여겼다. '이집트 비자 만료일은 20일밖에 남지 않았고, 더군다나 3개국을 돌아야 하는 내 처지도 생각을 할 것이지.'

나쁜 사람! 처음에 전화 통화를 할 때는 자기네 집으로 오라고 해서

'정말 친절한 예멘인이구나'라고 생각을 하며 그 다음날로 가방을 들고 가서 자기네 식구들하고 놀았는데 너무했다. 고마워서 금주국가에서 하루 방값하고 맞먹는다는 맥주도 두 개나 사줬다. 그러면서 그 사람은 감사 인사로 내게 생선회를 사주겠다고 했다. 결국 그가 가져온 것은 요리사가 모두 후라이를 했다며 건네준, 불에 시꺼멓게 탄 생선이었다. 나는 그것도 군소리 없이 맛나게 먹었다. 아픈 마누라가 가망이 없다며 나보고 자기 마누라라고 남에게 소개해도 게으른 부인 탓에 생활고에 찌든 남자의 농담이려니 했는데 완전히 뒤통수 제대로 맞았다. 애가 줄줄이 딸려 있는 남자에게 어느 여자가 둘째마누라로 간다는 말인가. 기가 막혔다.

타이즈에 돌아오자마자 바로 이집트행 비행기 표를 샀다.

이집트
공짜라는 거짓말과
고마운 낙타 사이에서

　람세스와 네페르타리의 나라, 피라미드와 낙타를 보러 이집트로 갔다. 카이로 공항에 도착해서 짐을 찾으려고 기다리는 동안 화장실을 갔다. 화장실 안에는 관리아줌마가 서 있다가 내가 들어가니 화장실을 두드리며 휴지를 건넸다. 나와서 손을 씻었더니 손 닦는 휴지를 한 장 뽑아주며 웃었다. 나는 방긋 웃으며 고맙다고 했더니 동전을 보이며 1파운드를 달라는 표시를 했다. 그럼 그렇지, 인도인과 비슷하다는 소문을 듣고 왔는데 왜 이리 친절한지 이상했다. '아니 방금 비행기에서 내린 사람이 밖에도 안 나갔는데 동전이 어디 있다고?'
　"쏘리."라고 말하고 웃으며 나왔다. 공항 밖으로 나오니 택시 기사들이 벌떼처럼 달려들었다. 모두 무시하고 버스를 타러 정류장에 가보니 종점인지 버스들이 많이 서 있었다. 묻고 또 물어서 숙소 방향으로 가는 버스를 타니 웬 남자가 앉아 있다가 명함을 줬다. 여행사를 한다며 열심히 이것저것 물어보고 계속 이야기를 건넸다. 내가 호텔 주소를 보여주니 자기가 물어봐가며 나를 호텔 안까지 데려다 줬다. 여기까지만 친절을 베풀었다면 난 이집트에서의 여행을 감사했을 텐데, 이 남자가 절대로 호텔에서 추천하는 투어를 하면 안 된다며 내가 호텔 프런트에서 돌아서는 순간까지 가지 않고 기다리고 있었다. 이때부터 골치가 아파졌다. 마침 호텔 직원이 이집트 여행에 관해 자기가 모든 걸 알려주겠다고 말을 하기에 오늘은 휴식을 해야 하니 내일

이야기하자고 말을 하고 나온 참이었다.

이 남자가 뭔 경쟁이 붙었는지 호텔은 서비스가 안 좋으면서도 커미션을 받으니 조심해야 한다고 알려 줬다. 처음 이 호텔을 찾아올 때 남자는 저녁을 같이 먹자고 했다. 귀찮기도 하고 골치도 아프고 해서 난 지금 단지 5달러만 환전을 해서 돈이 없다는 설명까지 덧붙였다. 그런데도 굳이 자기가 저녁을 사겠다며 걱정을 말라고 했다.

그런데 내가 호텔 도미토리에 묵으니 돈이 없을 것 같았는지 아니면 자신의 고객이 될 확률이 없어 보였는지 밖으로 나가서 패스트푸드점을 가리켰다. 그러고는 그곳이 '좋은 레스토랑'이라며 적당히 둘러대고 '나는 바쁘다'라며 가버렸다.

'그럼 그렇지. 여긴 이집트인 걸 기억해야지.'

다음날 나일강으로 나가봤는데 생각보단 운치가 있었다. 이집트에 관해서 쓴 소설에는 항상 나일강이 있었기에 무척 큰 강으로 상상을 했었는데 생각보다 작지만 가슴 벅찼다. 강에는 아주 많은 보트가 있었는데 거기에 관광객을 태우려 호객꾼들이 끊임없이 몰려들었다. 거리를 걷다 보니 호박고구마를 구워서 팔고 있었다. 맛있어 보여서 하나 사 들고 나일강변으로 갔다. 강변에는 마침 커피를 팔고 있었다. 가격을 물으니 3파운드밖에 하지 않았다. 물론 싼 가격이지만 비싸다는 듯 눈을 동그랗게 뜨니 2파운드로 낮췄다. 그냥 눈 딱 감고 마실까도 생각했지만 바가지를 씌우는 것 같아서 옆집으로 갔다. 거긴 가격을 묻지 않고 그냥 1파운드를 내밀었더니 1.5파운드라고 했다. 난 블랙으로 마시니 1파운드만 받으라고 우겼다. 그 집에서는 내가 건네는 1파운드만 받았다. 강가에 있는 의자에 앉아 커피와 고구마를 먹으며 흐르는 강물을 바라보니 감개가 무량했다.

이집트는 바가지 가격으로 유명했다. 일단 이집트 상인들은 모두 바가지를 씌운다고 생각을 하면 된다. 물 한 병 가격도도 한 집 건너

다른 곳이 이집트였다. 숙소로 돌아오는 길에 샌드위치를 사려고 상점에 들렀다. 저렴하고 맛이 괜찮아서 항상 손님이 바글거리는 곳이었다. 물론 질서의식이 전혀 없는 이집트인들은 아귀들처럼 달려들어 서로 자기 돈을 받으라고 손을 내밀었다. 나는 한동안 서 있었다. 카운터에 있는 계산원도 사람들이 여기저기서 내민 돈을 받는 것에만 관심이 있지 내가 서 있는 것에는 관심이 없어 보였다. 한참 만에 영수증을 받고 샌드위치 코너로 가서 빵을 받았다. 옆사람이 내가 멘 배낭의 지퍼가 열렸다고 일러줬다. 얼른 가방을 어깨에서 내려 보니 바깥쪽 지퍼가 열려 있었다. 느낌이 이상해서 살펴보니 휴대폰이 없었다. 강변에서 분명 시간을 확인하고 배낭 바깥쪽에 넣었다. 그리고 가방을 메고 이곳 샌드위치 가게까지 걸어왔으니 그 사이 휴대폰을 가져갔을 리는 없었다. 그렇다면 누군가 내가 샌드위치 가게에서 돈을 내려고 기다릴 때 훔쳐간 것이었다. 휴대폰은 영어단어 찾을 때도 필요하고, 시간도 봐야 하고 알람으로도 써야 해서 내겐 너무나도 중요한 물품이었다. 그런데 이렇게 중요한 것을 중국에서 잃어버리고 이곳 이집트에서 또 잃어버린 것이었다. 맥이 빠졌다.

　숙소에 돌아와서 직원에게 사정을 설명하고 내 휴대폰 번호로 전화 부탁을 했다. 설상가상으로 배터리까지 떨어졌는지 전원이 꺼져 있다는 안내멘트만 흘렀다.

　아! 이 징그러운 이집트인들! 정말이지, 피라미드만 아니었으면 가지 않았을 곳이었다.

　숙소에서 전철을 갈아타고 기자 역에 내리니 호객꾼 한 명이 금세 따라붙었다. 피라미드에서 낙타 호객꾼들의 사기행각은 배낭여행자들 사이에서 악명이 높았다. 일단 내가 혼자고 여자니까 무척 만만해 보였던 것 같았다. 호객꾼 하나가 나를 다른 호객꾼에게 넘기면 그는 나를 또 다른 호객꾼에게 넘겼다. 아마도 전철역에서부터 구역을 나누어서 같이 행동하는 무리인 것 같았다. 역시나 내가 피라미드까지 버스를 타고 갈 거라고 하니 도중에 버스를 타는 위치만 대충 알려주곤 없어졌다.

　버스 정류장에서 한국 젊은이 네 명을 만나게 됐다. 알고 봤더니 이들도 나처럼 호객꾼에게 놀아나고 있었다. 역시. 그래도 나 혼자에서 다섯 명이 됐으니 천군만마를 얻은 듯 기분은 한결 나아졌다. 우리가 서로 인사를 하고 있는 동안에도 두 명의 호객꾼이 붙었다. 피라미드로 들어가는 길이 두 곳인데 낙타를 타면 입장료를 안 내도 된다고 꼬드겼다. 난 정말 동물을 싫어한다고 말을 했지만 그들은 결코 포기하지 않았다. 우리가 탄 버스까지 따라 탔다. 어디서 나타났는지 또 다른 호객꾼이 자기는 집이 기자라며 길을 알려 주겠다고까지 했다. 혹시나 해서 따라갔더니 역시나 낙타 투어를 하는 여행사로 데리고 갔다. 그리고는 여태 혀 굴려가며 잘 떠들던 영어는 어디론가 사라지고, 갑자기 자기는 영어가 서툴다고 어눌하게 말을 했다. 그런 것은 백중팔십은 자신은 영어가 서툴러 말을 안 할 거니 영어를 잘하는 여행사

사람들과 하라는 뜻이었다.

우린 그가 추천한 여행사를 뿌리치고 피라미드로 들어가는 티켓 판매대를 찾았다. 네 명의 젊은이들은 국제학생증을 제시해서 50% 할인을 받았다. 배낭여행자 대부분은 국제학생증을 들고 다녔다. 심지어 나처럼 나이 먹은 사람들도 국제학생증을 들고 다녔다. 물론 진짜도 있지만 대부분 가짜 국제학생증이었다. 가는 명승지마다 내는 입장료가 부담스럽기 때문이었다. 그나마 학생 할인을 받으면 싸니까 마련을 한다고 했다.

안으로 들어가니 3개의 피마리드가 있는 앞에 스핑크스가 있었다. 가장 보고 싶었던 피라미드를 보니 감격스러웠다. 지금으로부터 3,000년 전에 만들었다는 거대한 피라미드. 돌 하나하나가 크고 무거운 데다 바늘끝도 못 들어갈 만큼 틈이 없이 견고했다. 정말 대단했다. 이런 대단한 문화유산을 두고, 저렇게 상술호객을 멈추지 않는 저

급한 문화의식이라니. 그런 피라미드가 우리나라에 있었다면 얼마나 좋을까? 넋을 잃고 피라미드를 감상하러 다니는 동안에도 낙타를 타라고 조르는 호객꾼들의 행위는 그치질 않았다. 심지어 피라미드 안에서도 스핑크스를 둘러싼 울타리가 있는데 들어가는 입구와 나오는 입구가 달랐다. 그러니까 자연적으로 관광객들은 가까운 거리를 뺑 돌아가야 했다. 또 돌아가는 길엔 노점상들이 진을 치고 있었다.

젊은 청년이 모는 낙타가 있었는데 세 개의 피라미드를 일렬로 볼 수 있는 위치가 있다고 알려줬다.

"내가 생각하기에 이곳에서 그곳까지 너무 멀고 나는 돈이 없다"라고 말해줬다. 그랬더니 "걱정 말고 내 낙타를 타세요. 나는 좋은 사람이고 당신이 행복하면 나도 행복해요. 물론 공짜예요"라고 말했다. 확실히 무료냐고 다시 그 청년에게 다짐을 받았다. 상술에 더 이상 당하지 않겠다는 생각과 괘씸한 생각이 들어서였다. 그래서 낙타를 탔는데 낙타가 정말 컸다. 더군다나 낙타가 사람을 태우기 위해서 무릎을 꿇는다. 다리를 굽히는 것이 아니라 정말로 바닥에 정강이를 붙이고 타기 좋게 몸을 땅에 붙인다.

청년이 말한 전망이 좋은 곳에서 내 카메라로 사진을 찍어주는 서비스까지 받고 원래 있던 곳으로 돌아왔다. 낙타에서 내리니 역시나 그 젊은 청년은 아까와는 다른 말을 했다. "약간의 돈을 줬으면 좋겠어요. 당신을 태운 낙타를 위해서요."

나도 속으로 '낙타를 위해서 이천 원 정도 줄까?'라는 생각도 해봤지만 이들의 상술이 너무 빤히 보여서 눈 딱 감고 외쳤다. "너는 분명 내게 여러 번 공짜라고 말을 했다. 그러니 고맙다, 안녕!"

하지만 낙타에게는 지금도 미안한 마음이 든다. 누가 나를 위해 무릎까지 꿇고 자신을 희생한단 말인가. 이집트 사람들은 관광객들이 낙타에게 느끼는 고마움을 돈으로 갚으라는 말로 정 떨어지게 하는 상술을 버려야 한다고 생각했다.

　아스완엔 아부심벨이라는 신전이 있다. 이 신전은 투어를 이용해야만 했는데 신전 한 군데만 보는 데도 70파운드가 들었다. 나머지 세 군데를 더 들르면 80파운드라기에 윙크 한번 해주고 10파운드를 깎았다. 여행사와 비밀을 지키겠다며 손가락을 걸고 약속을 했다. 호텔 프런트에서 새벽 3시에 모닝벨로 알려줬다. 후다닥 내려오니 3시 20분에 출발을 했다. 이집트도 내부 치안 사정이 별로 안 좋았다. 외국 관광객들을 납치하는 고얀 놈들이 여기도 있었기 때문이었다. 모든 투어 차량을 한군데 모아놓고 차번호를 적고 경찰이 함께 움직여야 했다. 이른 새벽부터 투어 차량들이 일렬로 도로를 달려 7시 즈음 아부심벨에 도착했다.

　아부심벨 신전은 람세스가 자신을 위해서 건축한 신전인데 왕을 위한 대신전은 정면 높이 32m, 너비 38m, 안쪽 길이 63m이며 입구에 높이 22m의 람세스 2세의 상 4개가 있다. 왕비 네페르타리를 위한 소신전은 정면 높이 12m, 너비 26m, 안쪽 길이 20m이며 입구에 높이 10m의 상 6개가 있다. 조각상들이 얼마나 장엄한지 마치 내가 삼천

년 전의 세상에 있는 듯했다. 아부심벨 신전은 나일강이 자주 범람을 해서 할 수 없이 댐을 만드는 바람에 물 속에 잠기게 되어 외국의 협조를 받아 70미터를 끌어올린 곳에 옮겨 세웠다고 한다.

롱 투어(long-tour)는 신전 4곳을 두루 도는 것인데, 아부심벨을 보고 이동하는 중에 운전기사가 외쳤다.

"My friend! 이 댐 근처에 있는 신전은 볼거리는 없고 입장료만 25파운드인데 갈까요? 말까요?"

나는 왜 우리가 친구인지는 모르겠고, 그들은 그렇게 신전 4곳 중 2곳을 입으로 때우며 지나쳤다. 운전기사의 얼굴에 '이 여행은 사기여행임!' 이라고 씌어 있더니 정말 사기를 당했다. 투어를 하면서 입장료를 옵션으로 내야 하는 여행이었던 것이다.

아스완은 상점들이 쭉 늘어서 있었다. 무언가를 사러 들어가면 모든 상품의 가격은 무조건 50파운드에서 시작됐다. 조각품도 50파운드, 티셔츠도 50파운드, 심지어 가방도 50파운드! 그 다음 잘 훈련된 앵무새처럼 나오는 대사는 "당신, 이걸 얼마에 원하는냐?"라는 말이었다. 한참을 돌다가 모자와 전자시계를 샀다.

그런데 거기서 전자시계를 사는 것이 아니었다. 시계를 산 다음날 곧장 시계 화면이 총천연색으로 바뀌었다. 시계를 산 곳에 가서 시계가 이상하다고 했더니 배터리가 없어서 그렇다고 했다. 그럼 배터리를 갈아주어야 함에도 다른 시계로 바꾸어주는 것이었다. 아마도 배터리가 시계보다 더 비싸서 그러는 것 같았다. 한번 더 속는 셈 치고 바뀐 시계를 받아 들었다.

"이건 확실하냐?"

"그렇다." 그 말을 하면서 웃는다.

"내일 내가 이 시계 때문에 다시 오게 되면 넌 죽는다."

라고 말하고 돌아왔는데 그 다음날, 시간과 알람 조정하는 것이 제대로 되지 않아 또 그 가게를 가야 했다. '넌 죽었어!'

대부분 관광객들이 하루만 머물고 떠나는 것을 알고 아무것이나 파는 것 같았다. 관광객이라고 딱 한 번만 가는 사람만 있지는 않을 터인데. 더군다나 요즘에는 인터넷으로 인해 입소문이 얼마나 무서운지 따끔한 맛을 봐야 알 듯했다.

잔돈도 귀한지 잘 안 거슬러 줬다. 슈퍼마켓에서도 잔돈을 주지 않기에 잔돈을 달라고 하니 그제야 줬다. 하여튼 가격은 부르는 사람 마음대로라 대체 그 물건의 정가가 얼마인지 가늠이 안 됐다. 물건을 살 사람한테 달라붙기는 진드기 사촌 같았다. 한번 붙으면 떨어질 줄을 몰랐다. 다른 배낭여행객은 요르단이 더 심하다고 했다. 나중에 여행사에 다니는 사람에게 들으니 이집트나 요르단은 국가 수입이 관광으로만 이뤄져서 어쩔 수 없다고 한다.

다합은 이집트의 동쪽 끝에 있는 바닷가에 있는 도시다. 요르단이나 이스라엘을 가려면 지나가야 하는 도시이고 스쿠버 다이빙을 하기 위해서도 많은 사람들이 찾았다. 내가 갔을 때가 겨울철이라 비수기임에도 관광객이 많았다. 모세가 십계명을 받았다는 시나이 산도 2시간 거리에 위치한 곳이었다.

많은 관광객이 그곳에서 스쿠버 다이빙을 했다. 다이빙의 종류도 다양했다. 블루홀이라고 바닷속이 아름다운 곳이 있었다. 숙소에서 20여 분 걸려 차를 타고 가야 했다. 그곳 숙소 주인의 아들 이름은 샘이었다. 자기는 29살이라고 하지만 정말은 39살 먹은 노총각이었다. 다합에 놀러온 우리나라 아가씨, 나, 샘 그렇게 셋이서 블루홀로 스노우쿨링을 하러 갔다. 숙소에서 장비를 빌려주고 블루홀까지 데려다주는데 25파운드만 내면 된다고 했다.

샘의 차를 타고 가는데 샘이 몇 가지 이야기를 했다.

"블루홀에 가면 많은 레스토랑이 있는데 음료수를 마셔야 해요."

"얼마야?"

"15파운드인데 특별가격으로 10파운드예요."

나는 화가 났다.

"왜 레스토랑을 가야 해? 나는 오로지 스노우쿨링만 하겠다고 했잖아?"

그랬더니 샘이 다시 말을 했다.

"바닷속을 다 보고 나와 쉬면서 레스토랑에서 음료수를 마셔요."

"그 결정은 우리가 할게."

그랬더니 샘이 "왜 노노하면서 말을 많이 하느냐"라며 따졌다. 나보고 말이 많단다. 그러더니 블루홀에 도착해서는 같이 차에 탔던 우리나라 아가씨만 데리고 스노우쿨링복 사이즈를 찾아주며 설명을 했다. 기분이 영 좋지 않았다. 여행지에 가면 투어에 포함되지 않은 옵션을 은근슬쩍 끼워넣는 것에 질렸다. 확인을 하고 또 해도 그것은 언제나 마찬가지였다. 이런 기분으로 아름다운 바닷속을 걷는 것은 아니라는 생각이 들었다. 난 돌아서서 일행들이 있는 곳을 빠져나왔다. '그래, 예쁜 바다를 산책한 값으로 25파운드 준다. 그리고 내일 다른 팀과 같이 다시 오자.'

바다를 거닐다 오니 아가씨가 기다리고 서 있다. 왜 안 하고 서 있느냐고 물었더니 나를 기다렸단다. 샘이 우리를 보고 쫓아와서 나를 보며 "스노우쿨링을 할 거예요?" 묻는다.

할 거라고 하니 나를 기다리며 울었다고 엄살을 떨었다. 차에 가방을 두고 장비를 챙겨 바다로 갔다. 많이 두려웠다. 샘의 한 손을 잡고 바닷속을 보기 시작했다. 우와!!!! 너무나 아름다웠다. 케이블방송 내셔널 지오그래픽에서 보던 그 광경들이 눈에 들어왔다. 색색의 산호초와 그 사이를 떼지어 헤엄치며 오가는 환상의 색깔을 한 물고기들. 거기에 밤 가시처럼 생긴 딱딱한 껍질로 갑옷을 입은 성게, 옆으로 기어 다니는 게까지 보였다. 모든 것이 바닷속에 있었다. 생전 처음 본 바다뱀 때문에 놀라기도 했다. 그 아름다운 자연 그대로의 모습을 보다보니 어느새 안 좋았던 기억들은 물결을 따라 흘러가버렸다. 계속 환호성을 질러대며 바라봤다. 파도가 치면 공기대롱에 물이 들어가 숨쉬기 어려웠지만, 그때마다 얄미웠던 샘을 잡고 대롱을 뒤집어 물을 뺐다. 알고 봤더니 다른 곳에서는 장비만 빌려주는데 10파운드이고 블루힐로 데려다 주는데 20파운드란다. 난 그런 것도 모르고 여행에서의 선입견 때문에 오해를 했었다. 바닷속에서 샘이 있어 정말 안심이 됐다. 이렇게 아름다운 바닷속을 보기 위해 비싼 돈을 들여서 스쿠버를 하는 사람들이 이해가 됐다. 그렇게 한 시간 정도 바닷속을 본 듯싶었다. 추워서 손끝이 저려왔다. 더 이상은 어려울 것 같아서 아쉽지만 밖으로 나왔다.

아가씨는 입술이 보라색으로 변해 있었다. 차를 타고 숙소로 돌아왔다. 더운물에 샤워를 하니 몸이 풀린다.

저녁에는 치킨 바비큐 파티를 한다고 해서 10파운드를 냈다. 숙소 안에 있는 사람들끼리 십시일반으로 10파운드씩 걷어 치킨 바비큐 재료를 샀다. 불을 피워 양념한 닭을 굽고 야채샐러드와 밥 그리고 시금치 국을 같이 기분 좋게 먹었다. 다른 음식점에 가서 그렇게 먹으려면 최하 20파운드였는데, 그 반값으로 이렇게 풍족한 식사를 한다는 것이 참으로 감사했다. 우리는 맥주도 한 캔씩 준비했다가 같이 마셨다. 약간 취기가 돈 샘이 아까 낮에 내가 한 행동을 다른 사람에게 일렀다. 내가 자신에게 했던 행동이 충격이었던 것 같았다. 숙소에는 스쿠버를 하는 장기 투숙객들이 많이 있었는데 머물던 우리나라 사람들이 샘은 맘이 여린 친구니 너무 구박하지 말란다. 나도 미안한 마음이 들어서 콜라를 사다가 따라 주었다. 샘이 사람 좋게 웃으니 내 사과를 받아준 것 같아 기분이 한결 나아졌다.

다음날 오후, 샘이 앞바다에 가서 또 스노우쿨링을 하자고 했다. 처음에는 어제 그 일 때문에 샘이 피곤한데도 무리하는 것 같아 거절했지만, 그 제안을 거절하는 것도 샘에게는 상처가 될 듯도 하고 환상적인 바다가 앞에 아른거려 이내 수락했다. 어제 본 블루힐만은 못하지만 역시 바닷속은 아름다웠다. 돌아서 나오며 샘이 소라를 잡아 바지 주머니에 넣었다. 잡아온 소라를 물에 삶아 먹었는데 양은 적었지만 그래서 더욱 맛이 좋았다.

전날처럼 돈을 걷어 생선 바비큐를 했다. 1미터 가량 되는 참치를 사와서 손질을 했다. 참치 뱃속에 감자와 야채를 넣은 후 호일에 꼭꼭 싸서 숯불에서 익혔다. 그냥 아무런 양념 없이 바로 구운 것이 독특하고 신선한 맛이라 언젠가 나도 만들어 봐야겠다고 다짐했다.

원래 계획은 삼일만 머무르고 떠나기로 했지만 바닷속을 보는 것이 너무 좋아 하루 더 머무르다 이스라엘로 가기 위해 타바행 버스를 탔다. 나흘간 매일 스노우쿨링을 했더니 감기가 걸린 탓에 몸이 무척 피로해서 국경까지 택시를 탔다. 택시를 탈 때 10분 정도밖에 안 걸리니 5파운드만 내겠다고 흥정을 했는데, 도착하고 나니 10파운드를 내라는 택시기사의 말에 기가 막혔다. 화가 머리끝까지 나서 확! 성질을 내며 눈을 부라렸더니 간이 콩알만해진 택시기사가 놀라서 몸을 뒤로 젖힌다. 가방을 둘러메고 약속한 5파운드를 던져주고 내렸다.

"내가 누군 줄 알아? 대한민국 아줌마야! 더 이상 이집트의 바가지 상술 못 봐줘!"

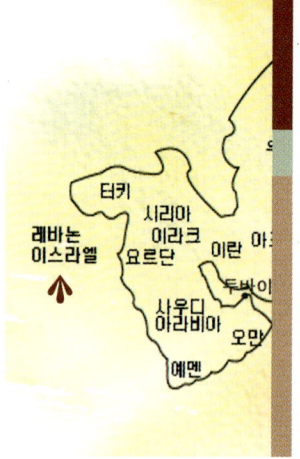

이스라엘
슬픈 풍경을 지닌 '세계의 화약고'

경험해본 입국 검색대 중 가장 긴 단계를 거친 곳은 이집트에서 이스라엘로 들어갈 때였다. 입국 심사대에서 여권을 제시하고 별지에 입국 도장을 찍어달라고 했더니 거절을 했다. 요르단을 거쳐 시리아로 갈 계획이었는데, 시리아는 여권에 이스라엘 도장이 찍혀 있으면 입국을 할 수 없다. 짧은 시간 고민하면서 난 10년짜리 미국비자를 보여줬다. 어디를 가든 미국비자를 보여주면 상대방의 태도가 조금은 호의적이었기 때문이었다. 그러나 "미국과 이스라엘은 상관없다"라며 냉랭하게 말하는 직원의 입술을 바라봐야 했다. "플리즈"를 외치며 다시 부탁을 했다. 이번에는 "왜 혼자 여행을 하느냐"라고 물었다. 그래서 "우리 아들은 군대에 입대했고, 딸은 공부하러 일본으로 갔다"라고 답을 해주었다. 어떤 것이 그 직원의 마음을 흔들었는지 모르겠지만 여권 별지에 3개월짜리 비자를 줬다. 이스라엘 입국 도장은 아랍권을 여행하려는 여행자들에게, 특히 시리아를 가려는 여행자에게는 난관이었다. 다른 여행객들에게 들은 정보에 의하면 '이스라엘의 입국 도장은 운'이라고 했다. 난 운이 좋아서 별지에 입국 도장을 받아서 다행히 시리아를 갈 수 있었다.

이스라엘에서 요르단 국경으로 갔을 때 별지에 있는 이스라엘 비자를 보고 당연하다는 듯 요르단 직원이 출국 도장을 여권이 아니라 별지에 찍어줬다. 시리아에서 문제가 될까봐 해주는 배려였다. 웃음기 없는 이스라엘 출입국 직원의 사무적인 태도에 비해 요르단 출입국 직원은 환한 얼굴로 웃으며 통과시켜줬다.

이집트에서 이스라엘에 입국하고 고민에 빠졌다. 곧바로 요르단 국경으로 향할 것인가, 아니면 예루살렘을 들렀다 갈 것인가. 이집트 다합에서 만난 현주와 동행을 했기에 그녀와 의견을 나누었다. 결국은 이스라엘에 왔으니 예루살렘으로 가기로 했다. 버스 한 대가 대기하고 있었는데, 우리가 다가가자 슬그머니 움직이더니 그냥 가버렸다. 정류장에 도착한 버스도 이방인들을 보더니 본체 만체였다. 왜 그랬는지는 모르겠지만 분명 친절하지 않은 것만은 확실했다. 난 감기 때문에 약을 먹은 터라 몸에 힘이 없어 아무 거나 빨리 타고 싶었다. 택시기사와 흥정을 마쳤다. 택시에 짐을 실으려는데 그 순간 하필이면 버스가 왔다. 운 없는 택시기사에게 미안하다고 말하고 터미널행 버스에 몸을 실었다.

터미널에 가보니 물가가 무척 높았다. 인터넷 사용료가 시간당 4달러가 넘었다. 이스라엘에는 당초 머무를 계획이 없었기에 숙소 정보도 없었다. 힘없이 버스 대기실에서 버스를 기다리는데 호주 커플이 론리를 보고 있었다. 그래서 현주에게 숙소를 좀 물어보라고 했더니 싫다며 영어가 짧은 나보고 직접 하라고 했다. 그는 대학원생이고 미국으로 영어 연수도 다녀온 터라 나보다 영어 구사력이 훨씬 나을 것 같아서 부탁한 것이었는데 내가 시키는 게 싫었던 것 같다. 감기와 약기운에 정말 움직이기 싫었지만 할 수 없이 호주 커플에게 다가갔다. 그들에게 양해를 구하고 호텔 두 곳의 주소를 적었다.

예루살렘(현지인들은 '제루살렘'이라고 불렀다)에 도착해서 버스터미널 밖으로 나오는데 삼엄한 검색대를 지나쳤다. 터미널에서 검색대를 거쳐야 하는 걸 보니 역시 무서운 나라라는 생각이 든다. 터미널엔 총으로 무장한 채 군복을 입고 돌아다니는 젊은이들이 많다. 내가 적은 호텔 주소를 보여주니 보초를 서던 군인 한 명이 내가 있는 곳 건너편에서 버스를 타라고 일러주었다. 길을 건너려고 몸을 움직이는데 호주 커플이 자신들을 따라오라고 해서 뒤따라갔다. 덴마크를 여행한 이후에 서양인들을 안 믿기로 했지만, 그의 손에 들린 론리가이드북과 그 속에 지도를 보고 한 번 더 믿어보기로 했다. 감기와 약기운 때문에 온몸에서 힘이 빠진 상태로 무거운 배낭을 메고 뒤따라갔는데 이십여 분을 헤매다 결국에 터미널로 다시 되돌아왔다. 그 호주 커플은 나침반과 지도는 폼으로 들고 있었는지 숙소를 찾지 못했다. 길 가는 아무한테나 지도를 보여주면 숙소를 알려줄 법도 한데 호주인은 절대 도움을 구하지 않았다. 그저 나침반과 지도만을 뚫어져라 보며 헤매고 다녔다. 마침내 제 스스로 안 되겠다는 결심이 섰는지 길을 가던 아가씨를 붙잡고 물어봤다. "버스를 타고 가시던가, 아니면 택시를 타세요." 결국 일행 넷이서 택시비를 나누기로 하고 택시를 탔다. 그렇게 어렵게 찾은 숙소에 도착하니 너무나 힘이 없어 샤워하는 것도 포기하고 재빨리 침낭을 펴고 잠을 청했다.

아침 일찍부터 구시가지를 걸었다. 이름만 구시가지일 뿐이었다. 돌로 지어진 성곽과 건물들이 보수를 거듭해서인지 옛것처럼 느껴지지 않았다. 여행을 다니면서 아주 오래된 건물들은 나름대로 보는 맛이 있었다. 오래 됐지만 고풍스럽고 나라마다 각기 다른 특색이 느껴지는 맛!

예루살렘의 구시가지는 다른 나라에서 만난 건물과는 의미가 조금 달랐다. 아니 많이 달랐다. 넓지 않은 구시가지를 나누어 각자 다른 종교의 사람들이 같이 살고 있었다. 기독교인, 유대인, 아르메니아인, 그리고 무슬림인이다.

'세계의 화약고'라는 별명이 있다고 들었는데 실제 예루살렘에 가 보니 그 별명이 딱 들어맞았다. 구시가지를 걷다 보면 '통곡의 벽'이 있었다. 들어가는 입구에는 역시 검색대가 있었는데 안으로 들어가 보니 검은색 옷을 입고 검은 모자를 쓴 사람들이 보였다. 애교머리를 귀 뒤로 살짝 넘긴 헤어스타일이 다들 비슷했다. 한 쪽에서는 오직 남자들만 모여서 몸을 흔들며 경전을 읽고 있었다. 그들이 있는 곳은 절대 여자가 들어서면 안 된다고 했다.

어떤 사람에게 "이 벽을 왜 통곡의 벽이라고 부르느냐?"라고 물었다. 그의 대답은 이랬다. "로마군에 의해서 성전이 무너졌을 때 유일하게 남아 있던 서쪽 벽인데 유대인들이 벽 앞에서 통곡을 해서"란다. 통곡의 벽 근처에는 이슬람교 성전인 바위사원이 있었는데 둥근 지붕은 황금으로 덮여 반짝이고 있었다. 아브라함이 신에게 아들 이삭을 제물로 바친 바위가 있는 이슬람교의 성지다. 그동안 이스라엘이 했던 근성으로 봐서는 그 이슬람 사원을 부숴도 벌써 부숴 버렸을 것 같았는데 여태 놔두고 벽 앞에서 통곡을 하는 것이 신기했다.

옆에 있던 일행이 이슬람 성전을 부수면 세계종교전쟁이 일어날 것이라는 이야기를 했지만 농담으로 들리지 않았다.

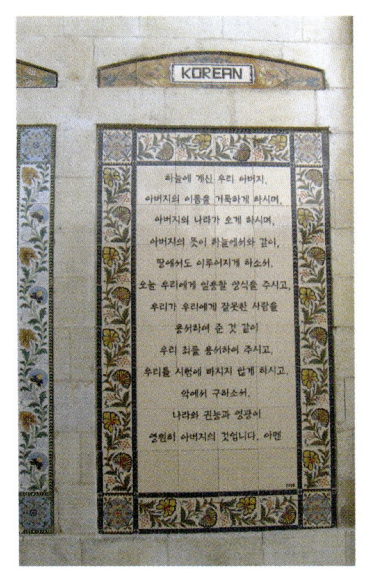

예수님이 성전을 바라보며 탄식을 했다는 교회도 가고, 주기도문이 각 나라 말로 적혀 있는 주기도문 교회도 갔다.

예수님이 십자가에 못박혀 돌아가신 후 시신이 잠시 머물던 무덤 위에도 교회가 있었다. 돌이 패인 형태로만 남아 있고 뚜껑은 없어서 궁금했다. 왜 관이 저런 것이냐고 물으니 예수님이 죽음에서 부활하셨기 때문이라고 했다. 교회가 많았다. 예수님을 낳은 성모마리아가 돌아가신 장소에

도 교회가 있었고 마리아의 무덤에도 화려한 교회가 있었다. 예수님이 죽기 전날 새벽닭이 울 때, 스승인 예수를 세 번이나 모른다고 부인했던 제자 베드로의 교회는 닭 그림이 그려져 있어 흥미로웠다.

올리브산과 성전 사이는 공동묘지였다. 물론 공동묘지도 이슬람인, 유대인 등 종교별로 나뉘어져 있었다. 예수님이 재림할 때 들어가는 문 쪽으로 묻혀 있다가 함께 부활하기 위해서라는데 그 묘지에 묻히길 원하는 사람들이 많단다. 묘지 값이 아주 비쌀 것 같았다. 2000년 전에 심었다는 올리브나무도 보았는데 아름드리 고목이 멋지다.

요르단으로 가는 버스를 타기 위해 터미널로 갔다. 터미널에 들어서기 위해서 처음 도착했을 때처럼 삼엄한 검색대를 거쳤다. 버스 터미널 안에는 역시 군인들이 많았다. 보통은 총을 둘러메고 큰 배낭을 짊어졌는데 가끔 'enjoy'라고 씌어 있는 배낭을 짊어진 군인도 있었다. 이스라엘 군복은 일체형 작업복 스타일인데 바지의 엉덩이에 벨트를 하고 벨트에는 휴대폰을 매달았다.

정말 총을 쏠까? 이스라엘이 아랍 국가들을 꼼짝 못하게 하는 것을 보면 잘 싸울 거고, 아무튼 삼엄하고 슬픈 풍경을 가진 곳이었다.

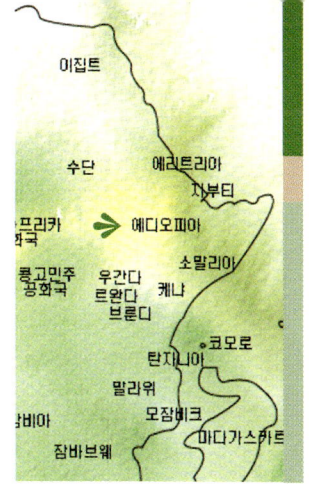

에티오피아
시미엔 산의 총잡이 총각

2월 16일, 시미엔 산 국립공원

1박 2일 동안 시미엔 산 트레킹을 다녀왔다. 후회가 막심하다…….
왕복 52킬로미터를 걸었다. 갈 때 7시간, 올 때 6시간…….

맨 처음 숙소에 도착해서 물어보니 왕복 14킬로미터 하루 코스가 있고, 왕복 52킬로미터 1박 2일 코스가 있다고 했다. 뭔 용기가 어디서 났는지 과감히 1박 2일 코스를 선택했다. 숙소 500미터 아래에 시미엔 국립공원 사무소가 있었다. 아침 일찍 공원 사무소로 가니 시메인산으로 가는 다른 팀들이 보였다. 투어를 원하면 여기서 기다리다가 자리가 남은 투어팀에 합류해도 될 듯싶었다. 입장료가 그새 올라서 70비르(7천원), 산장의 침대 값이 40비르, 스카우트비가 2일 동안 80비르, 합쳐 190비르가 됐다. 스카우트가 무언지 궁금할 것이다. 그건 바로 총을 든 보디가드를 말했다. 보디가드가 이틀간 나를 따라다니면서 지켜주는 값을 스카우트비라고 하는 것이다. 그 비용 안에는 산길을 안내해주는 비용도 포함되어 있었다. 총까지 든 남자를 따라 산길을 가려니 조금 걱정이 돼서 오피스 직원에게 믿어도 되느냐고 물었다. 믿어도 된단다. 하긴 스카우트비도 사무실에 지급했으니 괜찮을 것 같았다. 친절한 사무소 직원이 한 남자를 가리키며 그를 따라가면 스카우트가 있을 거라고 했다. 그 남자와 사이를 두고 따라 걸으니 그 남자가 멍청해 보이는 총각에게 말을 걸었다. 눈치를 보아하니 어눌해 보이는 총각이 싫다고 하는 것 같았다. 52킬로미터를 걸어가야 하니 싫었나 보다. 아님, 내가 싫었나? '나도 네가 싫어!!'

조금 더 가니 총을 든 또 다른 총각이 보였다. 남자가 그에게 나를 가리키면서 뭐라고 설명을 했다. 그 총각은 알았다며 고개를 끄덕였다. 나도 그 총각이 아까의 그 멍청이보다는 맘에 들었다. 밤에 몹시 춥다고 해서 여벌의 옷 두 벌과 물 1L 작은 병 하나 그리고 비스킷 다섯 봉지를 침낭과 함께 챙겼다. 그 총각은 자기네 집으로 들어가면서 나를 보고 따라 들어오라고 시늉을 했다. 그의 집 안에는 세 남자가 둘러앉아 아침을 먹고 있었다. 집 안에 전구가 달려 있는데도 불을 켜지 않아 캄캄했다. 그나마 문을 열어놓은 사이로 약간의 빛이 들어왔다. 그 빛으로 사람의 실루엣과 집안 세간이 보였다. 달랑 간이침대가 하나가 놓여 있는 방, 창고처럼 보이는 방, 부엌, 그리고 응접실이 보였다. 화장실과 수도는 보이지 않았다. 집은 흙집, 바닥도 흙바닥, 벽도 흙벽, 지붕도 흙지붕이었다. 한마디로 동물 우리와 같았다. 그의 엄마가 시큼한 냄새가 나는 빈대떡을 줬다. 에티오피아 빈대떡이었는데 이름은 기억나지 않지만 조금 떼먹고 도로 주었다. 반죽할 때 레몬을 넣은 듯싶은데, 아무튼 시큼해서 내 입맛에는 맞지 않았다. 어떻게든 성의를 생각해 먹어보려고 애썼는데 정말 맛이 없었다. 응접실 한가운데 숯불을 피우고 있었는데 나를 위해서 커피 세레모니를 했다. 숯불 위에 넓적한 팬을 올리고 그 위에 물을 부으면서 손으로 커피를 비벼 닦은 후 볶았다. 그런 후에 나무절구에 볶은 커피를 넣고 한참을 빻더니 물주전자에 커피를 넣어 끓였다. 볶은 커피를 거르는 거름종이 같은 것은 없었다. 준비한 잔에 그냥 커피를 따라주는데도 바로 볶고 끓여서 향이 무척 좋았다. 은은하고 고소하고 세련된 커피의 향이 집안 가득히 퍼졌다.

커피를 마시다 생각해보니 앞으로 7시간을 트레킹해서 해지기 전에 숙소에 도착을 해야 하는데 총각이 갈 생각을 하지 않는 듯 보였다. 그 자리에서 커피를 세 잔이나 마시고서야 일어났다. 워커를 벗고 플라스틱 샌들로 갈아 신고는 맨몸에 총만 하나 달랑 들고 나왔다. 가방은 어디 있냐고 물으니 어딘가에 있다며 아무 곳이나 손가락으로 가리켰다. 이윽고 시장 안에 있는 옷가게로 들어가더니 얇은 담요 하나를 들고 나왔다. 이후에 구멍가게로 가더니 200원짜리 비스킷 하나를 사고 봉지를 얻어서 담요를 쑤셔 넣었다. 그게 준비 끝이었다. 정말 기가 막혔다. 비스킷 하나로 이틀을 버티겠다니 더군다나 물도 없이? 마침 구멍가게 앞에서 가방을 팔았다. 스카우트를 위해 55비르를 주고 가방을 샀다. "앞으로도 계속 스카우트 일을 하려면 가방 하나는 있어야 할 것 아니냐?"

안되겠다 싶어 물도 사고 비스킷을 5개 더 사서 가방에 넣어주었다. 그 동네 상점에서 살 수 있는 유일한 먹을거리였다. 그는 어색해하며 웃었다. 다만 같이 이틀 동안 트레킹할 동료인데 동료와 무사히 여행을 하고 싶었을 뿐이었다. 그러고는 걷기 시작했다. 7시간 동안 걸을 생각을 하니 암담했다. 두 시간이나 걸었는데 다른 여행객의 스카우트가 아직 20킬로미터 남았단다. '해지기 전에 캠프에 도착해야 하는데……' 저 총각은 뭔 생각을 하고 걷고 있는지 별 말이 없었다. 낯선 외국인 여자라 그가 먼저 말을 걸기도 뭣한 것 같아 혼자서 머릿속에 별별 생각을 다했다. 이러다 해가 지면 어떻게 하나? 노숙을 해야 하나? 갑자기 비라도 내리면 등등.

이런 생각으로 걷고 있는데 갑자기 이 총각이 현지인 가정집을 쳐다보며 불쑥 들어가 뭐라고 말을 했다. 그러더니 나를 돌아보며 들어가자고 했다. 어차피 사무소에서 믿고 섭외해준 스카우트니까 그를 믿어야 한다고 여겼다. 잔말 없이 그 집 안으로 들어가니 우리나라 외

양간 같았다. 집안에는 닭들이 돌아다녔다. 앉으라고 하면서 뭘 펼쳐 놓은 데를 가리키는데, 가만히 보니 직접 벗긴 양가죽이어서 기겁을 했다. 내 모습이 안쓰러웠는지 마대자루를 깔아줬다. 그 집도 총각의 집처럼 집안 가운데 숯불이 놓여 있고 한쪽에 나뭇가지와 마른 잎이 땔감용으로 있었다. 숯불 위에 팬을 올려놓고 보리 같은 곡물을 볶아서 내게 건네줬다. 그리고 또 같이 사는 아낙이 만든 커피 세레모니를 받았다. 그렇게 곡기를 해결하니 좀 나았다. 우리 스카우트 총각은 뭘 마시나 보았더니 막걸리 같은 것을 마셨다. 자기네 집에서도 깡통에 든 저 막걸리 같은 것을 마셔대더니, 그 집에서도 맥주 1,000cc는 족히 들어감직한 깡통으로 3개나 들이켰다. 음주 스카우트를 하겠다는 말인가? 음주상태로 일을 하다니?

부엌에서는 열일곱 살 정도 나이의 젖먹이 딸린 여자가 보였다. 젖가슴이 다 보이게 찢어진 옷을 입고 일을 했다. 나일론 원피스인데 얼마나 많이 빨았는지 너덜너덜했다. 젖가슴이 툭 하니 밖으로 나와서 다 보이는데도 우리 스카우트 총각에게 막걸리를 따라주고 그 옆으로 가 앉더니 천연덕스럽게 갓난아이에게 젖을 물렸다. 스카우트 총각은 갈 길이 20킬로미터 남았다고 했음에도 또 일어날 생각을 안 했다. 안되겠다 싶어서 가방을 메고 일어서서 가자고 먼저 말을 했다. 이 총각이 나보고 주인 아낙에게 10비르를 주란다. "아니, 자기가 들어와서 막걸리 퍼마셔놓고 왜 날보고 돈을 주래? 왜?"라고 소리를 질렀더니 커피 값이라고 했다. 내가 얼굴을 찡그리니 커피를 내준 아낙은 됐다고 손을 내저었다. 주섬주섬 10비르를 꺼내서 아기엄마에게 주었다. 찢어진 옷이 안타까워서였다.

그 집 밖으로 나오자 그제야 우리 스카우트 총각이 미안해하는 표정을 지었다. 그 표정이 참 순진해보이고, 어려보이고, 내 아들 같고 해서 괜찮다며 웃어주었다. 그 집에서 더 화를 내면서 따끔하게 항의를 하고 싶었지만 에티오피아는 길을 걷다 보면 양치는 꼬맹이들이 불쑥 나타나 "헬로우 차이나! 원 비르!"를 외쳤다. 스카우트 총각 없이 혼자서는 도저히 지나칠 수 없을 정도로 그런 아이들이 무서울 정도로 많았다. 4시쯤 되어갈 때 아주 높은 곳을 걷고 있었는데 발 아래

로 자그마한 그랜드캐니언이 끝없이 나타났다. 날씨가 좋지 못해 저 멀리까지 선명히 보이지 않는 것이 아쉬웠다. 참 아름답다! 저 멀리 지평선과 맞닿은 하늘은 사람이 만든 인공낙원이 얼마나 부질없는 것인가를 알게 해줬다. 내가 걸어서 올라야만 볼 수 있는 풍경이 거기에 있었다. 6시가 다 되어서야 캠프에 도착했다. 흙길만 7시간을 내리 걸어서 옷과 운동화는 완전 흙범벅이 됐다. 먼저 도착해 있던 다른 팀의 스카우트가 물을 조금 나눠주어 세수를 하고 손을 씻었다. 그러고 나니 조금 여유가 생겼다. 침대에는 깨끗해 보이는 매트와 담요가 깔려 있었다. 내 침낭을 깔고, 가져온 여벌의 옷으로 갈아입고 비스킷을 하나 꺼내 먹고 다음날 아침까지 내리 잤다.

아침에 일어나니 독수리 비슷하게 생긴 새들이 땅바닥을 뛰어다니고 있었다. 동물은 그걸로 끝이었다. 원래 이 산은 야생 원숭이와 사슴 등을 흔하게 볼 수 있는 곳으로 알려져 있었다. 나는 산 입구에만 간 것이기 때문에 하나도 보지 못했다. 아마도 4일 코스를 선택한 여행자들은 그 흔한 동물들을 봤을 것이다. 난 입구에서 현지인들이 기르는 양, 나귀, 말, 그리고 소 따위만 실컷 봤다.

다시 또 걸었다. 걷는 중간에 우리 스카우트 총각이 또 가정집으로 들어가겠다고 했다. 내가 "노!"라고 외치니 나보고 밖에서 기다리란다. '그래 힘든 육체노동을 하려면 막걸리 마실 시간은 줘야겠지.' 라고 생각하고 밖에서 기다리는데 동네 꼬마들이 몰려왔다. 온 동네 꼬마들이 모두 내게 몰려온 듯했다. 합창을 하듯 "원 비르!"를 외쳤다. 난 우리 스카우트 총각이 들어간 가정집 안으로 들어가서 그에게 빨리 가자고 소리를 질러야 했다.

숙소까지 꼬박 6시간을 걸어서 돌아오는데 허벅지가 뻐근했다. 나를 본 사람들마다 "헬로우!"나 "살람!"을 외치는데 대꾸해줄 힘이 정말 하나도 없었다. 트레킹이 끝나자 이 길을 같이 걸어준 스카우트 총

각에게 고마워서 100비르(10,000원)를 주었다. 안 받겠다고 손을 감추기에 그 손을 잡아다 손바닥을 펴서 곱게 쥐어줬다. 여태 누군가에게 팁을 주고 싶어서 먼저 쥐어준 건 처음일 듯싶었다. 여행하는 동안 난 팁에 아주 인색했다. 아니 팁이란 것을 주고 싶지 않았다. 적당한 대가를 지불했는데 왜 또 팁을 주어야 하는지 도무지 이해가 안 갔다. 아마도 팁 문화에 익숙하지 않아서일 것이다. 그런 내가 그에게 100비르를 건넨 것은 일당 8천 원에 52킬로미터를 걷게 만든 것이 미안해서였다. 군말 없이 나를 지켜준 그가 고마워서였다. 그리고 그의 집은 정말이지 찢어지게 가난해서 어떻게든 돕고 싶었다. 나는 이후 여행하면서 도미토리 룸에서 더 많이 자고, 목이 마를 때 물 한 번 덜 사서 마시면 그만이었다. 그런 환경에 직업을 갖고 일하는 것이 내 보기에 예뻐 보였다. 한국에서 부모님이 재산을 물려주지 않는다고 몹쓸 짓 하는 젊은 애들을 몽땅 에티오피아에 데려와서 벤치마킹을 시키고 싶었다. 와서 이들을 본받아야 한다. 대학까지 보냈더니 취직 안 된다면서 집안에서 맹탕으로 보내는 애들이 우리 스카우트 총각처럼 고생을 해봐야 돈 만 원이 귀한 줄 알 것이다. 스카우트 총각! 그래도 일할 때는 막걸리 그만 마셔요. 몸 상해요!

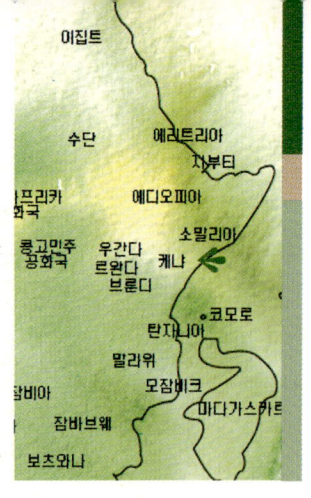

케냐
소와 사람이 함께 타고
달리는 쇠물 트럭

아프리카의 국경 넘기는 수월했다. 케냐에서부터 시작해서 탄자니아, 잠비아, 나미비아, 남아프리카공화국은 각 국가를 잇는 국제버스가 있었다. 국제버스를 이용하면 단체로 줄을 서서 비자를 받으니 까다롭지 않게 국경비자를 내줬다.

그런데도 문제는 에티오피아에서 케냐로 넘어가는 과정에서 발생했다. 막대기 하나 걸쳐 놓고 국경을 구분해 놓은 나라였다. 비자를 받은 사무실 바로 옆에 또 다른 사무실이 보였다. 출입국 직원으로 보이는 사람들이 아침식사를 하고 있었다. 냄새가 좋아서 기웃거렸더니 나보고 들어오라고 불렀다. 마침 배가 고팠던 나는 염치불구하고 얼른 들어섰다. 그들은 보온통에서 짜파티를 꺼내 줬다. 인도나 파키스탄의 짜파티는 화덕에 굽는데, 건네받은 짜파티는 우리나라 전처럼 기름기가 흘렀다. 밀크를 듬뿍 넣은 짜이도 한 컵 받아 마셨다. 간사할 정도로 배가 금세 불렀다. 에티오피아에서는 빵떡의 발효 냄새가 싫어서 볶음밥만 먹었는데 케냐는 먹거리가 괜찮았다.

식사 후 감사인사를 건네고 밖으로 나왔다. 몇 분 걸었더니 줄지어 서 있는 트럭들이 보였다. 그리고 호객꾼 몇이 나에게로 왔다. 들어보니 '로리'라고 부르는 트럭을 타고 나이로비까지 가는데 2,000실링(30달러)이라고 했다. 그 돈을 내면 "운전사 옆자리에 앉을 수 있도록 해주겠다"라고 했다. 짐값으로 200실링을 더 내야 한다고 해서 거절을 했더니 2,000실링에 짐값을 포함하는 것으로 일단락을 지었다. 내게 영수증을 써줄 것처럼 볼펜을 달라고 하더니 영수증을 주지 않아서 재촉을 했다. 영수증을 받고 로리에 올라탔더니 한쪽에 전날 도착해서 기다리고 있던 일본 남학생이 보였다. 여행 경로가 같은지 5일 동안 보게 된 여행객이었다. 면식이 있으니 인사를 나누고 있는데, 호객꾼이 다시 내게로 와서 짐값 200실링을 달라고 했다. 총 2,000실링에 짐값도 포함하기로 협의를 했다고 하니 일본 남학생도 2,200실링을 냈다며 돈을 더 내라고 재촉을 했다. 일본 남학생은 짐값으로 200실링을 고스란히 주는 바보짓을 했던 것이다. 그러니 나까지 200실링을 더 낼 수밖에 없었다.

  9시 30분에 출발한다던 트럭은 10시 30분이 됐는데도 떠날 기미조차 없었다. 호객꾼은 계속 기다리라는 말만 앵무새처럼 반복했다. 한눈에 보기에도 나이로비까지 가는 사람들은 엄청 많은데 도대체 왜 버스가 없는지 모르겠다. 이런저런 케냐에 대한 첫인상을 생각하고 있는데, 내가 탄 트럭 호객꾼이 다시 오더니 "500실링을 되돌려 줄 테니 차 지붕에 타세요."라고 했다. 처음에 무슨 말을 하는지 몰랐다.

  여행객들이 우르르 트럭 뒤에 올라타기에 쳐다보니 흙을 실어 나르는 덤프트럭인데 케냐에서는 소를 운송하는데 쓰였다. 그래서 아래 칸은 소들이 있고 그 위에 쇠창살을 덧댄 지붕이 있고 그 쇠창살을 잡고 앉아서 27시간을 가라는 말이었다. 내 몸을 보호해줄 안전장치도 하나 없는데다 그 철망을 이동하는 내내 붙잡고 가야 했다. '가다가 피곤해서 졸면? 졸다가 떨어지면? 나는 어떻게 되는 거지?' 기가 차서 말이 나오지 않았다. 그동안 모든 여행객들이 그렇게 '로리'를 타고 이동했다는 것 아닌가. 난 못 타겠다고 환불해달라고 했다. 에티오피아로 다시 돌아가고 싶었다. 일본 남학생은 자신의 짐을 둘러메고 지붕 위에 자리를 잡고 앉았다. 저런 것도 일본인들의 습성인가? 누가 하라고 하면 그냥 해야 하는 줄 알고 체념하는 것.

일본인 남학생을 포기하고 경찰을 찾아 봤지만 보이지 않았다. 나는 웨스턴뱅크에 소속된, 총으로 무장한 경비 두 명에게 내 상황을 설명했다. 매일 보는 광경인지 매우 익숙하게 로리 호객꾼을 불러 뭐라고 물어봤다. 말이 끝나자 호객꾼은 내게 다른 차가 오고 있으니 기다리라고 하면서 자리를 떴다. 내게 짐값 200실링을 내라고 조를 때는 진드기처럼 붙어 있던 사람이 맞나 싶었다. 경비가 자기 옆에서 걱정하지 말고 기다리라고 했다. 부정부패가 많은 나라에서는 공무원이나 은행원의 끗발이 최고다! 나 혼자 힘으로 어려울 때는 반드시 현지인의 도움을 받는 것이 필요했다. 트럭이 한 대가 들어오니 경비가 그 트럭을 가리켰다. 곧이어 그 진드기(호객꾼)가 나를 데리러 왔다. 새로 들어온 트럭의 조수석이라며 선심 쓰듯이 또 200실링을 달라고 했다. 이번에는 주는 것이 더 낫겠다 싶어서 아무 말 없이 건네고 4명의 조수석 자리에 올라탔다. 나 말고도 조수석에 3명이 더 앉았다. 케냐인 여성 2명은 운전석 바로 뒤에 마련된 1평 남짓한 공간으로 신을 벗고 들어갔다. 나는 마흔 정도 된 에티오피아 남자와 함께 운전기사 옆에 앉았다. 바로 그때 일본 남학생이 오른 트럭이 떠나고 있었다. 트럭 지붕에 앉은 그 남학생은 보기에도 불안한 철망을 양손으로 꼭 쥐고 있었다.

내가 탄 트럭은 27시간 동안 경찰과 군인에게 서른 차례 정도의 검문을 받았다. 운전기사는 미리 50실링을 잔뜩 갖고 있었는데 검문하는 사람들과 악수를 하는 척하면서 돈을 건넸다. 그게 아니면 물품 수송서류 사이에 끼워서 전달하는 방법으로 돈을 건넸다. 가축운송 트럭에 사람을 태우는 것이 불법이라서 계속 상납을 하는 것이었다. 그렇다면 지붕에 매달려 가는 일본 남학생 트럭은 버젓이 훤하게 낯선 이국인을 태운 것이 보이는데 어떻게 처리했을까? 그게 보이지 않았다면 다들 눈뜬 장님이 분명했다. 아이러니하게도 이렇게 고생스럽게 운전하는 기사의 월급이 10,000실링이란다. 옆에서 보니 그가 트럭을 몰고 가는 동안 경찰에게 건넨 상납금만 해도 족히 2,000실링이 넘었다. 뇌물이 월급보다 많다는 것은 어느 나라를 막론하고 문제다.

중간에 한 번은 검문하던 경찰이 나보고 내리라고 하더니 나에게 비자가 없다고 말했다. 비자를 찾아서 보여 주니 비자 발행일을 가리키면서 만료일이 어제였으니 쓸모가 없다고 했다. 옆에 있던 다른 경찰이 "이 비자는 석 달짜리야."라고 말을 해주니 그제야 나를 보고 미안하다고 했다.

27시간 동안 나는 한숨도 자지 않았다. 운전기사를 지치지 않도록 해야겠다는 생각이었다. 지붕에 매달려 가는 사람들이 걱정이 됐기 때문이었다. 새벽 2시가 되니까 다행히도 운전기사가 잠깐 잠을 자야겠다며 트럭을 세웠다. 그 기회에 나도 좀 잘까 했는데 전혀 잘 수가 없었다. 불편하기도 하고, 낯설기도 하고……. 이동하는 동안 본 기린, 펠리칸, 가젤, 토끼, 다람쥐 생각도 나고……. 아! 우리나라 고속버스 생각도 했다. 그곳 아프리카 사람은 에티오피아 사람과 마찬가지로 먹지도 싸지도 않는 공통점을 갖고 있는 것 같았다. 트럭 기사가 12시간에 한 번씩 식당에 들렀던 것 말고는 쉬지 않고 달렸다. 우리나라 고속버스는 2~3시간에 한 번씩 고속도로 휴게소에 들르지 않는가. 정말이지 소변이 마려워 죽는 줄 알았다. 우리나라 고속버스 만세!

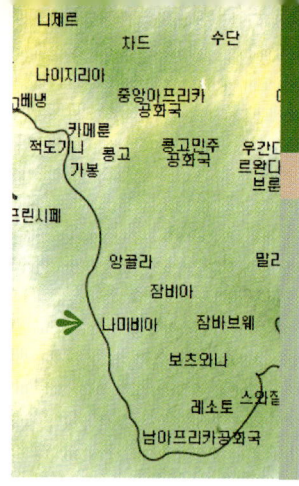

나미비아
낯선 사람과 동물과
열흘간의 캠핑 생활

　캐나다 아가씨, 그녀의 미국인 남자친구, 이스라엘 아가씨, 그리고 나! 우리는 나미비아에서 열흘 동안 캠핑을 했다. 매일 해뜨기 전에 일어나 움직여 돌아다니다가 저녁이 되면 캠핑장으로 갔다. 2명은 저녁 준비를 하고 2명은 지프차 지붕 위에 두 개의 텐트를 쳤다. 다들 머리가 좋아서 답답한 행동을 하거나 눈치 없는 행동을 하지 않았다.

　21살 이스라엘 아가씨는 군 제대할 때 받은 돈과 입대 전에 모은 돈으로 아프리카 여행을 왔단다. 그녀는 당당하게 말하고 행동하는 것은 물론 남에게 폐를 끼치지 않으려고 했다. 그런 행동과 생각을 하는 청년들이 이스라엘 군인이라 생각하니 소름 끼치도록 두려웠다. 아랍인들을 향해 거침없는 행동을 하는 이스라엘은 그냥 만들어진 것이 아니다. 만약 우리나라 여성들도 군대에 간다면 건강하고 당당하게 변할까?

　캐나다 아가씨는 모두가 같은 양의 일을 해야만 한다는 생각을 하는 듯했다. 같이 지내는 열흘 동안 난 벙어리로 지냈지만 그들의 행동이나 표정을 보면서 눈치껏 행동을 했다. 일찍 일어나서 아침 식사 준비를 했지만 파스타나 샐러드 종류는 미국 남자가 했다. 그런 날은 설거지를 하곤 했는데 그럼에도 불구하고 캐나다 아가씨는 종종 나에게 일을 시켰다. 그러면서 꼭 "Thank you!"라고 말을 한다. 그들은 하루에 백 번은 고맙다는 말을 하는 듯하다. '저들은 정말 감사해서 종

일 땡큐를 외쳐대는 걸까? 고맙다는 말에 익숙하지 않은 나는 그들이 고맙다고 해도 그냥 웃어주었다. 그들의 눈에 나는 고마움을 모르는 아시아인으로 보였을까?

    미국인 남자가 우리나라 카이스트 대학에 교환 학생으로 온 적이 있어 한국 정서를 조금은 아는 듯했다. 비빔밥, 김밥, 불고기, 소주를 좋아하는 그가 내게 한국말로 "감사합니다."라고 말을 하기도 해서 나를 놀래키기도 했다.

나미비아 에토스

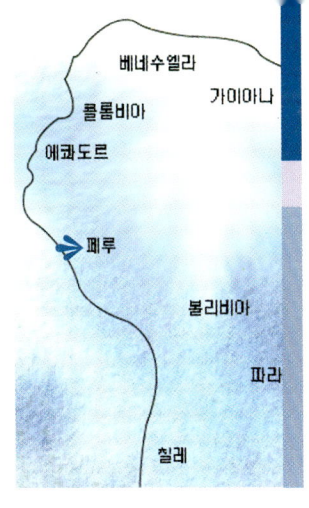

페루
새들의 세상, 바예스타스

그 유명한 마추픽추에 가기 위해 페루의 쿠스코로 가야 했다. 저렴한 버스를 찾아 표를 샀다. 싼 표! 이 짧은 문장은 어느 곳에서나 중요했다. 오후 8시에 출발해 다음날 아침 10시에 도착하는 버스표를 구했다. 리마에서 나스카로 올 때 탔던 비행기 수준의 버스와는 20달러나 차이가 나는 버스였다. 시간은 아직 많이 남았는데 할 일도 없고 해서 일찍 버스회사의 주차장으로 갔다. 버스 터미널이 아니라 주차장이었다. 먼저 배낭을 맡기고 주스를 하나 사서 돌아와 보니 여전히 나 혼자, 느낌이 이상했다. 컴퓨터를 꺼내서 시간을 때우다가 7시 반이 되었을 때 버스가 어디 있냐고 물었더니 늦는단다. 그때서야 사람들이 조금 모였다. 나는 다시 컴퓨터를 하며 시간을 때웠다. 버스는 9시가 넘어서야 탈 수 있었다.

표를 살 때부터 맨 뒷자리(맨 뒤에는 화장실이 있었다)만 남아 있어서 나에게는 자리 선택권이 없었다. 출발지가 다른 곳이었는지 버스 안에는 이미 사람이 가득했다. 여승무원이 저녁을 나눠주기 시작했다. 낮에 공짜로 얻어먹은 치차론 덕에 아직 배가 고프지 않은데 볶음밥이었다. 내일 아침에 먹을까 생각하다가 상하면 아까울 것 같아 먹었다. 밥을 먹고 나자마자 틀어준 이상한 비디오(나이트에서 야한 쇼를 하는 장면), 멀미가 나기 시작했다. 괜히 밥을 먹었나 싶었다. 멀미엔 자는 것이 최선일 것 같아 잠을 청했는데 영 불편했다. 창 쪽으로 지나가는 스팀이 너무 뜨거워 발과 손을 창문에 식혀가며 자야 했다. 새벽 4시가 되어 잠이 깼다. 창 밖을 보는데 산을 깎아 만든 길, 다시 멀미가 나기 시작했다. 여명이 밝아 올 무렵의 경치가 멋있을 것 같아 참아볼까 했지만 다시 눈을 감을 수밖에 없었다.

9시경 차가 멈추고 대부분의 승객이 내려서 소수의 인원만 남았다. 화장실에 가려 하니 돈을 받는다. 얼마 안 되는데도 화장실 가는 비용은 왜 그리 아까운지…… 공짜에 습관이 들어서 그런가 보다. 다시 30분쯤 지나니 차가 또 멈추었다. 여승무원도 영어를 못 하고, 승객은 온통 남미인의 얼굴을 하고 있어 누구에게도 차가 선 이유를 물어 볼 수 없었다. 앞에 다른 버스도 갈 생각을 하지 않았는데, 차가 선 곳은 10여 가구가 모여 사는 작은 마을이었다. 경찰 조끼를 입은 사람들이 서 있어서 아마도 다리 너머에 뭔 일이 생겼나보다 생각할 뿐이었다.

나는 차에서 내려 따가운 햇살을 피해 그늘에 있는 나무의자에 앉았다. 반팔 티에 긴 바지를 입고 슬리퍼를 신었었는데 발목 주변이 가렵기 시작했다. 작은 상처 옆엔 검은 점 같은 것이 있어 문지르니 피가 났다. 모기가 문 자리였다. 한국에서 흔히 보던 모기는 아닌 것 같고 피그 모기인가? 나중에 숙소에 와서 거울을 보니 옷을 걸치지 않은 모든 곳이 붉었다.

경찰에게 다가가 손짓발짓으로 왜 못 가냐고 물으니 다리 너머를 가리키며 뭐라 하는데 무슨 말인지 모르겠다. 내가 시계를 가리키니 손가락 세 개를 폈다. 3시간을 기다려야 한다는 뜻이리라 짐작했다. 뭘 하며 시간을 때우나 고민했다. 아무리 둘러봐도 전기 시설이 안 보이는 곳이라 컴퓨터를 켤 수는 없고, MP3로 음악을 듣기 시작했다. 나무의자는 작은 식당에서 만들어 놓은 것이었는데, 앞을 보니 서너 사람이 무언가를 먹고 있었다. 얼른 다가가 그릇을 들여다보니 감자가 들어 있는 국이었다. 나도 한 그릇을 시켰다. 닭 육수에 감자와 콩,

당근 등을 넣고 끓인 것인데 다소 느끼해서 건더기만 건져 먹었다.

버스가 멈추고 3시간 30분이 넘어 오후 1시가 되었다. 한 여행객의 설명으로는 앞쪽에 문제가 있는데 거긴 먹을 곳이 없어 이곳에 차를 세운 거란다. 승객들은 아침으로 버스에서 나눠준 빵과 커피밖에 못 먹었기 때문에, 그 작은 식당이 손님들로 북적였다. 그동안 우리 차 뒤로 멈춘 차가 십여 대 정도 더 늘었다. 아마 한국 같았으면 난리가 나도 한참 났을 터였다. 위쪽에 있는 가게에도 손님들로 북적여서 가보니 사람들이 구운 감자를 먹고 있었다. 하나 시켜서 먹어보니 속에 계란과 다진 당근을 넣고 구운 듯싶었다. 기사에게 다시 출발시간을 물었더니 6시나 돼야 한단다. 그런데 2시 반쯤 되니 사람들이 버스를 향해 움직이기 시작했다. 기사에게 'Go?' 하고 물으니 웃으며 고개를 끄덕인다.

차를 타자마자 또 멀미가 났다. 가면서 보니 도로 위에 돌들이 보였다. 조금 더 가니 산이 무너져서 돌이 흘러내린 흔적이 보였다. 부러진 나무들도 도로 위에 그대로 있었다. 이제 30분 후면 되겠다고 생각하는데 차가 다시 멈추었다. 다른 도시에서 온 차들과 합쳐져서 도로가 북적였다. 조금 가다 한참 동안 정차하기를 오래 지속하더니, 9시가 넘어서니 갑자기 승객들을 다른 버스로 갈아 태웠다. 서둘러 배낭을 찾아 내려서 보니 갈아타야 할 버스가 가버리고 말았다. 이때 비는 왜 그리 내리는지. 타고 왔던 버스의 기사가 자가용을 하나 세우더니 남아 있던 남자 승객과 나를 타게 했다. 여기가 쿠스코냐고 물으니 아니란다. 자가용 안에는 두 명의 페루 소년들이 있었는데 우리 때문에 자리를 내주고 앞자리에 둘이 끼어 앉았다.

여전히 차는 찔끔거리며 갔다. 얼마쯤 가던 자가용이 또 우릴 내리게 했다. 같이 탔던 남자가 짐을 들고 다른 버스를 향해 뛰기에 나도 서둘러 따라갔다. 오직 이 남자 하나만이 나의 대책이었기에. 버스로

페루의 쿠스코

다가간 그 남자에게 '쿠스코?' 하고 물었더니 나보고도 타란다. 이층 버스인데 다행히 승객은 많지 않아 빈 자리가 많았다.

한잠 자고 나니 드디어 쿠스코라는 단어가 보이기 시작했다. 그리고 생각지 못했던 규모의 버스 터미널이 나타났다. 내려서 시계를 보니 새벽 2시, 터미널에서 아침까지 기다려야 하나, 택시를 타고 숙소를 찾아야 하나 고민스러웠다. 나는 서양 관광객이 있나 찾아 나섰다. 한 팀을 발견하고 말을 거니 페루 출신이란다. 또 한 팀을 발견해서 물었더니 친구 집엘 찾아간다고. 세 번째 팀을 만나 함께 숙소를 구해보기로 하고 택시를 탔다. 미국 여성과 오스트리아 남자였다. 그렇게 나는 겨우 침대에 누울 수 있었다. 나중에 들었는데 산사태 때문인 줄 알았던 도로의 정체는 사람들이 파업을 벌이느라 도로에 던져놓은 돌과 나무가 원인이었다. 나의 피해보상은 어디서 하소연해야 하는 건가 기가 막혔다.

페루의 마추픽추

　쿠스코를 구경하고 마추픽추에 들른 후 페루 호수(티티카카)에서 볼리비아를 다녀왔다. 그리고 칠레를 들렀다. 아르헨티나를 다 돌고 브라질에 다녀와서 다시 볼리비아에 들렀다 올라오면서 페루의 피스코에 가는 표를 사기 위해 일찍 아레키파에 있는 터미널로 갔다. 그런데 9시에나 컴퓨터가 된다고 9시부터 표를 판단다. 터미널을 돌아다니다 한국인으로 보이는 사람들이 있어 말을 걸어 보니 12명이 같이 다니는 단체 배낭여행객이란다. 가이드가 한 명 포함되어 있는데 비행기 표만 공동으로 구입하고 나머지 필요한 돈은 그때그때 걷어 사용하고 있었다. 한 달에 남미 5개국을 방문한다는 게 벅차 보였는데, 가이드가 있으니 낭비하는 시간 없이 알뜰히 여행을 하고 있었다. 체력관리를 잘 해야 할 것 같았다. 도시 간 이동시에는 12시간 이상 버스를 타야 하는 경우가 대부분이라 몸에 무리가 가기 쉽기 때문이다. 난 한 도시를 돌고 나면 3일 정도는 머물면서 몸 관리를 했다. 여행이 아닌 노동을 하고 싶지는 않았으니까.

아레키파는 정말 멋진 도시였다. 건물과 관광객이 조화롭다고나 할까. 쿠스코만은 못했지만 광장엔 언제나 관광객들로 넘쳐났다. 아침에 피스코로 가는 표를 산 후 종일 근처를 돌아다녔다. 숙소를 터미널 옆에 잡은 터라 교통편을 편리하게 이용할 수 있었다. 삼일을 다녀도 지루함을 못 느꼈다. 이날도 근처 광장엘 돌아다니다 야간 버스를 타야 해서 출발 한 시간 전에 터미널로 왔다. 그런데 버스시간이 또 한 시간 뒤로 미뤄졌단다. 나는 화가 나 표를 환불받고 다른 버스회사의 표를 샀다. 피스코는 페루의 수도인 리마 약간 못 미쳐 있는 유명 도시였기에 표가 많았다. 리마로 가는 거의 모든 버스가 정차를 하니까. 오후 8시 30분에 출발한다던 버스는 9시가 다 되어서야 출발을 했다. 잠시 잊고 있었던 것이다. 남미의 버스 시간은 출발 시간이 아니라 버스가 터미널에 도착해서 손님을 맞기 시작하는 시간임을. 모든 사람의 짐을 다 싣고도 빈 자리가 있으면 덤핑을 쳐서라도 마지막 자리까지 채우고서야 떠난다는 것을.

다음날 오전 8시가 지나서 버스는 'Pisco'라고 나를 내려놓고 떠났는데 거긴 'Pare Pisco'라는 다른 곳이었다. 택시나 미니버스 혹은 톡톡을 타고 더 들어가야 한다기에 2솔을 주고 쉐어(합승)택시를 탔다. 짐은 트렁크에 던져놓고 앞좌석에 앉아 갔는데, 내리면서 그만 슬리핑백을 놓고 내렸다. 여행사에서 이야기를 마치고 숙소로 가려고 하는 순간 슬리핑백이 생각난 거였다. 볼리비아와 페루의 안데스 산맥 줄기를 따라가는 경로에 있어 밤이면 추웠다. 슬리핑백은 꼭 필요한 물품이었다. 그런데 마침 다른 도시로 떠나는 유럽 여행객이 택시를 함께 타고 나가잔다. 나는 버스에서 내렸던 곳으로 돌아가 경찰에게 도움을 청할 수 있었다. 쉐어택시들은 한 회사에 소속이 되어 있는지 걱정 말고 기다리란다. 빵과 커피를 먹으며 조금 기다리니 내가 탔던

페루의 안데스 산맥에 있는 숙소들

택시가 왔다. 다행히 트렁크에 얌전히 실려 있는 슬리핑백. 나는 안도의 한숨을 쉬었다.

페루, 바예스타스 섬

바예스타스 섬은 온통 새들의 세상이다. 섬이 새똥으로 뒤덮인 바위들 때문에 하얗게 보인다. 새들이 줄을 지어 날아가는데 리더가 있는지 날갯짓을 하면 모두들 따라서 날갯짓을 한다. 리더가 날개를 활짝 펴고 날면 모두 똑같이 따라 한다. 매스게임을 하는 듯이 보였다. 바닷속에 먹을 것이 많아서인지 새떼와 물개, 펭귄이 사이좋게 살고 있다. 이 섬의 펭귄은 새만큼 작다. 그래서 펭귄인지 새인지 구분을 하기가 좀 어려웠다.

우리는 회를 초고추장이나 간장소스에 찍어 먹지만 페루는 조개나 생선회를 식초 소스에 절였다. 그것을 양파절임과 같이 먹는 세비체라는 음식이 있다. 새콤하지만 비린 맛이 없어 내가 먹기에는 좋았다. 가이드가 만들어준 칵테일 피스코 샤워도 맛있었다. 럼에 얼음, 달걀흰자, 설탕 그리고 레몬이나 라임을 넣고 믹서기에 돌린다. 계란 흰자 때문인지 하얀 거품이 생기는데 신맛, 쓴맛, 단맛이 조화롭게 어우러져 목을 타고 술술 넘어간다.

페루는 살아서 움직이는 내 손바닥만큼 큰 게 12마리가 1달러밖에 안 한다. 가리비 25개가 1.6달러. 그날 잡은 것을 포구에서 바로 파는 터라 모두 살아서 움직인다. 살아 움직이는 게로 게장을 담그어 먹으면 얼마나 맛있을까. 페루 사람들은 게장을 모를 텐데 만드는 법을 알려 줄까나?

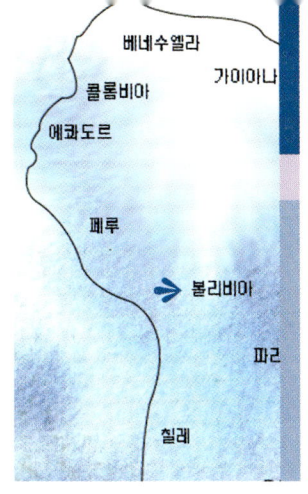

볼리비아
어느 것이 하늘이고
어느 것이 호수인가

남미에서 가장 가고 싶었던 우유니 사막

우유니는 볼리비아의 소금사막이다. 면적은 12,000㎢이다. 해발고도 3,653미터의 고지대에 위치하며, 볼리비아의 실질적인 수도인 라파스로부터 남쪽으로 200㎞ 떨어져 있는 곳에 있는데 칠레와 국경을 이룬다. 세계 최대의 소금사막으로 '우유니 소금호수'로도 불린다. 지각변동으로 솟구쳤던 바다가 빙하기를 거쳐 2만 년 전 녹기 시작했다. 그러면서 이 지역에 거대한 호수가 만들어졌는데, 비가 적고 건조한 기후로 인해 오랜 세월이 흐르는 동안 물은 모두 증발하고 소금 결정만 남아 형성되었다. 소금 총량은 최소 100억 톤으로 추정된다고 하는데 두께는 1미터에서 최대 120미터까지 다양한 층이 있단다. 우기인 12월에서 3월까지는 20~30㎝의 물이 고여 얕은 호수가 만들어지는데, 낮에는 강렬한 햇살과 푸른 하늘, 구름이 마치 거울처럼 투명하게 반사되어 절경을 이루고, 밤이면 하늘의 별이 모두 호수 속에 들어 있는 듯 하늘과 땅이 전부 하얀 나라가 됐다.

예전에는 지역 주민들이 소금을 잘라 생필품과 교환하는 등 중요한 교역수단이었으나, 지금은 정부로부터 인가를 받은 회사에서 정제용으로 만들어 국내소비에 충당할 뿐 지역민들은 거의 채취하지 않는다. 채취된 소금은 90% 이상이 식용이고, 나머지는 가축용이다. 순도도 매우 높고, 총량으로 볼 때 볼리비아 국민이 수천 년을 먹고도 남을 만큼 막대한 양이라고 한다. 소금으로 이루어진 거대한 사막과 호수 등 경관이 뛰어나 관광지로도 이름이 높다.

이곳 사람들은 소금으로 건물을 짓기도 한다. 우유니 투어는 소금사막과 사막 안에 소금으로 만들어진 호텔에서 머물며 미생물로 인하여 색깔이 달라진 호수들과 지글지글 끓고 있는 간헐천을 본 후 노천 온천에서 온천욕을 즐기는 코스로 이뤄져 있다. 칠레를 가는 여행자들을 위해 칠레 국경까지 데려다 주기도 한다.

라파스에서 야간 버스를 타고 도착한 시간은 오전 6시 30분이었다. 무척 추웠다.

우유니 사막으로 돌아서 칠레 쪽으로 다시 되돌아오는 버스 안에서 바람이 창문 틈으로 들어왔다. 차 안에 있던 담요로 창문 틈을 막고 잠을 잤는데 아침에 보니 유리창에 서리가 껴 있었다. 버스 밑 짐칸에서 배낭을 찾아 길을 나섰는데 아줌마 하나가 나를 따라온다. 여행사를 하는 아줌마가 부지런을 떨며 이곳까지 왔다가 따라온 것이었다. 너무 추워서 아줌마를 따라서 우선 여행사 사무실로 들어갔다.

같이 우유니로 온 우리나라의 두 젊은이는 라파스에서 미리 100달러를 지불하고 예약을 했단다. 100달러면 700볼이었다. 그들은 비행기로 팜파스 정글투어를 갔었는데 날이 궂어 이틀 동안 비행기가 뜨지 않아 곤욕을 치르다 비행기가 뜨자마자 이곳으로 날아왔다. 공항에서 부랴부랴 택시를 잡아타고 겨우 나와 같은 버스 시간에 대려고 달려왔다. 여행사가 많이 있는 라파스에서 투어 예약도 하루 전까지 했어야 했는데, 앞에 곤욕을 치른 것도 있어서 하루를 더 미뤘다고 했다. 나도 그들처럼 여행사가 즐비한 라파스에서 예약을 하려다 그동안의 경험으로 현지가 더 저렴할 것 같아 예약 없이 왔다. 현지에서 투어 비용을 알아보니 550볼을 부른다. 갖고 있는 돈이 580볼이라 출국세 21볼과 입장료 45볼을 제외하면 510볼만 남기 때문에 투어비용이 모자란다고 솔직하게 말하니 500볼에 투어 비용을 깎아주었다. 남은 돈으로 우리나라 감자탕이랑 비슷한 걸로 요기를 하고, 투어를 마치고 칠레로 갈 거라 미리 출국도장을 받았다.

투어용 지프는 갤로퍼인데 7명이 정원이지만 서양인들의 덩치를 생각하자면 5명이 정원이다. 그런데 5명의 건장한 청년들과 운전기사 겸 가이드 1명과 그리고 나까지 7명이나 탔다. 더군다나 모두 남자고 여자는 달랑 나 혼자라서 운전기사 옆자리에 앉아 갈 수 있는 행운까지 얻었다. 대부분의 서양인들은 키 190센티가 넘는 사람들이 많았다. 키가 큰 데다 덩치도 산만 한 이들이 투어용 지프에 구겨지다시피 3일 동안 여행을 다니는데 안 봐도 척, 고생길이 훤했다. 우유니 투어는 운전사와 가이드가 함께 움직이며 식사도 직접 만들어서 투어객들에게 제공했다.

출발할 때 가스통과 식사도구를 준비해서 소금사막에서 점심을 해주었다. 투어 가격에 따라서 식사의 질이 조금씩 다르다고 하는데 다른 가격대의 투어를 경험하지 않았으니 비교할 수는 없었다. 우리 팀은 운전사 겸 가이드가 모든 일을 다 했다. 나는 편했다고 말할 수 있지만 역시나 3일 동안 다섯 명의 건장한 청년들은 좁은 공간의 지프에서 몸 고생이 심했다.

네 명의 네델란드인과 한 명의 오스트리아인—이 다섯 명의 악동들은 정말 귀여웠다. 각자 개별적인 여행을 와서는 함께 투어를 다니는 것뿐인데도 정말 즐겁게 놀았다. 누가 여행지에까지 축구공을 가지고 왔는지 틈만 나면 축구공을 갖고 자기들끼리 놀았다. 한국이고 외국이고 남자들은 공 하나만 주면 하루를 꼬박 놀 수 있다고 하더니 그 이야기는 범세계적으로 남자들의 공통점이었다. 두 명의 네델란드인

맨 위 우유니산
가운데 간헐천
둘러싼 다섯 악
그 옆은 소금호
내부의 소금
기둥과 테이블.
맨 아래
소금 사막.

이 나에게 "히딩크를 아느냐?"라고 물어서 "물론, 지금 첼시 감독을 하고 있다"라고 대답하니 놀라며 좋아했다.

한번은 차를 타고 이동을 하는데 뒤쪽에서 갑자기 비명이 들리면서 창문을 열고 난리였다. 잠시 후 내가 있던 앞자리까지 비명을 지른 원인이 밝혀졌다. 스멀스멀 피어오르던 고약한 냄새가 원인이었는데, 그게 바로 방귀냄새였다. 나도 창문을 열고 "누구야? 누구?"라며 외쳤더니 내 바로 뒤에 있던 악동이 옆자리의 악동을 손가락으로 가리키며 범인을 알려줬다.

"나도 빵만 먹으면 방귀가 나와 아주 힘들다."라고 어눌한 영어로 말했더니 이 악동들이 좋아 죽었다. 다들 그 지독한 방귀냄새를 맡지 않으려고 코를 쥔 손을 풀지 않으면서 또 한바탕 웃었다.

차 안에 음악이 흘러나오니까 한 녀석이 내게 "어떤 음악을 좋아하느냐?"라고 물었다. 난 한국 음악을 좋아한다고 했더니 브라보를 외치며 한국 노래를 불러 달랬다. "사랑해, 당신을~ 정말로 사랑해."까지만 노래를 부르고 뜻을 알려줬더니 자기도 "많이 사랑한다"라고 말을 했다. 그래서 농담으로 "정말 사랑을 해볼까나?"라고 했더니 또 낄낄대며 웃었다.

이 악동들은 틈만 나면 모여 앉아 카드를 즐겼다. 처음 보는 카드 게임이어서 자세하게 카드 게임 룰에 대해선 말하지 못하겠다. 가만히 보니 20회가 한 판인 듯한데, 참여자의 점수를 적어가며 자기들끼리 재밌어서 죽으려고 했다. 한 청년이 화장실에 다녀오자 갑자기 게임 테이블을 다른 자리로 옮겼다. "너희들 왜 자리 옮겨?"라고 물으니 "아까 저 녀석이 화장실에서 볼일을 보고 나왔는데 냄새가 심해서 옮기는 거예요."라고 했다. 그 말에 또 다 같이 웃어댔다. 이들과 있으면 정말 웃음거리가 다양했다.

우유니 사막을 들어가니 온통 하얀 나라였다. 하늘과 땅의 구분조차 하기 힘든 끝없이 하얗게 펼쳐진 소금 위로 떨어지는 붉은 노을은 다른 세상이었다. 노을이 희미해지면서 나타난 별들은 하늘을 가득 채우고 있었다. 아! 멋지다!

사막에서 서양인들은 정말 다양한 포즈로 사진을 찍었다. 카메라 바로 앞에 모자나 책 등 다양한 것을 놓고 저 멀리 사람을 세워놓았다. 그렇게 찍으면 마치 모자나 책 위에 사람이 서 있는 것처럼 착각이 들었다. 그러니까 일종의 원근법을 이용해서 사진을 찍는 것이었다. 우리나라 80, 90년대 제주도로 신혼여행을 가면 카메라 아저씨들이 그렇게 사진을 찍어주곤 했었다.

5명의 악동들도 다양한 포즈로 열심히 사진을 찍었다. 그러다 갑자기 두 녀석이 옷을 벗었다. 난 '소금으로 맨몸 마사지를 하려나? 하고 대수롭지 않게 바라봤는데 웬걸 팬티마저 벗었다. 발가벗고 중요부위에 양말을 걸곤 소금 위로 올라가 포즈를 잡고 사진을 찍었다. 아무렇지도 않게 자연스럽게 행동해서 나도 민망해하지 않고 4컷을 연달아 찍었다. 정말 세계는 다양한 사고방식이 존재하는 듯했다. 한국 정서로는 도저히 생각을 할 수 없는 일이었다. 이후 이 악동들에게 시시때때로 한국에 돌아가면 너희들의 누드를 인터넷에 올릴 거라고 약을 올렸다. 그때도 지금도 묻고 싶다.

"그때 너희들, 왜 누드로 사진 찍을 생각을 했니? 이 아줌마는 그게 참 궁금했단다."

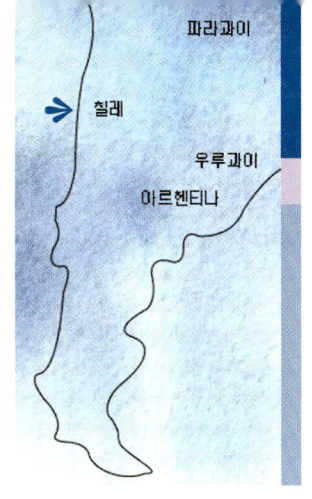

칠레
토레스 델 파이네에서 길을 잃다

 칠레에서 가장 유명한 국립공원 토레스 델 파이네를 갔다. 버스로 공원 입구까지 가는 동안 보이는 그림 같은 호수와 그란데 산맥의 여러 봉우리들이 머리에 눈을 덮은 채 나란히 서서 자태를 뽐내고 있다. 이 공원은 6월이면 겨울이라 문을 닫는다. 입구에 도착하니 입장료가 비수기라서 8,000페소였다. 여름에는 그 두 배에 가까운 15,000페소를 내야 한다. 명부에 신상기록을 하니 지도를 한 장 줬다. 거기서부터 첫 숙소까지는 다섯 시간을 걸어야 했다.
 키가 큰 프랑스 청년 세 명은 캠핑 장비가 들어 있는 커다란 배낭을 들고서도 걸음이 빨랐다. 뒤처지지 않게 걸으려고 속도를 맞추는데도 따라잡기가 수월찮았다. 게다가 가랑비 때문에 흙길은 조그만 물웅덩이를 여기저기 만들어 놨다. 물웅덩이를 피하려고 풀섶 위를 걷느라 힘들었다. 세 시간을 걷고 나니 한쪽 발뒤꿈치가 까졌고 허벅지까지 아팠다. 걷는 것만큼은 자신이 있었는데 세 시간만에 그런 상태가 왔다. 매너 좋은 프랑스 청년들이 물이 많거나 위험한 곳에 도착하면 나를 기다려줬다. 그리고 손을 내밀어 잡아 줬다. "해가 지기 전에 도착해서 텐트를 쳐야 해요. 그래서 빨리 가는 거예요."라는 설명도 친절히 해줬다.
 국립공원 안에 있는 숙소가 비싼 탓에 거의 대부분의 여행객이 텐트를 치고 캠핑을 한다.

　나는 배낭이 무거워서 음료수는 넣지 않았는데, 자기들끼리 주스를 마시거나 물을 마실 때도 나를 제일 먼저 챙겨줬다.
　성하지 않은 다리로 걸어 숙소에 도착하니 캠핑하는 것과 다를 바가 없었다. 침대만 있고 침낭은 따로 돈을 지불해야 하고 전기는 7시부터 11시까지만 켜줬다. 샤워시설이나 화장실도 캠핑장과 동일한 조건이었다. 자기 전까지 두 개의 난로에 통나무를 때줬다. 가지고 간 모든 옷을 입고 털잠바까지 입고 침낭을 덮었음에도 밤새 달달 떨며 잤다.
　그 다음날 아침, 여전히 다리가 아파 걷기가 어려웠다. 비는 어제보다 더 거세게 몰아쳤다. 왕복 7시간이 걸리는 빙하코스를 가야 하는데 도저히 자신이 없어 포기했다. 그래서 5시간 정도 걸리는 다음 숙소로 지팡이를 하나 만들어 천천히 걷기 시작했다. 어차피 젖은 신발이니 풀섶을 찾아다니는 것을 포기하고 그냥 걸었다. 그렇게 3시간을 걸었는데 2시간을 가면 나와야 하는 이탈리아노 캠핑장이 보이지 않았다. 더군다나 호수만 있는 곳에서 길이 없었다. 한마디로 첩첩산중에서 길을 잃었다. 사람이라곤 아무도 없고, 덜컥 겁이 났다. 그 상황에서 내가 선택할 수 있는 것은 갔던 길을 다시 되돌아가는 것뿐이었다. 다시 돌아오면서 봤는데 분명 주황색으로 칠해진 표시들이 있어야 하는데 없고 이정표도 없고 길도 외길이었다. 비 때문에 길은 물도랑이 되어버렸다. 그래서 길처럼 보이는 곳을 찾아 걷는다고 걸었는데 어느 순간 길이 아닌 곳에 들어섰던 것이다. 겁이 나니 다리가 아프다는 것도 잊고 그냥 열심히 숙소를 향해 걷기만 했다. 숙소에서 족히 3시간이나 걸렸던 길이, 돌아올 때는 1시간 30분밖에 안 걸렸다. 그만큼 나는 무척! 무서웠다!

더 이상 혼자 길을 가는 것이 두려워 다음날 버스를 내렸던 곳을 향해 나섰다. 2시에 출발하는 버스를 타려면 적어도 9시 전에 나서야 했다. 해도 뜨지 않은 산길을 나섰는데 또 길을 잃었다. 미칠 것 같았다. 남들은 잘도 찾아다닌 길인데 왜 나만 계속 길을 잃을까. 나는 바보 같은 나를 탓했다. "바보! 바보! 오현숙 바보!"

다행히 이정표를 찾았다. 이정표만 따라가니 물도랑으로 변한 길도 찾기가 수월했다. 승용차가 서면서 정류장까지 태워다 주기까지 했다. 무사히 버스를 탔는데 한국 아가씨 한 명이 버스에 올랐다. 전날 도착했던 그 아가씨도 길을 잃었단다. 일행을 놓쳐서 길을 잃고 여섯 시간을 헤맸는데 날까지 어두워졌단다. 다행히도 지붕이 있는 무료캠핑장을 찾아 밤을 보냈단다. 그러나 삼면이 모두 나무로 만든 벽이라서 얇은 이불 하나로는 무척 추워서 얼어 죽는 줄 알았다고 했다. 불귀의 몸이 될지도 모르는 만약을 대비해 노트에 유서 같은 기록을 남겼단다. 배낭 안에 들어 있던 음식물은 밤사이 쥐새끼들이 다 먹어 치우고 그 안에서 놀고 있어서 밤새 그 소리에 덜덜 떨며 이불을 뒤집어쓰고 날이 밝자마자 나처럼 버스를 탄 것이었다. 그 아가씨에 비하면 그래도 난 다행인가 싶다. 그렇게 해서 엉터리 트레킹을 마쳤다.

그래도 파이네의 옥빛 호수와 설산 그리고 산 아래의 단풍은 정말 멋졌다.
　너무나도 아름답고 경이로운 지구상에서 가장 멋진 곳 중의 하나인 파타고니아!
　만년설로 덮인 산봉우리와 이끼로 옷을 입은 너도밤나무 숲 작은 섬들을 옥빛으로 품고 있는 호수와 빙하로부터 떨어져 나온 유빙들의 항해까지 내 눈을 행복하게 해준 파타고니아는 항상 그리움의 대상일 것 같다.

　칠레의 산티아고의 숙소는 매우 괜찮았다. 무선 인터넷까지 설치되어 있어서 방에서 인터넷을 하며 빈둥댔다. 숙소에서 요리도 할 수 있었다. 이틀은 스테이크를 해서 먹었고, 하루는 생선구이를 해서 먹었고, 나머지 하루는 전복죽을 해서 먹었다. 근처 시장에 산책 겸 찬거리를 구입할 수 있는 어시장과 고기를 파는 시장이 있어서 가능했다. 소고기는 1kg 기준해서 4달러 정도, 와인은 1.5달러 정도만 있으면 살 수 있다. 전복은 1kg에 1.8달러 정도면 살 수 있다. 그러니까 내가 우리나라 돈으로 400원만 내면 중간 크기의 전복을 두 개나 살 수 있는 것이다. 청포도와 사과는 1kg에 600원 정도였다. 우리나라 주부들이 꿈꾸는 정말 착한 가격이었다.
　떠나는 것이 아쉬웠지만 아르헨티나의 바릴로체로 가야 했다. 칠레와 아르헨티나의 국경 중에 '가장 아름다운 길'이라고 소문난 곳을 선택해서 가기로 했다.

아르헨티나
빙하가 갈라지는 소리,
파랗고 투명한 물

   칠레와 아르헨티나의 국경에는 산과 산 사이를 이어주듯 물빛이 비치는 호수 두 개가 거짓말처럼 자리잡고 있었다. 가을이라 단풍도 울긋불긋 들었지만 나무도 처음 보는 것들이 많았다. 처음 보는 연두색 이끼들이 거미가 거미줄을 치듯이 나무마다 덮여 있는데 태백산의 흰눈 덮인 주목나무를 보는 것만큼이나 환상적이었다. 이 모든 것이 경계 없이 어우러진 풍경들을 보며 내가 탄 버스가 달렸다. 신이 만든 자연만이 그려낼 수 있는 작품 속으로 빨려 들어가는 착각이 들었다. 그 작품을 담으려고 열심히 사진을 찍었지만 빨리 달리는 버스, 더러운 창문 탓에 제대로 담지 못해 아쉽다. 아, 그때 창문이라도 열렸다면…… 버스 운전기사가 갑자기 소변이 마려웠다면…… 그게 아니라면 달리는 버스 타이어에 밟힌 돌멩이 하나가 튕겨서 내 창문에 구멍

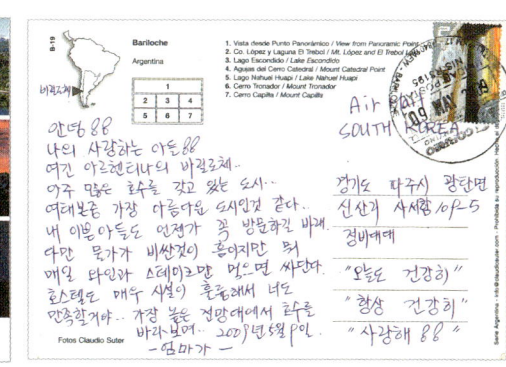

을 내주었다면 얼마나 좋았을까.

지금도 바릴로체에 다시 가고프다. 갈라파테로 가는 버스에서 보았던 바다의 수평선처럼 끝없이 이어지는 호수와 그 호수를 감싸 안은 눈 덮인 안데스 산맥. 산맥에서 자라는 나무들과 하얀 설화(雪花) 핀 가지들. 버스 창을 두드리던 투명한 빛조차도 살아 움직이는 것 같았다. 흔들리는 버스 안이라서 사진을 찍기 힘들었다. 빨간색 의자커버가 카메라 안 프레임을 엉망으로 만들기도 했지만, 어느새 찍고자 했던 것들이 버스 뒤로 흘러가 버렸다. 그래도 좌석을 옮겨 다니며 찍었다. 카메라를 든 팔이 아파서 그만두려고 해도 멈출 수가 없었다. 그런데 참 이상했다. 외국 사람들은 경치에 별 관심이 없어 보였다. 숙소 예약 사이트를 들여다보면 '즐거움' 이란 항목이 있던데 나와 해석하는 것이 다른 듯했다. 투어 프로그램은 즐기는 것이고, 풍광은 즐기는 것이 아닌가 보다. 나는 '나의 즐거움'을 사랑한다.

갈라파테의 중심부에서 언덕 쪽에 자리잡은 숙소에서 보면 설산과

옥색 호수가 보였다. 내가 그 숙소를 택한 것은 물론 가격이 저렴해서였다. 일일숙박료가 10달러 조금 안 되는데, 이 가격에는 아침식사와 무선 인터넷 그리고 요리를 할 수 있는 주방까지 포함되어 있었다. 더군다나 그곳에서도 '1+1' 행사처럼 3일을 자면 마지막 날은 무료였다. 물론 성수기엔 이런 할인행사가 없다. 내가 갔을 때 파타고니아 지역은 겨울로 가는 길목이었다. 나무들은 단풍을 곱게 물들이고 있지만 한 번씩 몰아치는 바람은 무척 거셌다.

갈라파테에서 2시간을 더 가면 모레노 빙하를 볼 수 있다. 같은 방을 쓰는 여행객에게 모레노 빙하 미니트레킹 입장권을 얻었다. 그 입장권은 연속해서 2일을 사용할 수 있다. 덕분에 입장료를 절약할 수 있었다.

여행을 오기 전까지 빙하는 배로만 볼 수 있는 것인 줄 알았다. 이곳의 빙하를 구경하는 방법은 세 가지가 있다. 배를 타고 보는 것, 빙하 위를 트레킹하는 것, 그리고 전망대에서 보는 것이다.

나는 전망대에서 보는 방법을 택했다. 미니버스를 타고 전망대로 갔다. 전망대는 산책 코스처럼 되어 있었는데 길을 따라 걸으며 빙하를 볼 수 있었다.

빙하가 녹은 물로 만들어진 호수 양쪽에 산이 있고 그 가운데 빙하가 거대한 벽처럼 서 있었다. 길이 30킬로미터에 폭 5킬로미터, 높이 60미터의 어마어마한 빙하가 눈앞에 나타나는 순간 저절로 탄성이 흘러나온다.

빙하에 정신을 팔고 있는데 갑자기 주변에서 우르르 콰쾅거리며 천둥소리가 들렸다. 빙하가 갈라지는 소리였다! 빙하가 갈라지는 동안 오래 그 소리가 났다. 그 소리 뒤에는 갈라진 빙하 사이로 호수물이 밀려나왔다. 때론 빙하가 부서지기도 했다.

빙하 가까이 가서 잘린 빙하의 틈을 보았다. 그 틈으로 호수물이 흘렀다. 맑은 파란색이었다. 우리나라의 가을 하늘 같은 깨끗하고 파랗고 투명한 그 느낌. 수면에는 거대한 빙하에서 떨어진 유빙들이 떠다녔다. 같이 간 여행객은 빙하가 부서지는 것을 계속 봤으면 좋겠단다. 슬픈 이야기지만 지구온난화 문제 때문에 어쩌면 후손들은 빙하의 존재를 알지 못할 수도 있다.

빙하 트레킹을 하면 양주에 빙하를 타서 주는데 그 맛이 끝내준단다. 우리나라 주당들이 양주를 아예 들고 가는 것 아닌가 모르겠다. 그러다 취해서 갈라진 빙하 틈 사이로 떨어질라!!

빙하가 녹지 않고 계속 그 자리에 있어서 내 후손들도 두고두고 볼 수 있기를 바란다. 모레노 빙하는 1년에 600미터씩 자란다고 하니 정말 다행이다.

아르헨티나의 수도 부에노스아이레스의 거리는 자유로움 그 자체였다. 거리 곳곳에서 볼 수 있는 설치예술품들, 춤들, 음악, 체 게바라

254　평생 꿈만 꿀까, 지금 떠날까

의 사진들…….

우리 함께 술 마시고 노래하고 춤을 춰요!

남미는 춤의 대륙이 맞다. 아르헨티나는 탱고, 브라질은 삼바, 많은 남미국가들과 쿠바는 살사를 춘다. 그 중 아르헨티나의 부에노스아이레스는 정말 흥미로운 곳이다.

일요일에 거리로 나갔더니 벼룩시장을 비롯해서 노점들이 즐비했다. 탱고로 유명한 부에노스아이레스에는 탱고 카페들이 많았다. 자신들의 탱고 카페를 홍보하기 위해 길거리 공연을 하고 있어서 공짜로 구경도 할 수 있었다. 원래는 돈을 내고 볼 수 있는 곳을 가려고 했는데 다섯 커플의 탱고를 보고 나니 충분했다.

콜롬비아 보고타에서 만난 젊은 우리나라 여자를 따라 댄스 파티에 갔던 적이 있다. 춤을 가르쳐 주는 학원이 일주일에 하루 댄스 파티를 여는 것이었다. 약간의 입장료를 받는데 잘 차려입은 주민들이 모여들면 춤 강사들이 주민들과 어우러져 삼바, 탱고, 살사를 췄다. 1시간 동안 어울려서 춤을 춘 후 기본동작 몇 개를 사람들에게 가르쳐 준다. 그 후엔 댄스 강사들이 춤 시범을 보인다. 분위기가 좋은 것은 물론이고 파티의 구성도 좋았다. 우리나라도 이런 분위기를 만들 수 있었으면 하는 생각이 들었다.

브라질
다양한 인종이 함께 사는 황금의 나라

　브라질은 사탕수수 농장으로 유명했다. 그곳에는 많은 슬픔이 서려 있었다. 처음엔 인디오를, 나중엔 아프리카인들을 잡아다 노예로 만들어 일꾼으로 썼다는 것이다. 노예제가 폐지된 이후엔 이탈리아인들이 노동자로 오기도 하고 러시아나 일본인들도 많이 이주를 했다고. 그 많은 나라 사람들이 오랜 시간 동안 함께 어울려 살았기에 브라질은 다양한 인종의 집합체 같았다. 대부분의 나라 사람들은 자연스럽게 나를 외국인으로 인식했다. 하지만 이곳에서는 내가 말을 하기 전까지는 그런 인식이 없었다. 모든 나라의 사람들이 브라질인으로 살아가고 있었으니까.

　우로프레토는 금이 많이 나던 곳이라고 한다. 그리고 현재도 에메랄드 등의 다른 보석들이 많이 생산되고 있었다. 마을의 중심으로 가니 온통 보석 판매점, 관광 상품도 거의 돌로 만든 제품과 액세서리였다. 특별히 멋진 곳이 아님에도 오래 전에 포르투갈인들이 왜 이 마을에 욕심을 냈을까 궁금했었는데 금 때문이었다.

　이곳도 역시 유럽식 지붕의 집과 교회들이 많았다. 묵었던 숙소가 약간 높은 위치에 있어 창문을 통해서 멋진 정경을 볼 수 있었다. 색색의 돌로 만들어진 길과 집 위에 얹어놓은 주황색 지붕들은 자금성의 그것처럼 멋졌다. 반면 광산 마을인지라 온통 급경사라서 오르내리는 길이 매우 힘들었다.

　사람들이 다니는 길은 계단으로 되어 있었고, 마차가 다니는 넓은 길에는 울퉁불퉁 돌을 깔아놓았다. 그 길을 온종일 걸어다니고 나니 엉덩이까지 아플 정도였다. 다른 도시의 옛 마을들은 도로에 돌을 깔아도 평평하게 다듬어놓아서 불편하지 않았는데…….

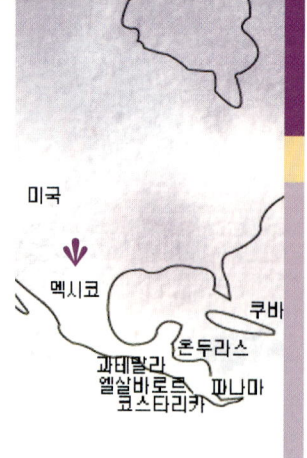

멕시코
멕시코 독립기념일은 축제다!

멕시코의 수도인 멕시코시티에서 멕시코 독립기념일을 보냈다.

멕시코가 스페인에서 독립한 지 200주년이라기에 유적지 가는 것을 미루고 대통령궁이 있는 광장으로 갔다. 지하철을 탔는데 광장으로 연결된 지하철 역을 폐쇄해서 한 정거장 전에 내려야 했다. 검문이 자주 있었다.

대통령궁 앞의 광장은 경찰이 둘러서 있었다. 광장으로 들어가는 입구에서는 이중으로 검문을 했다. 공항에서 볼 수 있는 가방 검색대도 설치를 해놓았다. 입장할 때 물병도 갖고 들어갈 수 없었다. 공항도 빈 물병은 반입해도 괜찮았는데 이곳은 안 된단다. 그들이 보는 앞에서 남은 물을 다 마셨는데도 반입금지였다. 검색을 마치고 입장을 하니 곳곳에서 흥을 돋우기 위한 이벤트가 벌어지고 있었다. 얼굴에 페인팅을 해주기에 나도 얼굴에 별 3개를 그려 넣고 사진 찰칵! 살사를 추는 커플들이 있었는데 내 손을 잡아끌었다. 내가 조금이라도 젊었다면 살사를 배워서 폼나게 췄을 텐데 아쉬웠다.

긴 장대를 신고 다양한 분장을 한 사람들이 흥을 돋우다가 나를 부르더니 같이 사진을 찍자고 해서 또 한번 찰칵. 해가 지기 전에 숙소로 돌아왔는데 비가 많이 내렸다. 축제의 마지막인 불꽃놀이는 빗속에서도 하는지 대포소리가 계속 들렸다.

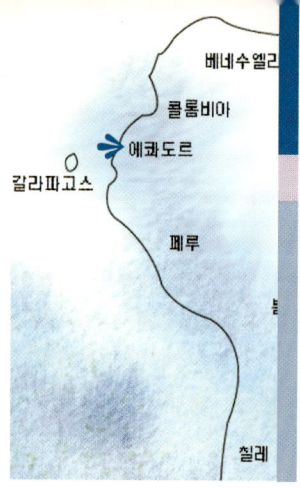

에콰도르
진짜 적도와 가짜 적도의 차이

아메리카는 백인들에게 정복당한 불쌍한 땅, 여행을 하기 전에는 남미의 나라들까지 온통 백인들이 차지하고 있다고는 생각하지 못했다. 나는 처음 도착한 페루 리마의 숙소에서 직원에게 물어보았다. 왜 이 땅을 침략했던 스페인의 언어를 쓰느냐고. 참으로 어리석은 질문이었다. 백인들은 아메리카 대륙의 땅만 빼앗은 것이 아니고 그 안의 모든 것을 자신의 것으로 바꾸어 놓았던 것인데 말이다. 원주민은 소수만 남아 그들의 문화를 가까스로 이어가고 있는 것이다. 특히 칠레나 아르헨티나에서는 원주민을 보기가 아주 힘들었다. 인디오들이 많이 사는 볼리비아가 그래서 더 반갑게 여겨졌다.

남미에서 볼거리가 있는 곳은 대부분 한때 스페인의 점령지였던 곳이다. 주황색 기와에 돌로 만든 커다란 집들. 벽돌 크기의 돌로 만들어진 거리와 커다랗게 지어놓은 성당과 그 앞의 널찍한 광장. 특히 성당은 유럽만큼이나 많았다. 한편에서는 원주민을 죽이고 노예로 삼으면서 한쪽에서는 평화를 상징하는 성당들을 세우다니, 종교에 대해 다시 한번 생각하게 만드는 시간들이었다.

에콰도르, 46번째로 방문한 나라(바티칸공화국을 포함하면 46번째가 맞다!)인데 나는 여기서 다시 한 번 놀라지 않을 수 없었다. 이 나라는 자국의 돈이 따로 없고 미국의 달러를 사용하고 있었다. 페루 리

마에 머물 때에는 은행에 가서 달러를 인출했었다. 에콰도르에는 내가 찾는 은행이 없기에 페루에서 달러를 인출한 후 다시 에콰도르의 돈으로 환전해서 사용하려고 했었다. 그런데 에콰도르의 환율을 알아보려고 인터넷으로 체크해봤지만 찾을 수가 없었다. 워낙 작은 나라라 그런가 보다 했는데 그게 아니었던 것이다. 미국 달러를 자국의 화폐로 사용하고 있을 줄은 정말 생각지도 못했다. 페루도 달러를 많이 사용하지만 페루 돈 솔레스가 엄연히 있었는데 말이다.

에콰도르라는 말은 적도라는 뜻이다. 에콰도르 수도인 키토 근교에 적도 박물관이 있다. 재밌는 사실은 그 자리에 박물관과 레스토랑을 근사하게 만들어 놓은 후에 GPS로 확인을 해봤더니 정확한 적도가 아니라고 밝혀져서 가짜가 되었단다. 그래도 박물관에 놓인 지구본 앞에서 지구를 든 것처럼 사진을 찍었다.

그 바로 옆에는 진짜 적도가 있다. 가이드도 있는 진짜 적도 박물관으로 비싼 입장료를 내고 들어갔다. 한국이 있는 북반구 쪽에서 물을 아래로 흘려보내면 시계 반대방향으로, 남반구 쪽에서 물을 흘려보

내면 시계방향으로 물이 흘러내렸다. 적도선 가운데에서는 물이 돌지 않고 그대로 떨어졌다. 진짜로 내 눈으로 봤다. 적도선이 있는 곳에서 눈을 감은 채 팔 벌려 걸으면 제대로 걸을 수가 없었다. 참 신기했다. 못 위에 계란도 세울 수 있었는데 내 계란은 서지 않았다. 그래서 옆으로 올렸다. 어쨌든 못 위에 계란을 세우면 되지 뭐.

에콰도르에서 만난 한국 청년들 이야기

에콰도르에는 한국에서 온 많은 봉사단원들을 만날 수 있었다. 고교 교장으로 정년퇴직을 한 후, 키토의 한 대학에서 한글을 가르치고 계신 분도 계셨고, 자신이 가지고 있는 기술로 봉사를 하는 젊은 우리나라 아가씨들도 있었다. 물론 봉사자이기 때문에 월급은 따로 없었다. 대신에 생활비와 항공권 등은 단체에서 부담을 해준다고 했다. 봉사하러 온 단원들 중에는 청년들도 보였다. 군복무를 대체할 수 있어서 가능한 것이었는데, 그 경쟁률이 무려 25대 1이나 될 정도로 세다고 했다. 해외에서 자신의 전공분야로 봉사를 하면서 어학실력과 더불어 스펙 관리까지 할 수 있으니 꽤 매력적이었다. 더군다나 군복무 대체까지 되니 말이다. 그런데 왜 우리 아들은 그런 사실을 몰랐을까? 현대는 정보화 사회라고 하더니 정보에 늦으니 몸이 고생하는가 싶었다. 엄마인 나도 알았으면 좋았을 것을 이제야 알게 됐으니 미안하기도 했다.

여하간 우리나라가 이제 외국에 봉사자들을 파견하는 수준까지 올랐다는 것이 놀라웠다. 하지만 도움을 주고자 하는 쪽만큼 도움을 받고자 하는 쪽에서도 철저히 받을 준비를 해야 한다는 생각이 들었다. 이곳 같은 경우는 도움을 받는 쪽에서 너무 준비가 안 되어 있다 보니 결실이 적었다. 실례로 군사학교에서 태권도를 가르치는 단원은 40여 분 버스를 타고 수업을 하러 간다고 했다. 그렇게 달려가서 보면 종종 수업이 취소돼서 허탕을 치는 일이 있다고 했다.

에콰도르 키토에 봉사단원들이 머무는 유숙소가 있어 찾아갔다. 규모가 제법 큰 삼사층 정도 되는 집을 빌려 유숙소로 사용하고 있었는데 그 안의 구성원은 거의가 우리나라 젊은이들이었다. 그런데 주방에 들어가 보니 냄새가 너무 심하게 났다. 일주일에 두 번 정도 청소를 해주러 오는 아줌마가 있음에도 불구하고 역한 냄새가 코를 찔렀다. 이곳 젊은이들은 남이 유숙소를 청소하려고 돌리는 전기청소기 소리도 시끄럽다고 항의를 한다고 했다. 자신이 먹은 식기를 씻어 놓는 일은 아주 기본인데도 그 기본이 안 되어 있는 젊은이들이 많다는 것이다. 환갑이 가까운 교수님이 부엌을 청소하고 김치를 만들고 밥을 하는 것을 보아도 본체만체, 자신들이 즐길 것만 할 뿐 신경을 쓰지 않았다. 물론 속으로 불편해하는 젊은이도 있었는지는 모르겠지만 누구 하나 함께 하겠다고 거드는 젊은이가 없었다.

"저런 젊은이들이 무슨 봉사를 하겠다고. 그리고 뭣하러 밥을 해 먹이느냐?"라고 볼멘소리를 해도 맘 좋은 교수님은 웃기만 했다. 한국에 사는 국민으로서, 우리가 낸 세금으로 운영되는 단체의 단원들에게 한마디 할까 하다가 꾹 참았다. '진정한 봉사가 무엇인지 그들이 정말 알기나 하고 온 것일까? 자신이 사용한 그릇조차 씻지 않는 젊은이들이 다른 누군가를 위해 봉사할 땐 맘이 달라지나?' 그동안 여행하면서 정말 똑똑한 젊은이들을 많이 봤다. 그런 젊은이들은 볼 때마다 참 예뻤다. '걔네들도 알고 보면 저 젊은이들처럼 하는 건지? 그리고 쟤네들은 숙소가 자기 집이라 생각해서 편안하다고 여겨서 저러는 건지?' 아무튼 에콰도르에서 우리나라 젊은이들을 보면서 반성을 많이 했다. 부모인 우리들의 잘못도 많을 테지.

갈라파고스
감이 배 밖으로 나온 생물들을 만나다

갈라파고스로 가는 비행기편을 인터넷으로 알아보니 앞으로 열흘 후밖에 없다고 했다. 직접 공항으로 가서 문의를 했더니 하루에 두 편씩 있었다. 그것도 두 개의 항공사별로 각각이었다. 다음날 항공사 데스크로 가서 안내원에게 "갈라파고스를 가려면 어떻게 해야 합니까?"라고 물으니 "첫 비행기가 8시 30분입니다. 이륙하기 두 시간 전에 와서 대기하세요. 남는 좌석표가 있으면 살 수 있거든요."라는 설명을 해줬다. 여행사에서 미리 선점한 좌석표 중에서 판매가 안 된 좌석이 있기 때문에 가능한 것이다. 그런 잔여 좌석은 어느 항공사나 항상 있기 마련이다. 시간 계산을 해보니 숙소에서 아침 6시 30분에 출발하면 8시 30분에 출발하는 비행기를 탈 수 있었다. 그러나 숙소 근처에서 공항으로 가는 버스가 없을 듯해서 넉넉하게 9시 비행기 티켓을 구입했다.

아침에 숙소를 출발해 공항으로 가니 티켓팅을 하는 한쪽에 대기하는 사람들이 보였다. 비행기 이륙 시간이 약 40분 정도 남았을 때에야 예약자들의 티켓팅이 끝나고 대기자들의 순서가 됐다. 탑승 시간이 촉박해서 비행기에 올라타려고 잰걸음으로 열심히 게이트로 갔다. 그런데 비행기는 40분이나 늦게 출발을 했다. 남미는 버스만 늦는 것이 아니라 비행기도 늦었다. 우리나라처럼 시간 약속을 정확하게 지키려고 노력하는 나라는 아닌 듯했다.

갈라파고스에 있는 산타크루즈라는 섬에 도착해서 숙소를 구하러 다녔다. 가장 저렴한 것이 15달러였다. 다른 나라의 유스호스텔은 7달러 정도니까 그 배 이상이나 하는 것이었다. 숙박비뿐이 아니라 모든 물가가 비싸다고 들었는데 확인해보니 가장 자주 이용하는 인터넷 PC 사용료도 1시간에 2달러나 됐다. 다른 나라들의 도시보다 3배나 더 비쌌다. 우유나 맥주도 2배가 넘는 듯했다.

사실 나는 경비 때문에 갈라파고스 여행을 포기했었다. 에콰도르의 키토에서 유학을 하고 있다는 학생과 엄마를 만났는데, 그들이 갈라파고스에서 일주일 동안 일인당 4,300달러나 되는 경비를 지출했다고 해서 엄청 겁을 먹었기 때문이었다. 비싼 경비 때문에 배낭여행자들에겐 그림의 떡이라는 말도 들었다. 생필품을 포함한 모든 것을 배로 실어 날라야 하기 때문이라고 했다. 그래도 그렇지, 갈라파고스에서의 여행은 모든 것이 배낭여행객에게 부담스럽다. 당연하겠지만, 다른 곳에서 한 달 동안 사용할 수 있는 경비가 일주일 만에 바닥난다니 아찔했다. 정보를 찾다 보니 과야킬 공항을 이용하고 먹을거리를 미리 준비해 가면 그나마 알뜰하게 여행을 할 수 있다기에 갈라파고스를 여행지로 선택한 것이다. 하지만 비싸도 너무 비쌌다.

겨우 숙소를 정했다. 선해보이는 한국인 주인과 깨끗한 객실이 그나마 괜찮아 보였다. 짐을 부리고 숙소 근처에 있는 항구 쪽으로 구경을 나갔다. 넘실대는 푸른 바다를 두르고 있는 산타크루즈는 화산섬인지라 검정색 돌들로 이루어져 있는데, 그 돌 위를 빨간색 게들이 기어다녔다. 손바닥만 한 게가 선착장에도, 항구에도, 거리에도 점점홍홍 빨간 빛을 띠며 바삐 기어다녔다. 그걸 보는데 양념게장이 떠올랐다. 양념게장을 생각하니 꼬리를 물고 간장게장까지 떠오르며 스르르 입안에 침이 돌았다. '저걸 잡아다 게장을 담그면 얼마나 맛날까? 에구, 간장게장 먹고파라~'

다음날 육지거북이의 알을 부화시키고 키우는 찰스다윈 연구소라는 곳을 찾았다. 산타크루즈가 원래 육지거북의 서식처였다고 들었다. 입을 뻐끔거리며 바닥을 기는 거북이는 등껍질이 단단하고 컸다. 우리 동네 수족관에 기어다니는 빨간귀 청거북과는 비교가 안 될 정도로 거대했다. 그 거북이들 가운데 교미를 하고 있는 것도 있었다. 암컷 등 위에 올라탄 숫거북은 소리를 내가며 힘들게 암거북의 등을 발로 문질렀다. 다큐멘터리를 제외하고는 좀처럼 보기 힘든 광경이어서 뚫어져라 바라보았다. 사실 여자 혼자 쳐다보기도 뭐해 실눈으로 흘깃거리며 바라보았다. 이래저래 인간을 포함한 생물들은 종족번식에 힘을 쓰는 듯했다. 몰래 훔쳐보려니 미안하기도 하고 안쓰럽기도 했다.

연구소 한쪽에는 황금색을 띠는 이구아나 세 마리가 있었다. 크기도 크기지만 색이 참 화려했다. 노랑색인 듯하기도 하고, 희미한 주홍색인 듯도 하였지만 아까 본 육지거북만큼의 놀라움은 주지 못했다.

연구소 근처에 멋진 바다가 있다기에 그곳으로 가려고 40여 분을 걸었다. 옥빛 바다가 펼쳐져 수영을 하기 적당한 장소가 보였다. 많은 사람들이 수영을 하며 공놀이도 즐기고 있었다. 나 또한 수영을 하며 놀았다. 그러다가 지쳐서 혼자 바닷가 산책로를 따라 걸었다. 가다 보니 푸른발부비가 네 마리나 사람이 다가가는데도 꼼짝 않고 있었다. 푸른발부비에게 가까이 다가갔다. 푸른발부비의 발은 오리발처럼 생겼고 몸 색깔은 화창한 하늘색처럼 예뻤다. 연신 카메라 셔터를 누르는데도 녀석들은 꿈쩍도 안 했다. 이미 나 말고도 다른 관광객들에게 수천 차례 찍혔다는 듯 가만히 있었다. 그들의 태도가 무척 신기해서 '언젠가는 움직이겠지'라며 한참을 바라보았지만 마침내 포기했다. 내가 자리를 뜰 때까지도 그들은 처음 봤던 그 포즈 그대로 자리를 지키고 있었다.

바닷가 산책길은 온통 검정 이구아나만 보였다. 사람이 밭을 가꾸듯, 조물주가 이구아나로만 해변에 밭을 만들어 놓은 듯했다. 검정 이구아나 밭으로 다가가 자세히 들여다보니 징그러웠다. 다리는 짧고, 피부는 우둘투둘한 것이 이상했다. 이들도 푸른발부비와 마찬가지로 사람을 보고도 꿈쩍을 안 하긴 마찬가지였다.

어시장을 가보니 건장한 성인 팔뚝만 한 바닷가재를 팔았다. 가격도 한 마리에 20달러밖에 하지 않았다. 우리나라에서 대부분 10만 원을 훌쩍 넘는 크기의 것이었다. 무척 사고 싶었지만 가재가 너무 커서 내가 갖고 있는 포트에 들어갈 리 만무했다. 더군다나 내가 선택한 15달러짜리 숙소에는 주방이 없었기 때문에 요리를 할 수 없었다. 바닷가재를 보며 눈물을 머금고 돌아섰다. '어딘가 요리할 장소를 찾은 후에 꼭 한 마리 사서 요리를 해먹어야지.'

그날 이후 숙소를 옮기고 몇 번 더 어시장을 가봤지만 바닷가재의

그림자도 보기 힘들었다. 알고 봤더니 바닷가재가 매일 어시장에 나오는 것이 아니란다.

오로지 생선들만 가득한 생선가게를 바라보았다. 그 옆에는 생선을 손질하고 남은 찌꺼기들을 먹으려고 큰 바닷새가 떼거리로 대기하고 있었다. 이 새들도 전날 보았던 이구아나나 푸른발부비처럼 사람이 다가가도 도망을 가지 않았다. 서로들 커다란 생선 한 마리를 놓고 치열하게 다투고 있었다. 생선이 크면 뼈도 큰 법인데 때때로 큰 생선가시가 목에 걸려 죽은 새도 있다고 했다. 그래서 당국에서 새에게 먹이 주는 것을 금했지만 여전히 관광객들에게 생선을 파는 상인들이 있었다. 그들은 생선을 사는 관광객에게 "가까이서 새에게 먹이를 주며 자세히 살펴보라"고 했다. 하지만 사실은 외국인에게 비싼 값으로 생선을 팔려는 상술이었다.

재밌는 것은 생선을 파는 상인 옆에 퍼질러 자고 있는 바다사자였다. 자기 옆으로 사람이 가까이 다가가도 한쪽 눈만 뜨고 바라보다가 귀찮다는 듯 도로 감아버렸다. 또한 바다사자들은 아무데나 자리를 잡고 누웠다. 배 갑판이건 바위 위건 어시장이건 자기가 눈감고 자리 잡으면 모두 침대가 되었다. 이들은 사람들이 바다에서 수영을 하고 있으면 잽싸게 다가와 그 사람의 몸을 건드리고 가기도 했다.

아무리 생각해도 갈라파고스의 모든 생물들은 간을 배 밖에 놔두는 것이 틀림없다. 농담이다! 사실은 이 섬에 사람이 살기 시작한 것이 50년밖에 되지 않았다. 이 섬의 96.5%가 국립공원으로 지정되어 있고, 유네스코 세계자연유산으로 지정되어 특별보호법으로 모든 동식물들이 보호를 받고 있었다. 살아 있는 동물은 물론 풀 한포기, 돌멩이 하나라도 함부로 훼손하면 안 된다. 섬 외부에서 그런 것을 가지고 들어가서도 안 된다고 한다. 그러니 생물들이 자신들에게 전혀 해를 끼치지 않는 인간에게 무감각할 만도 하겠다.

16개의 섬으로 이루어진 갈라파고스를 돌아보려고 섬을 운행하는 배삯을 알아봤는데 이것 역시 비쌌다. 이 때문에 16개의 각 섬들마다 조금씩 다른 동식물이 살긴 하지만 거의 비슷하다는 다른 사람의 말로 나 자신을 위무했다. 대신에 갈라파고스에서 가장 큰 섬인 산타크루즈와 그 주변 섬들만 돌아봤다. 비싼 경비를 치르고 가까운 섬 주변으로 스노우쿨링도 갔다. 스쿠버로도 유명하다고 해서 기대를 잔뜩 했었는데 이집트의 다합에서 보았던 바다와는 확연하게 차이가 나서 무척 실망했다. 그러나 나보다 일찍 스노우쿨링을 간 다른 여행자들은 바다표범, 펭귄 그리고 열대어들과 같이 수영을 할 수 있었고, 자신들 밑으론 상어가 수영하는 것을 볼 수도 있었다고 했다.

갈라파고스에 코이카(KOICA) 단원으로 2년간 봉사를 하러 온 분을 만났다. 공무원을 정년퇴임하고 이곳에 와서 갈라파고스의 농작물 품종 개량에 대한 기술지도를 하고 있었다. 갈라파고스는 거의 모든 먹거리와 생필품을 배로 실어 와야 하기 때문에 자국 내 식량 자급자족이 급선무였다. 그러나 종자 개량에 필요한 물품이나 기구를 요청하면 공급이 원활하게 이뤄지지 않아 어렵다고 했다.

"우리나라는 농업선진국이나 다름없지요. 봉사를 하러 와서 우리나라 기술을 알려주고 싶은데, 품종개량하는 농사가 2년만에 성과를 내기란 무척 어려워요. 더군다나 요청한 물품도 운송이 이렇게 수월치 않으니……."

그는 한국을 향한 향수병을 수영과 조각작품 제작으로 달래고 있었다. 그 덕분에 직접 조각한 거북이도 얻고, 귀한 한국 음식도 많이 얻었다.

섬 가운데에 있는 언덕을 올랐다. 그곳에는 호박 넝쿨이 노란 꽃잎을 밀어내며 자라고 있었다. 된장에 호박잎을 싸서 먹던 식단이 그리웠던 나는 군침을 삼켰다. 유혹을 참지 못하고 금세 여린 호박잎을 골라서 주머니에 챙겼다. 나중에 쌈 싸먹어야지…….

언덕을 올라갈수록 블루베리가 천지였다. 한국에서는 블루베리라고 하면 외국종이라 비싸서 살 엄두를 못 냈는데, 이곳에서는 서울시내에서 볼 수 있는 은행나무마냥 널려 있는 것이 블루베리 나무였다. 눈치 안 보고 블루베리를 실컷 따먹었다. 손이 온통 보라색으로 물드는 것 따위는 신경도 쓰지 않았다.

언덕 어느 부분에 다다르니 거기 방금 갓 낳은 아기의 움켜쥔 손과 같다던 고사리가 밭을 이루었다. 고사리가 한국처럼 바닥에 붙어 자라는 것이 아니라 가지를 내며 자라고 있었다. 더군다나 연한 순은 밑둥부터 끝까지 계속되었다. 그립기도 하고, 반갑기도 한 만감이 교차했다. 고사리를 무쳐먹을 생각에 내려오는 발길이 빨랐다.

그러나 숙소에 돌아와 고사리를 물에 삶으니 연하긴 한데 몹시 썼다. 하루가 지나도 여전히 써서 모두 버려야 했다. 배신감이 들었지

만 그래도 내게는 호박잎이 있었다. 기대에 부풀어 호박잎을 살짝 물에 쪘다. 그리고 쌈장에 싸서 먹는데 그 맛이 꿀맛이었다. 호박잎은 내 기대를 저버리지 않았다. 옆에 있는 김치도 쭉 찢어 하얀 밥 위에 올려놓고 입안으로 넣었다. 집주인이 직접 담근 김치는 혼이 나갈 만큼 맛이 있었다. 한국에서는 김치찌개 만들 때만 넣었던 김칫국마저도 그냥 들이켰다. 그런 후에 참치캔을 따서 참치를 넣고 찌개를 끓였다. 보글보글 끓는 찌개 소리를 들으니 갑자기 한국이 그리워졌다. 지지고 볶고, 속 끓이며 살아도 사람 보고 아는 척하고 흥정하는 한국이 그리웠다.

콜롬비아
길을 물어보면 목적지까지
데려다주는 친절한 사람들

　콜롬비아에선 길을 물어 보기가 겁났다. 마약의 나라로 알려진 콜롬비아, 하지만 주소만 들고 목적지를 찾아다니는 나로서는 어쩔 수가 없었다. 정말 괴로웠다. 그런데 알고 보니 한국 전쟁 때 유엔군으로 참가해 우리나라를 도왔던 나라란다. 버스 터미널에서 숙소를 찾아가야 했기에 여자 경찰에게 주소를 보여주었다. 주소를 본 경찰은 앞에 있는 택시기사에게 주소를 보여주며 자문을 구하더니 따라오란다. 그 경찰은 미로 같은 길을 빠져나가 지하도를 한참 걸어가더니 이 주변이라며 말하고는 돌아가 버린다.

　두 번째로 학생 차림의 여자에게 길을 물으니 따라오라며 일행이 있는 곳으로 데려갔다. 그러나 일행도 번지수만으로는 길을 찾을 수가 없었던지 카센터에 가서 물어본 후 알려주었다.

　그렇게 안내받은 길을 따라가다 안심할 수가 없어 다시 지나가는 아줌마에게 주소를 보여주었다. 또 따라오란다. 그러더니 어떤 집의 초인종을 누르는 것이었다. 창문을 열고 나온 얼굴은 할머니, 그녀는 고개를 가로저었다. 아주머니는 다시 잠시 기다리라고 하더니 다른 집에 들어갔다. 그 집을 나와서 옆에 있는 가게 종업원에게 또 물어보는 것이다. 다섯 블럭을 더 가야 한다고 종업원이 대답하자 아주머니는 앞장을 서며 따라오란다. 그러더니 나를 위해 다섯 블럭을 함께 걸었다. 가다가 내 가방도 하나 들어주겠다는 것을 사양했다. 그녀는 기어이 호스텔 문 앞까지 나를 데려다주고 돌아갔다. 그 친절에 감동하지 않을 수 없었다.

여행 안내센터에 가서 지도 한 장을 얻어 칼리로 가는 버스 정보를 확인하고 있는데, 안내센터 여직원이 버스 정류장까지 안내를 해주겠단다. 아이고, 고맙지만 됐어요! 난 버스표 먼저 체크해보고 가겠다며 겨우 혼자가 됐다. 버스를 탔을 때에도 차비가 얼마인지 몰라 앞자리의 남자에게 돈을 보여줬더니, 그는 친절하게 운임을 내고 거스름돈까지 챙겨 전해줬다. 버스기사에게 내릴 곳의 위치를 표시한 지도를 보여주니 정거장이 아닌 곳이라 잘 모르겠단다. 그는 지나가는 택시기사에게 물어보고 또 다른 사람에게 한 번 더 확인을 하더니 나를 내려주었다. 그때 속으로 그랬다. 고마워, 이젠 길 안 물어 볼게.

3. 중동·아프리카·아메리카 여행

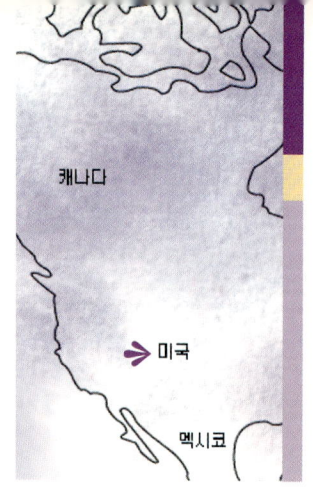

미국
조건 없이 베푸는 삶, 자원봉사

　미국에서 자유의 여신상 횃불을 제일 먼저 보러 갔다. 뉴욕은 작은 반도와 섬들이 연결된 도시였다. 많은 다리들 덕에 교통은 다양하게 연결되어 있었는데, 지하철은 노선이 너무 많아 내 머리론 파악하기가 어려웠다.

　티켓 구입부터가 난항이었다. 8달러짜리를 사면 네 번을 탈 수 있다기에 (자동판매기로 판매) 8달러 티켓을 누르고 20달러를 넣었는데, 고스란히 20달러짜리 티켓이 나왔다. 3일 간 머무를 예정인데 너무 아까웠다. 그리고 지하철 노선은 왜 그리 어렵게 느껴지던지……. 자세히 보니 같은 라인을 통과하는 지하철이 여러 개인 게 원인이었다. 한 역을 정차하는 기차와 그냥 통과하는 기차의 노선이 달랐다. 24시간 운영되는 지하철이라 밤 시간에는 노선이 달라지기도 했다. 어느 역에선가 공사가 있으면 노선을 바꾸어서 운행하기도 한단다. 뉴욕에 살려면 머리가 좋아야 할 것 같았다. 3일을 머무르니 어느 정도 감이 오기 시작했는데 또 떠나야 했다. 항상 그랬다. 어느 도시에 가든지 익숙해질 만하면 떠나야 하는 날이 되었다.

　자유의 여신상은 작은 섬에 있어서 배를 타고 가야 했다. 무료로 운항하는 배가 있다고 해서 선착장까지 지하철을 탔는데 도착하니 엉뚱한 곳이었다. 내가 내려야 할 역이 공사 중이라는 A4 크기의 메모가 벽에 붙어 있었다. 다시 갈아타고 선착장으로 이동해 30분 간격으로 운항되는 페리를 탔다. 배에서 보는 자유의 여신상이었지만 사진으로만 보던 것을 눈으로 대하니 감회가 남달랐다. 물가가 높기로 유명한 미국 뉴욕에서 무료로 페리를 운행하는 이유가 궁금했다. 작은 배도 아니고 시설이 잘 되어 있는 여객선에다 승선 시간도 20분이 넘었다. 전용 여객선 터미널도 규모가 아주 컸고 서비스까지 아주 좋았다. 엄청난 관광객이 몰려오는 뉴욕의 볼거리 많은 도심 한복판이 아닌 곳, 도심과는 떨어져 있는 섬에서의 생존전략인 듯했다. 작은 돈을 받고 페리를 운항하느니, 무료로 관광객을 모은 후 섬에 내려놓으면 돈을 쓰고 갈 거라는 계산인 것이었다. 그래, 미끼라도 좋다. 멋진 배를 타고 자유의 여신상을 봤으니까.

뉴욕은 빌딩 박물관이었다. 빌딩 하나가 한 블록, 게다가 저마다 독특한 외관으로 꾸며놓아 그 자체로 볼거리가 되었다. 크리스털 빌딩엘 들어가 보니 그 건물에 대한 정보를 로비에 상세히 적어놓았고, 컴퓨터로 검색도 할 수 있게 꾸며놓았다. 나는 9·11 테러가 있었던 세계무역센터 자리로 발걸음을 옮겼다. 희생자들의 비석과 추모관으로 쓰이는 작은 교회가 눈에 들어왔다. 코끝이 찡해왔다. 무너진 빌딩 자리에는 새로 건물을 짓느라 공사가 한창이고 많은 사람들은 그 옆을 한가롭게 걷고 있었다. 세계무역센터는 빽빽이 들어찬 빌딩 숲 한가운데 위치하고 있는데, 어찌 비행기가 저 많은 건물들 사이를 헤집고 들어가 부딪쳤는지. 아우슈비츠를 방문했을 때만큼이나 마음이 아렸다.

미국은 모든 곳에 장애인을 위한 시설이 따로 있었다. 장애인이 버스를 타려고 하면 휠체어가 올라갈 수 있도록 발판이 내려왔다. 또한 버스에 올라온 장애인은 휠체어를 고정시킬 수 있도록 되어 있는 자리로 이동해서 안전을 확보했다. 모든 것이 장애인의 입장을 우선시했다. 길에서도 장애인들을 흔히 볼 수 있었는데, 우리나라처럼 집에만 갇혀 있질 않고 자유롭게 돌아다니는 모습이 부럽기도 했다.

시카고에서

저녁에 유스호스텔로 자원봉사를 나온 남자와 시카고 대학에서 열리는 무료 재즈 페스티벌에 갔다. 저녁 6시에 아주 유명한 여가수가 노래를 불렀다. 그녀는 공연 투어 중인데도 굳이 이곳까지 온 것은 자신이 시카고 출신이고 무엇보다 시카고를 사랑하기에 무료 페스티벌에 참가했다고 말해서 모두들에게 환호의 박수를 받았다. 노래를 듣고 있으니 자연히 몸이 반응하며 흔들리는데 언뜻 인순이 노래를 듣고 있는 것 같았다. 호소력 있는 음색으로 멜로디를 부르는데 우리네 한이 느껴지는 묘한 가수였다. 그래도 인순이가 더 노래를 잘한다고 여겼다.

페스티벌 한쪽에선 저렴한 음식과 음료수를 팔고 있었다. 잔디밭 위에는 자신들이 챙겨온 간이의자에 앉아 연인과 음식을 나눠 먹으며 사랑을 속삭이는 커플이 여럿 보였다. 에고~ 부러웠다. 그곳에서도 맥주만은 줄이 쳐진 안에서만 마셔야 한다고 안내인이 말했다. 나름대로 마련한 알코올에 대한 규칙이었다.

그들처럼 나도 먹고 싶은 음식을 사서 잔디밭에 편안히 누웠다. 사온 음식을 먹으며 재즈음악을 듣는 시카고 주민들과 함께 섞였다. 나와 같이 나온 자원봉사자도 같이 잔디에 앉아 즐겁게 시간을 즐겼다. 그도 역시 자신의 돈으로 음식을 사다가 먹었다. 그를 보면서, 내가 만난 봉사자들을 보면서 '봉사란 나의 모든 것을 바쳐야만 할 수 있는 것이 아니다'라는 생각이 들었다. 자신도 즐길 수 있는 봉사, 이국의 환경을 낯설어하고 도움을 필요로 하는 이들에게 편안함을 주면

서 도와주는 봉사가 맘에 와 닿았다. 일상 생활을 하는 중에 잠깐이라도 내가 가진 것의 일부를 남에게 아무런 조건 없이 베풀 수 있는 삶, 그게 봉사라고 생각됐다.

4

세계 여행 후의 이야기

내가 제일 살고 싶은 곳

1위, '삼바의 나라' 브라질의 플로리아노폴리스!

 브라질의 해변은 리우데자네이루를 포함해서 모두 아름답다고 소문이 나 있다. 나는 상파울루보다 약간 아래에 있는 플로리아노폴리스에 갔다. 겨울이라 여행객이 눈에 띄지 않았고 역시 비수기라 숙소를 싸게 구할 수 있었다. 숙소 방 안에 주방시설, 욕실, 베란다까지 있었다. 베란다에서 바다를 바라보며 식사를 했다. 소문은 사실이었다. 바라만 보고 있어도 넓은 백사장과 깨끗한 바다는 눈이 부셨다. 커피를 마시며 바라본 바다에서는 파도를 타는 사람, 낚시를 하는 사람, 투망질을 하는 사람, 자전거를 타는 사람들이 그림 속의 한 자락처럼 즐기며 있었다. 수영을 하는 사람은 보이지 않았다. 겨울이라서 바닷물이 차갑기 때문이다. 그 주변에 앙증맞은 등대가 두 개나 서 있었다. 파도소리가 쉼 없이 들려왔다. 바다보다 더 파란 하늘에는 물고기 낚시를 나온 새들도 있었다. 그 중 한 마리가 다른 새를 쫓아내며 자기 영역이라 고함치듯이 용을 쓰는 것이 보였다. 그 넓은 바다에서 그 새는 뭔 욕심을 챙기겠다고 고약을 떠는지 씁쓸했다.
 브라질 사람들은 흥겨운 사람들이다. 길을 지나칠 때도 춤을 추는 흥겨움! 숙소 주변 야외 레스토랑에서는 무대 위에서 가수가 노래를 부르면 그 아래에서 사람들이 삼바리듬에 맞춰 춤을 췄다. 테이블에

브라질의 플로리아노폴리스에서 본 성베드로데이 종교행사.

서 사랑하는 가족들과 맛난 음식을 먹을 때 바로 옆에서 흥겨운 삼바 춤을 추는 장면이 인상적이면서도 부러웠다. 각자가 많이 가졌는지 적게 가졌는지 모르겠지만 내가 보기에 그들은 우리네 삶에 비해 윤택해 보였다.

플로리아노폴리스에서는 매일 밥을 해먹었다. 모든 야채를 1kg에 600원 정도면 살 수 있었다. 우리나라 수박과 비교해도 당도나 질에서 떨어지지 않는 맛을 지닌 수박도 무척 싸다. 그러나 마늘과 생강은 상대적으로 비쌌다. 우리나라는 생강과 마늘이 싼데 정반대다. 거기서 살면 생활비 걱정, 공해 걱정은 하지 않아도 될 것 같다. 거기다 언제나 흥겨운 사람들까지 있으니 더할 나위 없다. 정말 살고 싶다!

2위, 인도의 북부 다르질링!

다르질링은 영국인들이 차를 만들기 위해서 만든 도시다. 그곳에서 불경 소리에 눈을 뜨니 새벽 5시였다. 그런데도 해는 이미 떠 있고 앞에 바라보이는 설산도 구름옷을 벗었다. 설산이 평소에는 워낙 구름이 많아 잘 안 보이는데 잠시 구름이 엷거나 없을 때 볼 수 있다. 그 날이 그런 날이었다. 구름 한 점 없는 하늘을 찌를 듯 우뚝 선 웅장한 산의 전경. 에베레스트와 K2 다음으로 높다는 칸첸중가가 바로 눈앞에 펼쳐졌다. 밖으로 나가 사진을 찍어야겠다고 마음을 먹었다. 샤워를 하고 깨끗해진 몸으로 산을 바라봤다. 그새 이미 설산은 구름에 가려져서 보였다 안 보였다 했다. 그래도 사진을 찍고 아침공기를 상쾌하게 들이마셨다. 몸 안에 깨끗한 공기와 위대한 산의 정기가 들어오는 듯했다. 인도의 4월, 5월에는 다른 대부분의 인도 도시가 더운데 다르질링은 시원하다. 그래서 돈 많은 인도인들이 즐겨 찾는 휴양지일 것이다. 그런 곳에 살게 되면 얼마나 좋을까? 하지만 결정적으로 물이 부족한 것과 내 고산병 증상 때문에 2위로 꼽았다. 머리가 아프고 오르막길은 잠깐만 걸어도 숨이 찼다.

4. 세계 여행 후의 이야기

그곳을 갔어야 했는데 놓쳤네!

1. 에디오피아의 소금을 캐는 사막 데나킬

데나킬 사막은 아프리카의 에티오피아와 에리트레아 중간에 위치하고 있는데 '소금 사막'이라고 불리는 곳이다. 지구상에서 가장 저지대이면서도 지금까지 화산 활동이 활발하다고 한다. 이 사막에 살고 있는 아파르 부족은 소금을 캐서 당나귀에 싣고 마을로 돌아와 채취한 소금을 팔아 생활을 한다.

데나킬을 찍은 사진을 본 순간 정말 꼭 가려고 했다. 유황으로 옷을 입은 소금밭은 얼마나 아름다운지 내 머릿속에 또아리를 틀고 떠날 생각을 하지 않았다. 그만큼 강렬한 유혹을 지닌 데나킬 사막!

에티오피아의 수도인 아디스아바바를 여행할 때 데나킬로 가는 방법에 관해 가이드에게도, 다른 여행자들에게도 물어봤다. 에티오피아에 살고 있으면서도 데나킬이 어디에 위치하는지 모르는 사람이 태반이었다. 사실 나도 에티오피아에 들어가서야 데나킬의 존재를 알았다. 나처럼 여행자들이 데나킬에 대해서는 현지인보다 더 많이 알고 있었다. 그럼에도 불구하고 나는 데나킬을 가지 못했다.

첫 번째 이유는 무장 강도들 때문에 너무 위험한 곳이라서 경찰과 같이 다녀야만 한다는 것이었다. 두 번째 이유는 에티오피아에 머물고 있던 2월은 사막의 온도가 46도를 오르락내리락했기 때문이었다.

사막을 가로지르는 것도 힘든데 기온까지 높으면 중노동을 하는 것과 다름이 없다. 나는 아무리 좋은 곳이라도 여행을 원하지 노동을 원하지는 않는다. 세 번째 이유는 경비가 많이 들기 때문이었다.

데나킬로 가려면 지프를 빌려야 하고, 기사를 포함한 가이드와 경찰까지 동행을 해야 하고, 그 모든 사람들의 먹을거리와 마실 물을 챙겨야 했다. 지프를 빌려 여행하는 것도 최근 들어서 생긴 여행방법이었다. 그전에는 아파르 부족이 소금을 캐러 들어갈 때 동행을 하든가 아니면 헬기를 빌려서 하늘 위에서 데나킬을 감상하는 방법밖에 없었다. 나중에 데나킬을 다녀온 여행객에게 들으니 투어 프로그램이 있어서 참가했지만 기대에 못 미쳤다고 했다. 그에 의하면 데나킬에는 호수도 있는데 물이 바짝 말라서 볼품이 없었다고 했다.

네 번째 이유는 내 비자 때문이었다. 만료일이 5일밖에 남지 않은 상황에서 1주일은 족히 걸리는 데나킬행을 포기해야 했다. 물론 비자 기간이야 약간의 돈을 지불하고 연장을 하면 되고 경비는 마련하면 되지만 훗날을 기약하기로 했다. 어차피 남미에 가면 볼리비아의 우유니 소금 사막에 들르기로 했으니까 그 여행으로 데나킬 사막 여행에 대한 아쉬움을 달래자고 위로했다.

4. 세계 여행 후의 이야기 285

2. 아메리카 북부지방

오로라는 태양 표면에서 나오는 입자들이 지구 가까이 왔을 때 극지방의 초고층 대기의 공기분자와 부딪치게 되어 나타나는 빛을 말한다. 태양빛이 극지방의 대기에 부딪칠 때 부딪히는 물질에 따라서 색이 달라진다. 산소분자는 녹색과 붉은색의 빛을 내고, 질소분자는 붉은색의 빛을 낸다고 한다. 오로라는 극지방에서만 볼 수 있는 것으로 알려져 있다. 그러나 극지방에 갈 수 없는 여행자들을 위해 신은 노르웨이나 캐나다, 알래스카 등에서도 오로라를 볼 수 있게 세상을 만들었다. 오로라 현상을 매일 볼 수는 없지만 3일에 한 번 꼴로 볼 수 있다고 한다. 그러니까 3일 이상 노르웨이, 캐나다, 알래스카에 머물면 볼 수 있는 확률이 높다는 말이다.

극과 가까운 곳에서, 그것도 겨울에만 볼 수 있는 오로라를 보겠다는 계획은 여행을 처음 계획할 때부터 세웠다. 하지만 처음 계획했던 2년이라는 여행기간보다 두 달이나 일찍 한국에 돌아와야 했기에 아쉽지만 접어야 했다.

죽기 전에 꼭 보려고 하는 오로라. 물론 앞서 말한 대로 세계여행 중에 들렀던 노르웨이에서도 오로라를 볼 수는 있었다. 그러나 내가 노르웨이를 방문했던 시기는 여름이었다. 여행 말미는 겨울일 것이라 예상하고 캐나다와 알래스카를 방문하기로 여행 스케줄을 계획했다. 여행기간이 축소되면서 캐나다의 그 유명한 록키산맥도 들르지 못했다. 이러한 이유들로 아메리카 북부 지방을 가지 못한 아쉬움이 더하다.

3. 라오스

라오스는 전세계적으로 '절경과 가난과 마약과 친절의 나라'로 불린다. 그럼에도 불구하고 라오스를 여행한 사람들에게는 '맑은 눈빛과 천사의 마음을 가진 나라'라고 알려져 있다. 그래서 아시아를 여행할 때 만났던 여행자들 대부분이 가장 강력한 여행 추천지로 라오스를 꼽았다. 그래서 태국 방콕에서 치앙마이로 올라가다가 라오스 쪽으로 넘어가려는 계획을 세웠다. 그런데 5월의 태국은 무척 더웠다. 세계지도에 비슷한 위치에 있는 라오스도 마찬가지였다. 무더위를 견뎌낼 자신이 없었다.

4. 아프가니스탄

입국 제한국이라 가지 못했던 아프가니스탄! 사진으로만 본 '반디아르미 호수'는 죽기 전에 꼭 가고플 만큼 매혹적이었다. 신비스런 푸른색의 호수는 어항처럼 물이 담겨져 있다고 한다. 그러나 전쟁 때문에 갈 수 없는 땅이 된 아프가니스탄! 그곳의 자연과 사람들과 어울릴 수 있는 날이 어서 오기를 소망한다.

잊히지 않는 사람들 이야기

1위, 이란에서 만난 스위스 부부

도미토리란 방 한 칸에 침대가 보통 4개~20개까지 있는 다인용 숙소를 말한다. 그래서 도미토리에서는 여러나라 사람들을 만날 수 있다. 이란에서는 스위스 부부와 중국 남자와 함께 도미토리에 묵을 수 있었다. 내 기억에는 스위스 부부가 남는다. 이란에서의 이 부부가 기억에 남는 것은 멋졌기 때문이다.

스위스에서 인도까지 부부가 오토바이로 여행을 했는데 이탈리아에서 그리스로 이동할 때만 배를 이용했고 다른 나라는 오직 오토바이로만 여행을 한 부부였다. 부부가 두 개의 오토바이에 각자의 배낭을 싣고 나란히 달리는 모습이 무척이나 멋졌다.

그들이 보여준 가족 사진을 보니 3명의 자녀 중 첫째가 피부색이 검었다. 입양한 딸이었다. 지금은 결혼해서 프랑스에서 살고 있다고 한다. 그들은 자녀문제뿐 아니라 생활이 풍족해서인지 생각과 생활이 모두 여유로웠다. 자신의 생각을 표현할 때도 다양한 액션과 유머를 구사했다. 가령 구멍이 선명하게 난 양말을 보여주며 '새로운 디자인'이라며 창피해하지 않는다. 더군다나 검소하기까지 했다. 허영이 전혀 없었다. 누구를 대하든 상대적인 박탈감을 은연중에 느끼는 한국 사람들에 비해서 삶이 풍요로워 보이기조차 했다. 둘은 서로를 마주보며 종일 웃으며 대화를 했다. 그들과의 대화는 유쾌해서 주위의 사람들마저 웃을 수 있었다.

한편 중국 남자는 다른 느낌이었다. 이 남자는 방송업계에 종사한다고 했는데 뻔뻔스럽기가 하늘을 찔렀다. 이른 아침에 일어난 대부분의 사람들은 아직 자고 있는 다른 사람을 배려해서 소리를 죽이려고 애썼다. 하지만 그는 새벽 4시에 일어나 과자를 소리 내며 아작아작 씹어 먹었다. 숙소 안에 있는 레스토랑도 마치 자신의 주방인 양 테이블을 차지하고 앉아 자신이 준비해간 음식을 죽 늘어놓고 먹었다. 길을 가다가도 상점이며 호텔은 보이는 족족 들어갔다. 그리고 마치 물건을 살 것처럼 가격을 물어보고 그냥 나왔다. 그와 함께 길을 나서면 아는 길도 아니면서 아는 척을 해대서 곤혹스러웠다.

2위, 덴마크 코펜하겐에서 만난 캐나다인

파리에서 기차를 타고 덴마크 코펜하겐에 도착했을 때였다. 내 옆 좌석에 있는 캐나다인에게 어디로 가느냐고 물으니 유스호스텔로 간단다. 그러면 나도 따라가겠다고 그와 함께 역사를 나섰다.

나는 한국인 민박 전화번호 하나만 달랑 적어 온 터라 숙소를 아는 듯한 그가 반가웠다. 장대비가 퍼붓는 거리를 둘이서 걸었다. 문제는 그의 발이었다. 그는 어디서 다쳤는지 발에 기브스를 하고 있었다. 그 사람이 아픈 다리로 걸어가기에 가까운 곳인 줄 알았던 숙소는 이십 분을 넘게 걸어가야 했다. 장대비는 줄기차게 내리고, 앞뒤로 배낭을 메고, 우산도 없이 걸어서 어렵게 도착한 유스호스텔에는 빈 방이 없었다.

3위, 라파스의 이상한 룸메이트들

    삼계탕, 불고기와 비슷한 음식들과 견과류, 과일을 싸게 팔았던 볼리비아의 라파스에서 만난 사람들은 파티를 좋아했다. 페루를 출발해 도착한 라파스에서 푹 쉬고 싶었는데 뜻대로 안 됐다.
    내가 묵던 칠흑처럼 어두운 방은 10명이 같이 썼다. 첫날부터 밤늦게까지 들락날락하면서 개인사물함을 열고 닫기를 반복하던 남미의 젊은이들은 아침 11시가 되어도 일어날 생각을 하지 않았다. 그 젊은이뿐이 아니었다. 다른 룸메이트는 새벽 2시에 불을 켜고 양말을 갈아 신고 나갔다. 그들이 불을 켜대는 바람에 새벽까지 시달리다 깨어 보니 아침 10시가 넘었다.
    다음날 새벽 1시에 젊은이 하나가 들어와서 전등을 켰다. 참다가 한마디를 했다. "지금은 새벽 1시란다." 그는 아침에 내가 불을 켜서 잠을 못 잤다며 시비를 걸었다. 기가 막혀서 침대에 앉아 있었더니 계속 중얼거리며 약을 올렸다. 게다가 내 앞 침대에 있던 젊은이가 과음으로 토하기조차 했다. 숙소 종업원이 와서 불을 끄라는데도 아픈 친구를 돌봐야 한다는 거짓말까지 했다. 종업원이 10분 후에 소등하겠다는 말을 하자, 아예 다른 룸메이트 아가씨와 큰소리로 대화를 나눴다. 그러다 밖으로 나가기에 불을 끄고 누웠다. 잠시 후에 술을 마시고 오더니 또 불을 켰다. 그 젊은이에게 다른 룸메이트들은 한마디도 하지 않고 도리어 웃으며 대화를 나누고 있었다.
    다른 방에서 잠을 잘 수밖에 없었다. 다음날 아침 8시에 그 방으로 가서 불을 켠 후 사물함에서 배낭을 꺼내 시끄럽게 짐을 쌌다. 샤워를 하고 돌아와 더욱 요란하게 남은 짐을 쌌다. 한때는 룸메이트였던 그들이 모두 잠을 깨서 씩씩거렸다.

매니저가 왔고 나는 가방을 쌌을 뿐이라고 했다. 아침을 먹으러 식당에 있는데 매니저가 다가오기에 항의를 했다. "오전 11시에 불을 켠 내가 문제가 있느냐?" 매니저는 그 녀석의 이상한 행동을 알지만 공동 숙소이기에 조용하길 바란다고 했다. 정말 속이 상했다. 아무리 젊은 나이이고 밤늦게까지 즐긴다지만 공동생활에 대한 예의가 이렇게 없단 말인가?

아침을 먹은 후 가방을 가지러 다시 들어가 불을 켰다. 사물함에 넣어둔 작은 배낭을 꺼내자 소리가 났다. 백인 아가씨가 방문을 열어 놓고 하지 왜 불을 켜냐고 항의를 한다. 난 작은 번호자물쇠를 그녀의 눈앞에 들이밀었다.

"넌 이게 보이냐? 보여? 나는 안 보여."

4위, 칠레 산티아고와 파티

칠레 산티아고에서는 라파스에서 톡톡히 당한 것 때문에 바(bar)가 없는 숙소를 구했다.

그러나! 바가 없어도 역시 마찬가지였다. 여행하다 알게 된 남아메리카만의 문화였던 거다. 산티아고에서는 파티를 한다며 아침 6시까지 떠들었다. 시끄러운 음악은 필수요소였다. 파티 후엔 카드를 치며 생일축하 노래도 부르고 고함도 지르고 웃기조차 했다. 카드가 끝났나 싶었더니 당구를 쳤다. 참다못해 숙소 종업원에게 "대체 저들은 언제 자느냐"고 조용히 물었더니 미안하다며 조용한 방으로 옮겨 주겠단다.

이제 남아메리카에서 방을 옮겨다니는 것도 귀찮았다. 다행히 다음날은 새벽 2시가 되니 조용해졌다. 아침에 만난 종업원이 내게 화났느냐고 묻는다. 화는 나지 않았지만 이해는 할 수 없다고 말했다.

5위, 남아프리카 케이프타운 축제와 사람들

남아프리카 케이프타운은 낭만적인 도시다. 광장에서 음악회가 열린다는 포스터를 보고 일찌감치 자리를 잡고 앉았다. 사람들이 모여들기 시작하는데 아프리카의 정서와 딱 맞는 분위기다. 이들은 춤을 출 때 미끄러지듯이 유연하게 몸을 흔든다. 재즈 음악이 스피커를 통해 흘러나오자 청소부 여자가 커다란 쓰레기봉투를 들고 리듬을 타면서 쓰레기를 치웠다. 아프리카 대부분의 사람들은 날씬한데 영국의 식민지였던 케이프타운은 예외인 것 같았다. 그런데도 그들은 커다란 몸을 유연하게 잘 흔들어댔다.

여행 온 유럽의 젊은이 가방에서는 낚싯대 같은 것이 삐죽 나와 있었다. 궁금해서 지켜보니 그의 가방에선 다양한 도구들이 나왔다. 접시, 곤봉, 공, 그리고 빨간 플라스틱 코. 그 빨간색 플라스틱 코를 붙이고 접시도 돌리고 곤봉도 돌리고 공도 돌리며 쇼를 했다. 길거리 공연을 하는데 사람들이 모여들어 박수를 쳤다. 그 유럽인은 익살스럽게 인사를 하며 공연료도 받았다. 저렇게 인생을 살면 멋스럽고 지치지 않을 것 같았다.

6위, 이란 이스파한에서 만난 여행 유목민들

20대 중반 한국인 청년과 함께 터키 국경에서 이스파한까지 총 30시간을 함께 했다. 그는 한마디로 '여행 유목민' 이었다. 그가 나와 함

이스터 섬, 태평양에 있는 칠레령의 섬. 섬주민들은 라파누이라고 부르며 모아이 석상으로 유명하다.

97 - Asunción   Paraguay

께 이란을 가게 된 이유는 예멘을 가기 위해서였다. 그와는 이스파한에서 같은 숙소에 묵었다. 동행한 청년과 나를 포함한 한국인 2명, 일본인 1명, 출장 온 이라크인 1명, 그리고 서양남자 1명이 같은 방을 사용했다. 나와 이스파한에 왔던 친구는 예멘을 간다며 그 다음날 이스파한 숙소를 떠났다.

일본 남학생은 22살 대학 2년생이었다. 생긴 것도 행동도 얼마나 조용하고 얌전한지 어지간한 여자는 저리 가라였다. 양치질을 해도 전혀 소리가 안 나게 하고, 입헹굼은 바깥에 있는 세면대에서 하고, 방으로 들어올 때는 꼭 노크를 하는 요조숙녀였다. 눈도 아주 어여쁘게 생겨서 "너 여자냐?"라고 물어보니 남자라며 당황해했다. 어떤 날은 이라크인에게 종이학 접는 법도 가르치고 있었다.

내가 "한국에서는 천 마리 학을 접으면 소원이 이뤄져."라며 학을 접었다. 그랬더니 이라크인이 "허리도 아프고 등도 아픈데 언제 천 마리를 접어 소원을 이루냐?"라며 엄살을 피웠다. 그는 도무지 전쟁 중인 나라에서 온 사람 같지 않았다. 완전 개구쟁이 그 자체였다. 고무로 된 생쥐인형으로 나를 놀래키기도 했다. 그에 말에 의하면 이라크 북쪽 3개 도시는 아주 안전하다고 한다. "그럼 뭐해. 한국에서는 이라크가 입국 제한국인데. 이라크에 다녀오면 벌금이 3천만 원이라던데!"

애들아! 여기 한번 꼭 가봐!

첫 번째로 세계문화유산 1호 폴란드의 소금광산을 추천한다. 육지에서도 소금을 캘 수 있다니! 비엘리츠카 소금광산은 바닷물이 증발한 후 염화칼슘만 남아 소금바위가 된 곳이다. 소금으로만 된 바위가 되기까지 약 15,000년이 걸렸단다. 그 깊이는 가장 깊은 소금층만 해도 340m를 내려가야 한다고 알려져 있다. 1996년까지만 해도 소금 채취를 했는데 난쟁이들을 가두어 놓고 일을 시켰다고 한다.

5천 년이 넘게 존재했던 소금광산은 자연과 인간이 만든 경이로움 그 자체였는데 현재 소금광산에는 소금을 제거해내서 생긴 이천여

개의 방이 있고 모든 방의 연결 길이는 약 200킬로미터에 달한다. 이 광산 안에는 소금을 조각해서 만들어진 조각품들이 많이 있었다. 웅장한 모습의 '성녀 킹가의 성당'은 지하 100m에 있는데도 길이가 50미터나 되는 넓은 예배당이다. 제단과 성녀 킹가의 상들, 샹들리에, 반짝이는 바닥, 층계 등이 모두 반투명한 소금으로 만들어졌는데 상상 이상으로 아름답고 놀라웠다.

성당 벽면엔 예수의 일대기도 조각되어 있고 안톤 비로데크가 조각했다는 〈최후의 만찬〉은 최고의 걸작으로 아름다움에 감탄이 절로 나온다. 약 2킬로미터를 걸으며 만나는 다양한 조각품들은 다른 세상에 온 듯한 감탄을 자아내기에 충분하다.

두 번째로 폴란드의 아우슈비츠(폴란드어 오시비엥침)를 추천한다. 아우슈비츠는 제일 많이 기억에 남는다. 아우슈비츠 수용소를 보는 동안 내내 울면서 다녔기 때문이다. 내 가족도 아니건만 영정을 보는데 눈물이 멈추지 않았다. 가스실로 끌려간 희생자들이 벗어놓은 신발부터 칫솔, 머리카락, 그릇들, 자신의 이름과 주소를 적어놓은 여행용 가죽가방까지 온갖 것들이 산을 이루며 쌓여 있었다.

희생자들이 아우슈비츠에 들어오면 곧장 좌측, 우측, 정면 등 세 방향의 사진을 찍고 목욕탕에 보냈다. 물론 그들이 목욕하는 줄 알고 들어간 곳은 가스실이었고 그렇게 죽어야 했다. 그 바로 옆이 화장터였는데 나중에는 기계가 고장이 나서 땅에 파묻었다고 한다. 그 말을 듣고 화장터 건물을 보니 외관까지 검은 것이 섬뜩했다. 이것 외에도 교수대도 있었다. 그 아래에는 추모의 꽃다발이 놓여 있어 가슴이 서늘했다. 어두운 것과 아름다운 것이 공존하는 것이 소름끼치도록 무서웠다. 박물관이지만 혼자 다니는 것이 오싹했다. 억울하게 죽은 사람들의 원혼이 여기저기 떠다니는 듯한 느낌이 사라지지 않았다. 인간

의 잔인함은 어디까지인가. 사람은 사람답게 살 권리와 의무가 있다. 그 권리와 의무가 철저하게 남에 의해 무시되고 짐승 취급을 받는다는 것은 있을 수 없는 일이다. 전쟁에 관해서 다시 생각해 보게 하는 곳이었는데 전쟁의 잔인함을 겪어 보지 않은 우리의 젊은이들이 방문해보기를 권한다.

세 번째로 바티칸 투어를 권한다. 세계에서 가장 작은 독립국가인 바티칸! 그곳은 박물관 투어 수입으로 재정을 꾸려간다고 한다. 미켈란젤로가 4년 6개월에 걸쳐서 그렸다는 〈천지 창조〉와 60살이 넘어서 그렸다는 〈최후의 심판〉에 관한 설명을 듣고 박물관으로 들어갔다. 박물관은 대리석으로 지어져 있어 고풍스러웠다. 대리석과 같은 고급 건축재를 쓰게 된 것은 대리석이 흔한 이탈리아에서 제일 구하기 쉬웠기 때문이라고 한다. 이탈리아 산의 30%를 이루고 있는 대리석을 가져와 건물을 짓고 커다란 조각 작품을 탄생시켰던 것이다.

역시 미켈란젤로다! 예술에 문외한인 내 눈에도 그가 그려 놓은 인간의 몸이 아름답게 보였다. 〈천지 창조〉가 그려진 시스티나 성당 안으로 들어섰다. 성당의 사방과 둥근 천장에 위대한 그림이 가득 메우고 있었다. 벽면 그림은 당대의 가장 유명한 화가 6명이, 길이 40m, 폭 14m인 천장은 미켈란젤로 혼자 4년 6개월 동안 그렸다고 한다. 미켈란젤로는 〈천지 창조〉를 마친 후 한 쪽 눈의 시력을 점점 잃었다. 붓을 미세하게 움직이느라 한 자세로 오랫동안 있는 바람에 살이 썩어갔다. 높은 천장을 올려다보며 그림을 그리느라 허리와 목에 디스크가 왔다. 이 때문에 얼굴 형태는 점점 일그러졌고, 그 못생긴 얼굴로 평생을 독신으로 살았단다. 미켈란젤로가 몸 바쳐서 그린 그림을 보니 감탄이 저절로 나온다.

재밌는 사실은 미켈란젤로가 작업할 당시〈천지 창조〉에 등장하는 인물들은 모두 나체였다고 한다. 그래서 놀란 교황과 많은 사람이 항의를 했고 마침내 미켈란젤로 사후에 옷을 입혀야만 했다고.

베드로 성당은 세계에서 가장 큰 성당이란다. 규모뿐만 아니라 내

부 장식의 아름다움에서도 탄성이 절로 나온다. 이 성당은 예수에게서 천국의 열쇠를 받은 1대 교황 베드로의 유해가 있는 성스러운 곳이다. 베드로 성당은 조각품들이 아름답고 크기도 하지만 모자이크로 만들어진 그림들은 아주 가까이 가서 보기 전에는 모자이크라는 것을 알 수 없을 만큼 섬세하게 만들어졌다.

이 성스러운 곳에서도 미켈란젤로의 조각 작품을 만날 수 있었다. 25살의 미켈란젤로가 만든 〈피에타〉 조각상은 성모 마리아가 죽은 그리스도를 안고 있는 모습을 표현한 조각상이다. 〈피에타〉 상의 예술성에 근접하지 못해 화가 난 어떤 조각가가 작품을 망치로 훼손해 버렸단다. 그래서 지금은 유리로 보호막을 해놓았다. 미술에 관심이 없는 사람들이라도 아름답고 웅장한 바티칸을 방문해서 걸작들을 꼭 보기를 권한다.

네 번째로 이집트의 바하리아 사막 투어를 권하고 싶다. 카이로에서 버스를 5시간 타고 가야 만날 수 있는 곳이다. 이곳을 여러 사람들과 함께 여행할 수 있었다. 1년 예정으로 여행을 하는 노교수 내외, 여행사에서 근무하는 익수씨, 호주에서 온 사진작가 그리고 나.

사막이라고 하면 모래바람이 일렁이는 사막만 생각했는데 도착해 보니 그게 아니었다. 화산재가 덮고 있는 검은 사막이 있고 황금색으로 반짝이는 황금 사막이 있고 그리고 석회석이 모래가 된 하얀 사막도 있었다. 다양한 색깔의 사막이 존재한다는 것을 처음 알았다.

황금사막에서 모래를 손 안에 담아보니 황금색으로 번쩍였다. 사막이라서 그런지 사람 손이 덜 탄 듯해서 자연 그대로의 모습이 보기 좋았다. 사막 곳곳에는 모래로 바뀌는 과정에 있는 바위의 모양이 제각각이라 색다른 볼거리를 제공하고 있었다. 해가 진 후 사막에서 야영준비를 했다. 차 옆에 지붕 없는 텐트를 두른 후 바닥에는 두꺼운 천과 매트리스를 깔았다. 그리고 사막 투어를 함께 한 사람들과 준비해간 장작으로 불을 피운 후 닭고기 바비큐를 해서 먹었다. 식사 후 차를 마시는데 운전기사가 우리나라 북 같은 악기를 두드리며 노래를 했다. 노교수와 호주에서 온 사진작가는 환갑이 넘은 나이임에도 막춤을 추었다. 그것을 보면서 유쾌하게 웃었다. 기사가 먹다 남은 음식을 한 곳에 모아두었다. 그러면 사막여우가 먹으러 온단다. 우리 투어버스를 운전하던 자칭 닉네임이 '사막여우'인 기사가 두드리는 장단에 맞춰 우리가 신나게 춤을 추고 있을 때 후다닥 여우가 다녀갔다. 아주 빨라서 보기 힘들었다.

사막의 밤은 추웠다. 침낭 위에 두터운 담요를 덮었는데도 발이 서늘했다. 레깅스에 청바지까지 입고 긴팔 옷에 털 달린 점퍼까지 입었는데도 추웠다. 자칭 '사막여우'가 오더니 담요를 하나 더 덮어줬다.

그 덕에 따뜻하게 잔 것 같았다.

아침에 일을 보다 보니 많은 이들이 남긴 대소변의 흔적을 찾을 수 있었다. 소변이야 모래에 흡수되면 그만이지만 모래로 덮은 대변은 바람에 날려 뒹굴고 있었다. 그러나 그 또한 모래가 되리라. 아침에 호주에서 온 사진작가가 바위 근처에서 사막여우의 사진을 찍었다며 보여주었다. 사진작가는 '순간의 영원함'을 아는 예술가라더니 역시 나와 달랐다. 그의 사진 안에서 본 사막여우는 하얀 색깔에 생각보다 작고 귀엽게 생겼다.

다양한 색의 모래사막을 보면서 사막여우와 인사를 하고 샌드 보드를 즐길 수 있는 바하리아 사막 여행은 쏟아질 듯 하늘을 수놓은 밤하늘의 별과 함께 특별한 즐거움을 느낄 수 있기에 꼭 권하고 싶다.

다섯 번째로 남아프리카의 케이프타운을 추천한다. 아프리카에서 내가 유일하게 무비자로 간 나라가 남아프리카였다. 그래도 국경 경찰이 검색견을 두 마리나 끌고 다니며 자동차 안과 짐을 수색하는 것은 똑같다.

화장실도 잠깐 들렀는데 예전에 본 TV 프로그램이 생각났다. 흑인과 백인은 화장실도 따로 사용했는데. 그동안 법이 바뀌었는지 화장실 인종 규제는 안 보였다. 규제를 하고 있었다면 아마도 난 백인용을 가야 하는지 흑인용을 가야 하는지 무척 난감했을 것 같다.

테이블 마운틴을 올라갔다. 북한산보다는 낮지만 그래도 내게는 꽤 높은 편인 데다 등반하는데 2시간 정도가 걸렸다. 정상에 올라가니 평지였다. 누가 칼로 뾰족한 산머리를 싹둑 쳐낸 것처럼 밋밋했다. 그래서 이름이 '테이블 마운틴'이었던 것이다. 올라가는 동안 많이 힘들었는데 내려올 땐 다리가 너무 후들거려서 케이블카를 타고 내려왔다.

아프리카 펭귄이 사는 바닷가를 갔다. 바닷가 모래 위에 플라스틱으로 만들어진 연립주택이 있었는데 그 안에 펭귄이 한 마리씩 들어가 있었다. 나무 아래에는 펭귄 두 마리가 다정히 있기도 했다. 어떤 펭귄은 볼일이 바쁜지 바다를 향해 뒤뚱거리며 걸어가기도 했다. 이런 것들을 뒤로 하고 넙적한 바위에 올라 일광욕을 즐기는 펭귄들도 있었다. 나는 펭귄이 추운 남극지방에만 사는 줄 알았는데 그게 아니었다.

물개가 사는 부둣가에도 갔다. 거기서 어떤 남자가 꽁치와 비슷한

생선을 한 마리씩 들고 있거나 입에 물면 물개가 바다 위로 솟구쳐 올라 채갔다. 완전 물개 쇼였다! 어린이에게 생선을 주며 쇼를 시키기도 했는데 그 아이가 무척 좋아했다.

케이프 포인트라는 곳에서 보니 저 멀리 흰 파도가 움직였다. 해변이 아니라 바다 한가운데라 유심히 보니 이따금씩 검은 물체가 보이고 그 솟구치는 파도는 계속 이동 중이었다. 아마도 식사하러 나온 고래 가족이었나 보다. 케이프 포인트에 세워진 표지판에는 살고 있는 고래의 종류들이 적혀 있었다.

케이프 포인트 주변은 한라산과 비슷했다. 얼마나 바람이 심하게 부는지 자꾸 몸이 기우뚱거렸다. 뒤에서 따라오던 아르헨티나인이 내 배낭을 잡아주곤 했다. 바람이 얼마나 거셌던지 배낭에 매달고 다니던 모자가 바람에 날아갔다. 아쉬워하며 내려오는데 내 빨간 모자가 나무에 걸려 있었다.

바닷가를 끼고 있는 주변에는 원숭이, 사슴, 고양이만 한 들쥐가 겁 없이 다녔다. 한눈에도 더러워 보이는 원숭이가 겁도 없이 가는 차를 막고 섰다. 바로 앞이 바다이건만 얼마나 샤워를 안 했는지 더러운 녀

4. 세계 여행 후의 이야기 305

석이 빤히 차를 쳐다보며 포즈를 취했다. 산에 오를 때도 원숭이가 위험하니 음식을 조심하라는 안내문이 적혀 있었다. 이 원숭이는 사람을 보면 도망가는 것이 아니라 음식을 빼앗아 가는 강도다!

가장 아름다운 도시 중의 하나인 케이프타운은 깨끗하고 환상적인 자연 속에서 고래와 펭귄에서 원숭이까지 인간과 어우러져 사는 다양한 동물을 볼 수 있는 곳이기에 권하고 싶은 여행지다.

여섯 번째는 네팔의 따또빠니를 향했으면 좋겠다. 네팔 트레킹을 끝내고 가면 좋겠다. 따또빠니에는 노천온천이 있다. 안나푸르나 트레킹을 마치고 수영복 차림으로 들른 노천온천은 지쳐버린 심신을 풀어주기에 충분했다. 숙소는 방갈로처럼 여기저기 방이 흩어져 있는데 꽃도 잘 가꾸어졌고 정원도 무척 아름다웠다. 오죽하면 내 딸, 아들이 따또빠니로 신혼여행을 와도 좋을 듯싶었다. 숙소에 정전이 되었다. 나 말고 손님이 없었던 숙소라서 무서웠다. 숙소 주인은 안전하다고 했지만 무서워서 방을 바꾸어 달라고 했다. 깜깜한 어둠 속에서 촛불을 켜고 누웠는데 조그만 불빛이 이러저리 지나다닌다. 하나인 줄 알았는데 두 개이기도 하고 떼지어 빛나기도 했다. 유심히 봤더니 세상에 반딧불이였다! 무수히 많은 반딧불이들이 계속 날아다니며 빛을 뿜는다. 따또빠니의 밤은 무서웠지만 황홀했고 어린 시절로 돌아간 듯한 착각을 일으켰다. 마당에 피어 있는 꽃들 사이로 그림처럼 날아다니는 반딧불이 불꽃놀이를 하는 듯했다. 그만큼 청정한 지역이라는 뜻이다.

히말라야의 봉우리 안나푸르나 트레킹은 자연이 얼마만큼 감동을 줄 수 있는지 알려줬다.

히말라야의 만년 설산들이 나를 빙 둘러싼 가운데서 본 일출은 마치 나를 맞이하라고 신호를 주듯 빛줄기를 먼저 보여주고서는 산 뒤

에서 설산을 향해 올라왔다. 설산들은 한 봉우리씩 순서대로 눈으로 덮였던 하얀 빛에서 웅장한 태양의 빛으로 물들었다.

 히말라야에서 본 일출은 영원히 잊을 수 없는 감동을 줄 것이고 불꽃놀이를 하는 반딧불 쇼까지 보고 나면 충분히 행복해할 거라 생각하기에 누구에게나 꼭 권하고픈 여행지다.

세상의 아이들

네팔에서 기름 아이들을 보았다. 버스기사가 기름통을 꺼내면 꼬마조수가 다가와 기름통과 버스 기름 주입구에 호스를 연결하고 그 호스에 입을 대고 숨을 들이마시면서 기름을 넣게 해준다. 네팔은 인도에서 기름을 공급받는데 공급이 원활하지 않아 그 기름을 사기 위해서는 몇 시간씩 줄을 서야 했다. 그래서 버스인데도 불구하고 미리 사놓은 기름을 기름통에 보관해뒀다가 사용하는 듯했다. 그런데 그 기름을 10살도 안 된 꼬마아이가 손도 아니고 입으로 들이마시면서 고생을 한다. 기름 때문에 몸 어디가 망가지는 줄도 모르면서 말이다. 아이의 해맑은 모습과 아픈 미래가 보여서 가슴 한구석이 짠했다. 그래서 입가심이나 시키려고 가지고 있던 껌과 생과일 오렌지 주스를 사서 주었다.

인도에서 차장 아이들을 보았다. 지프를 개조해서 짐칸까지 사람을 태우는 차를 타고 여기저기서 호객을 했다. 앞좌석에만 다섯 명이나 태운 지프차 기사는 수동 운전을 해야 하는데도 대관령보다 굴곡이 심한 산을 잘도 달렸다. 실리자르에서 다르질링까지 산을 깎아 만든 길은 정말 힘들었는데 그 차장 아이는 신경 쓰지 않는 듯했다. 어린 아이가 버스 차장처럼 차에서 "실리자르 가요" "다르질링 가요"를 외치며 사람을 모으기도 하고, 사람이 꽉 차면 차 뒤의 사다리처럼 생긴 곳에 매달려서 가기도 하고 지붕 위에 올라가기도 한다. 가끔 차 안에 자리가 비면 앉았다가도 손님이 타면 얼른 자리를 비우고 다시 차 뒤에 매달린다.

그런데 이 차에서 내린 다르질링에서 아들이 생일선물로 준 고급 볼펜이 없어졌다는 사실을 알아차렸다. 지프를 타고 오는 동안 차 지붕 위에서 그 차장 아이가 가방을 뒤진 것이다. 화가 났다. 곧장 차에서 내린 곳으로 갔다. 다행히도 내렸던 자리로 갔더니 그 차가 있었다. 운전기사에게 따지니 줄 듯 안 줄 듯 하다가 내가 화를 내니 돌려주었다. 그 차장 아이를 볼 수는 없었다. 다시 숙소로 돌아오면서 번호 자물쇠를 두 개나 사다 가방 지퍼마다 채웠다. 아이의 미래가 안쓰러웠다.

페루 버스에서 만난 사탕 소년이 있다. 페루에서는 버스 출발시간이 다 될 즈음 표를 사는 게 좋다. 일찍 표를 사면 제 가격을 치러야 하지만 출발시간이 다 되면 버스표를 싸게 살 수 있다. 빈 좌석으로 가느니 버스표를 싸게 파는 것이 더 이익이라는 것을 아는 것이다. '까마' 라고 불리는 가장 좋은 좌석을 준다는 말에 얼른 표를 샀다.

까마에 앉았는데 무임승차 경찰관, 4살 꼬마 아가씨와 그 아가씨의 부모, 혼자 버스에 올라탄 소년 순서로 버스에 들어왔다. 소년이 버스에 올라탄 순간, 소년의 옷차림을 보면서 나는 컴퓨터가 들어 있는 내 가방이 염려되었다. '내 가방은 바닥에 있는데 그걸 들고 뛰면 어쩌나? 그렇다고 갑자기 손으로 가방을 잡으면 속내를 들킬 것 같았다. 이 소년이 현지 말로 뭐라고 했다. 나는 그 내용이 자신의 처지를 설명하고 돈을 구걸하는 거라고 생각했다. 소년은 익숙한 듯 등 뒤로 감췄던 양손을 앞으로 돌렸다. 두 개의 조개껍질을 들고 있었는데 그것을 문지르면서 박자를 맞추어 노래를 했다. 그다지 노래를 잘 부르는 것 같지 않은데 그나마 문지르던 조개도 하나 떨어뜨렸다. 소년은 그것을 다시 얼른 주워들고 끝까지 노래를 불렀다. 나는 적선에 참 인색한 사람이지만 그 소년에게는 진심어린 도움을 주고 싶었다. 노래를 끝내고 소년은 가방에서 사탕을 꺼냈다. 5개에 400원이라고 해서 10개를 샀다. 소년이 구걸만 했다면 혹은 사탕만 팔았다면 사지 않았을지도 모른다. 조개껍질 두 개로 박자를 맞춘 형편없는 노래실력이었지만 소년은 사탕을 하나라도 더 팔기 위해 최선을 다해 살고 있는 것이었다. 사탕을 팔고 돌아서서 가는 소년의 팔을 건드렸다. 웃으며 서로 안녕을 했다. 그 소년은 잘 자라 훌륭한 사람이 될 것이라고 믿고 싶다.

네팔에서 만난 밝은 표정의 아이들.

미국 시카고에서 고등학교 밴드 축제를 보았다. 흑인이 훨씬 많이 사는 곳인지 한 팀을 제외한 모든 팀이 흑인학생들로 구성되어 있었다. 재즈와 춤을 즐기는 흑인들과는 달리 백인 팀 밴드는 다소 밋밋했다. 그들은 각각의 악기를 들고 단장의 지휘에 따라 연주를 하며 행진을 했다. 고등학생이라고 생각되지 않을 만큼 섹시한 옷차림으로 춤을 췄다.

아직도 그들의 우상은 마이클 잭슨인 듯 대부분 그의 노래였다. 어떤 응원단장은 마이클 잭슨과 똑같이 하고 나와 잭슨 춤을 추었다. 학생들은 간혹 긴장한 눈빛을 하기도 하고, 불던 나팔의 손잡이를 잃어버리기도 하고, 모자에 꽂은 깃털이 사라져서 당황하기도 하고, 준비했던 순서도 잊어버리고, 돌리던 곤봉도 떨어뜨렸지만 분명 그들은 축제를 즐기고 있었다. 학교와 학원을 다니느라 지쳐 있는 우리 아이들과는 전혀 다른 모습에 부럽기도 하고 우리 아이들이 불쌍하기도 했다.

디즈니랜드 '본점' 은 세상에 딱 하나밖에 없다. 그래, 그곳이 바로 미국 마이애미주 올랜도에 있는 디즈니 월드다! 디즈니 회사가 갖고 있는 올랜도 땅의 면적만도 우리나라 대한민국만 하다던가. 아무튼 회사 자체가 엄청난 땅을 소유하고 있단다. 그래서 얼마나 크고 대단한지 보려고 꿈의 나라 디즈니랜드로 가봤다. 부모와 같이 놀러 온 아이들이 마냥 신나서 놀고 있었다. 다른 주에 살고 있는 아이들이 디즈니랜드에 오려면 비행기를 타고 와야 하나? 디즈니랜드는 하루 입장료만 70달러가 넘는다. 워낙 넓어 하루 만에 다 볼 수 없기에 일주일 사용권도 파는데 220달러가 넘는다.

아시아, 아프리카, 남미의 어린이들과 미국의 어린이의 삶이 너무 다르다. 같은 지구에 살고 있는 어린이지만 하늘과 땅만큼 다른 삶들을 살고 있었다. 나이가 어렸을 때부터 어떻게든 살아야 하기에 돈을 훔치는 아이들이 있고, 자신이 하는 일이 얼마나 위험한지도 모르면서 가족을 위해 어쩔 수 없이 생활전선에 뛰어들어야 하는 아이가 있다. 그리고 어떤 아이들은 부모에게 손을 벌리고 부모가 모든 것을 해주는 것이 당연한 것인 줄 알고 자라고 있다.

내게 다시 세계여행을 할 기회가 온다면

많은 사람들이 세계 일주를 꿈꾼다. 하지만 실천에 옮기는 사람은 많지 않다. 그저 언젠가 해야지 하는 생각으로 꿈만 꾼다.

사람들은 '의미가 있는 삶을 살아야만 성공하는 것이 아니다' 라는 것을 알면서도 생을 마감하는 순간까지 의미를 추구하며 열심히 일하며 산다. 가치를 추구하는 것은 옳고 그름을 따질 수 없다. 그러나 모두들 알고 있는 사실 하나, 그 불변의 진리는 누구에게나 죽음은 공평하다는 사실이다. 그 공평한 죽음이 빠르게 찾아올 수도, 남들보다 느리게 찾아올 수도 있다. 그래서 나는 생각했다. '내가 움켜쥐고 있는 현재를 하나라도 놓을 수 있다면, 내 어깨와 내 심장은 그만큼 가벼워질 것이다. 내 삶의 무게도 가벼워질 것이다.'

나에게도 해야만 하는 일이 있고 돌봐야만 하는 자녀들이 있다. 누구나 그렇겠지만 삶의 무게는 가볍지 않다. 해야만 하는 일들이 산더미처럼 쌓여 있고 그것들을 해결하며 이리저리 바쁘게 살았다. 그래서 비행기를 타는 순간 '한국을 완전히 잊고 내가 가고자 하는 여행지만을 생각하자' 라고 몰두했다. 1년 7개월의 여행을 마치고 인천공항에 도착해 비행기에서 내리는 순간 '본래의 나' 로 돌아왔다.

여행의 가장 큰 장점은 자유다. 사람이 태어나서 죽을 때까지 우리의 어깨를 짓누르고 있는 모든 것들을 잠시 잊을 수 있다. 순수하게 '나' 만을 위해서 24시간을 쓰는 게 가능하다. 그것이 여행의 가장 큰 매력이다.

또한 사람들은 내가 포기한 만큼 여행에서 무언가를 얻고자 한다. 어떤 이는 다른 문화와 환경에서 새로이 알게 되는 것도 있고, 외국인을 만나 대화를 하면서 외국어에 대한 자신감이 생길 수도 있다. 어쩌면 여행을 끝내고 다시 제자리에 돌아와서 직업이 바뀔 수도 있다. 그러나 여행이 끝난 후에 변화하지 않은 자신을 발견하고 실망하는 이들도 있다. 난 내가 세계 여행 전후가 달라졌을 것이라는 생각을 하지 않는다. 처음부터 나는 바라는 것이 없었다. 그저 내 꿈의 한 자락을 차지했던 세계 여행을 마쳤으니, '나'에게 나만 생각하는 시간을 선사한 것 자체로 만족한다. 내가 여행 후에 얻은 것이 있다면 그것은 '좀더 부드럽게, 좀더 가벼운 마음으로' 남은 생을 보낼 것이라는 사실이다.

만약 또다시 내게 '나'를 위한 시간인 여행의 기회가 주어진다면, 나는 이번 여행을 보완하도록 하리라는 생각을 하고 있다.

이번 여행은 첫 배낭여행인 데다가 모든 준비가 어설퍼서 여행을 하는 중에 몸으로 부딪쳐 얻은 것이 많았다. 미처 생각하지 못했던 노트북(인도에서 구입), 전기포트와 스텐 접시(네팔에서 구입), 필름 양념통(루마니아에서 구입), 샌들(태국에서 구입)의 필요성을 절감했다. 특히 태국에서 산 샌들은 트레킹을 제외하고는 여행이 끝날 때까지 신었다. 다음에는 여행계획을 세울 때부터 미리 위와 같은 것들을 준비할 것이다.

정해진 기간과 경비를 절감하는 짠순이 철칙, 그리고 짧은 언어 때문에 자연경관 위주로밖에 여행을 하지 못했다. 다시 세계여행을 할 때는 여러 곳을 가는 여행이 아니라 깊이 있는 여행을 위해 체류기간을 오래 잡아야겠다. 국가 하나만 여행을 할 때는 다른 곳을 옮겨 다녀야 하는 여러 나라 여행보다 훨씬 쉬웠으니까.

　미리 여행정보를 챙기기도 쉽고 가이드북도 가져갈 수 있고 몇 마디 말도 배워서 대화도 하고 밑반찬도 충분히 챙겨야겠다. 그러면 여행이 더 풍요롭고 여유로울 것이다. 그곳에서 그 나라의 영화나 오페라, 뮤지컬 등의 문화 섭렵도 해야겠다. 혹시 여행 중에 정말 맘에 드는 곳이 있으면 비자가 허락하는 기간 동안 살아도 봐야겠다. 꼭 한국에서만 살아야 하는 것은 아니니까.

　다음에는 누군가와 같이 동행을 해야겠다. 이번 여행이 무척 외로웠던 것도 이유지만, 혼자만 감상하는 것이 안타까울 정도로 나누고 싶은 곳이 많았기 때문이다. 어쨌든 다음 여행을 준비할 때 가장 먼저 동행을 구할 것이다. 아직 동행을 누구로 할지는 생각해보지 않았다. 그 동행인이 군에서 제대한 아들일 수도 있고, 일본으로 유학 보낸 딸일 수도 있고, 삶의 방향이 같은 언니일 수도 있고, 맘이 통하는 친구일 수도 있다. 그들의 공통점은 내가 사랑하는 사람 중에 한 사람이라는 것이다. 다만 아주 중요한 것이 몇 가지 있다. 내 동행은 너무 정열적이지도 않고 너무 게으르지도 않았으면 한다. 의미에 너무 집착하지도 자연에 무성의한 태도도 취하지 않았으면 좋겠다. 그래야 함께하는 여행이 즐거울 것 같아서다.

　그리고 당연히 못 가본 곳이나 놓친 곳을 찾아갈 것이다. 깃발부대와 함께 움직이는 여행사를 낀 여행은 하지 않을 것이다. 그렇다고 이번처럼 장기 배낭여행은 하지 못할 것 같다. 또다시 장기 배낭여행을 하기에 내 몸은 늙거나 지쳤고, 무엇보다 이번 여행으로 혹사한 사랑하는 내 '몸'에게 많이 미안하다.

세계 일주 소요 경비 내역

여행정보 사이트에서 선배 배낭여행객들의 글을 읽다 보니 세계 여행 경비로 1년에 2,000만 원~2,500만 원 정도가 들었다고 해서 계산해보니 한 달에 1,000달러 정도의 비용이 필요하다는 막연한 생각을 했다. 나는 2년 정도를 여행할 테니 그 두 배 정도가 소요될 것이라는 생각만 했다. 우선 큰 금액을 정해놓고 알뜰하게 생활해보자는 것도 아니었다. 여행하다 보니 노하우가 생겨서 아낄 수 있었을 뿐이다. 무모하지만 개략적인 큰 금액에서 운용하다 보니 나름 괜찮았다.

지금 다녀 와서 계산해보니, 1년 9개월 동안 50개국을 다녔는데 약 27,890,000원 정도를 여행비용에 썼다. 유로화가 많이 올랐을 때였는데도 짠순이 여행을 했기에 생각했던 비용보다 얼마 정도 남겨 왔으니 이만하면 꽤 절약된 생활을 했다. 그리고 돈보다 더 많은 것을 배웠으니 난 이득 남긴 장사를 한 셈이었다.

2008. 4. 1~29, 중국 / 1,090,000원
    4. 29~8. 2, 아시아 / 2,500,000원
    8. 2~10. 21, 유럽 / 6,000,000원
    10. 21~2.9, 아랍 / 5,200,000원
2009. 2. 9~4. 2, 아프리카 / 2,700,000원

4. 3~9. 22, 중남미 / 7,200,000원

9. 22~10. 16, 북아메리카 / 2,000,000원

귀국 비행기 / 700,000원

노트북과 선물 / 700,000원

====================

총   27,890,000원 정도

글쓴이 · 오현숙
1960년 논산에서 태어남. 여섯 살 때 서울로 이주.
서울여자상업고등학교 졸업.
책과 다큐멘터리, 여행을 좋아함.
2008년~2009년 세계 일주 여행.

평생 꿈만 꿀까, 지금 떠날까
보통 아줌마의 세계 일주 여행

초판 1쇄 발행일 2010년 8월 30일
3쇄 발행일 2011년 9월 20일

지은이 · 오현숙
펴낸이 · 김종해
펴낸곳 · 문학세계사

주소 · 서울시 마포구 신수동 345-5(121-110)
대표전화 · 702-1800 팩시밀리 · 702-0084
이메일 · mail@msp21.co.kr 홈페이지 · www.msp21.co.kr
출판등록 · 제21-108호(1979.5.16)

값 14,000원
ISBN 978-89-7075-501-4 03810
ⓒ 문학세계사, 2010

〈아시아 지역 여행 경로〉
중국 (2008. 4. 1~29, 30일) 시안—주자이거우—청두—리장—다리—쿤밍—하이난 섬—잔장
베트남 (4. 29~5. 1, 2일) 하노이
태국 (5. 1~11, 10일) 방콕—치앙마이—방콕
인도 (5. 11~20, 10일) 캘커타—다르질링, (6. 9~13, 5일) 바라나시, (6. 27~8. 1, 34일) 암리차르—스리나가르—라다크—마날리—뉴델리
네팔 (5. 20~6. 9, 20일) 카트만두—포카라
파키스탄 (2008. 6. 14~27, 13일) 라호르—훈자

〈유럽 지역 여행 경로〉
덴마크 (2008. 8. 8~10, 2일) 코펜하겐
노르웨이 (8. 10~13, 3일) 오슬로
스웨덴 (8. 13~15, 2일) 스톡홀름 / 핀란드 (8. 15 ~20, 5일) 헬싱키
러시아 (8. 20~27, 7일) 모스크바—상트페테르부르크
우크라이나 (8. 27~9. 5, 9일) 키예프—리비브
폴란드 (9. 5~7, 2일) 크라카우
체코 (9. 7~11, 4일) 프라하 / 오스트리아 (9. 11~13, 2일) 빈—바트이슐
스위스 (9. 14~16, 2일) 인터라켄—베른 / 이탈리아 (9. 17~19, 2일) 로마
바티칸 (9. 19) / 이탈리아 (9. 20~25, 5일) 폼페이—안코나—베니스
그리스 (9. 25~30, 5일) 아테네—칼람바카
헝가리 (10. 7~8, 2일) 부다페스트
루마니아 (10. 9~21, 12일) 시기소아라—시나이아—부쿠레슈티

〈중동 지역 여행 경로〉
터키 (2008. 10. 21~11.13, 23일) 이스탄불—트로이—쿠사다시
이란 (11. 13~12. 12, 30일) 이스파한—야즈드—페르세폴리스
아랍에미리트 (12. 13~15, 2일) 두바이
오만 (12. 15~19, 4일) 무스캇—살랄라
예멘 (12. 19~2009. 1. 11, 24일) 하바르트—무칼라—사나—타
이집트 (1.11~29, 18일) 카이로—바하리아 사막—아스완—룩소
이스라엘 (1.29~3, 4일) 예루살렘—에일랏
요르단 (2. 3~5, 2일) 페트라
시리아 (2009. 2.4 ~9, 5일) 암만

〈아프리카 지
에티오피아 (2009
케냐 (2. 26~3.1,
탄자니아 (3.1~4,
잠비아 (3.4~14,
나미비아 (3. 15~
남아프리카 (3.28

〈아메리카 지역 여행 경로〉
스페인 (2009. 4.3~7, 4일) 마드리드
페루 (4.7~20, 13일) 리마—나스카—쿠스코—푸노
볼리비아 (4.20~5.7, 8일) 라파스—우유니 사막
칠레 (5. 15~21, 6일) 산티아고
아르헨티나 (5. 21~6. 3, 13일) 바릴로체—갈라파테—부에노스아이레스
우루과이 (6. 3~7, 3일) 몬테비데오
파라과이 (6. 7~11, 4일) 아순시온
브라질 (6. 11~7. 16, 35일) 이과수 폭포—플로리아노폴리스—우로프레토—보니토—코룸바
볼리비아 (7. 16~25, 9일) 산타크루즈—수크레
페루 (7. 25~8. 4, 9일) 아레키파—피스코
에콰도르 (8. 4~25, 20일) 쿠엥카—과야킬—갈라파고스—키토
콜롬비아 (8.25~9. 8, 13일) 포파얀—칼리—메데진—보고타
멕시코(9. 11~22, 11일) 칸쿤—멕시코시티
캐나다(9. 22~24, 2일) 나이아가라
미국 (9. 8~11, 9. 24~10. 16, 25일) 올랜도—시카고—솔트레이크시티—샌프란시스코—로스앤젤레스